업무에 바로 쓰는

SQL 튜닝

지은이 **양바른** eon.yang@gmail.com

낯섦을 극복하고 새로움에 도전하길 좋아하는 IT 엔지니어. IT 업계에서 10여 년간 DBA 역할을 맡고 있다. 학계에서는 컴퓨터공학 전공으로 석사 과정을 밟은 뒤 기술사와 수석감리원 자격을 취득했다. NCS(국가직무능력표준)의 집필 및 자문 역할을 수행했다. 지금은 겸손한 자신감을 유지하면서 새로운 길을 개척하고자 한 걸음씩 나아가고 있다.

업무에 바로 쓰는 SQL 튜닝

최적의 성능을 위한 MySQL/MariaDB 쿼리 작성과 튜닝 실습

초판 1쇄 발행 2021년 07월 01일
초판 2쇄 발행 2023년 01월 30일

지은이 양바른 / **펴낸이** 김태헌
펴낸곳 한빛미디어(주) / **주소** 서울시 서대문구 연희로2길 62 한빛미디어(주) IT출판2부
전화 02-325-5544 / **팩스** 02-336-7124
등록 1999년 6월 24일 제 25100-2017-000058호 / **ISBN** 979-11-6224-450-0 93000

총괄 송경석 / **책임편집** 홍성신 / **기획** 박민아 / **편집** 박지영 / **진행** 박용규
디자인 박정우 / **전산편집** 이소연
영업 김형진, 장경환, 조유미 / **마케팅** 박상용, 한종진, 이행은, 고광일, 성화정 / **제작** 박성우, 김정우

이 책에 대한 의견이나 오탈자 및 잘못된 내용에 대한 수정 정보는 한빛미디어(주)의 홈페이지나 아래 이메일로 알려주십시오. 잘못된 책은 구입하신 서점에서 교환해드립니다. 책값은 뒤표지에 표시되어 있습니다.

한빛미디어 홈페이지 www.hanbit.co.kr / **이메일** ask@hanbit.co.kr

지금 하지 않으면 할 수 없는 일이 있습니다.
책으로 펴내고 싶은 아이디어나 원고를 메일(writer@hanbit.co.kr)로 보내주세요.
한빛미디어(주)는 여러분의 소중한 경험과 지식을 기다리고 있습니다.

최적의 성능을 위한
MySQL/MariaDB 쿼리 작성과 튜닝 실습

업무에 바로 쓰는
SQL 튜닝

양바른 지음

한빛미디어
Hanbit Media, Inc.

베타리더의 말

SQL을 다루고 작동하는 법을 알려주는 책은 많지만, 효율적이고 좋은 퍼포먼스를 내는 쿼리를 짜는 방법까지 알려주는 책은 많지 않습니다. 이 책은 좋은 쿼리를 짤 수 있는 법을 알려주고, 그 원리까지 파고들어 좀 더 좋은 쿼리를 짤 수 있는 틀을 만드는 데 충실한 책입니다. 단순히 SQL을 써서 결과를 내는 것뿐만 아니라 정말 좋은 쿼리를 짜고 싶은 분들에게 추천합니다.

박규리_ 프로그래머

SQL을 다루는 책은 많지만, 좋은 쿼리를 짜는 것과는 거리가 먼 내용의 책이 대부분이었습니다. 반면 이 책은 좋은 쿼리를 짜게 도와준다는 느낌을 많이 받았습니다. 특히 원리를 파고드는 부분이 개인적으로 좋았습니다. SQL을 처음 접하시는 분이라면 많은 도움을 받을 수 있을 것입니다. SQL을 그냥 해보겠다는 분들보다는 SQL 원리부터 차근차근 이해하며 좋은 쿼리를 한번 짜보겠다는 분들에게 추천합니다.

류영표_ 인공지능 강사/프리랜서

현재 국내 시장에서 MySQL과 MariaDB를 다루는 튜닝 서적은 영문서적 외에 찾아볼 수가 없습니다. 많이 보는 Real 시리즈의 도서 역시 기껏 해봐야 실행 계획 컬럼별로 간단하게 설명하는 정도로 끝납니다. 하지만 이 책은 쿼리 사례별로 최대한 많은 예시를 들어가며 원리부터 시작해 하나부터 열까지 상세하게 설명해주므로 매우 많은 도움이 되었습니다(책이 쉽게 읽혔습니다). 관련 종사자라면 꼭 한 번씩 읽어보시기를 추천합니다.

천진호_ DBA

우리는 보이지 않는 선이 거미줄처럼 서로 얽힌 연결된 세상에서 살아갑니다. 주변 사람들과 손쉽게 연락을 주고받을 수 있고 필요한 제품이나 음식을 편리하게 주문할 수 있으며 여러 명이 한데 모여 강의를 듣고 대화를 나눌 수 있습니다. 그 모든 IT 서비스는 플랫폼 기반에서 무료로 또는 저렴한 비용을 지불하고 이용할 수 있습니다. 특히 코로나 시국을 겪으면서 이러한 서비스들이 없어서는 안 될 필수 불가결한 플랫폼임을 다시 한 번 직접 느끼고 목격했을 것입니다.

이처럼 우리의 삶에 깊게 녹아든 플랫폼은 대부분 오픈소스 소프트웨어와 오픈소스 하드웨어, 클라우드 인프라 기반으로 구성된 서비스로 제공됩니다. 플랫폼 비즈니스는 고객의 관심과 데이터 수집 등의 이유로 장기간에 걸친 초기 투자가 필요한 만큼 비용에 민감할 수밖에 없습니다. 따라서 구조가 정해진 고정된 형태의 데이터 저장은 오픈소스 DBMS^{database management system}를 주로 사용합니다.

최근 업계에서는 대기업이나 중소기업, 스타트업의 구분 없이 고가의 상용 DBMS에서 저가의 오픈소스 DBMS로 이전하는 추세입니다. 이처럼 변화하는 IT 패러다임에 발맞추려면 수백 가지의 오픈소스 DBMS 중에서도 글로벌 시장 점유율 1위를 차지하는 MySQL, 그리고 소스 코드가 그와 흡사한 MariaDB를 이해하고 SQL 튜닝을 학습하는 일이 매우 기본적이면서도 필수적인 과정일 것입니다.

이 책은 (MariaDB를 포함한) MySQL 계열에서 쿼리 튜닝을 수행할 때 알아야 하는 용어들과 메커니즘을 소개하고, 실전에서 발생하는 가벼운 쿼리들과 약간은 복잡한 쿼리들을 활용하여 실제 튜닝을 수행하는 과정을 다룹니다. 그 과정에서 기존의 상용 DBMS가 제공하는 다양한 정보와는 달리 적은 양의 정보로 MySQL 계열의 쿼리 튜닝을 수행할 때의 한계를 먼저 인지해야 합니다. 특히 튜너^{Tuner} 또는 개발자라면 DBMS 메커니즘을 이해하고 이를 바탕으로 쿼리문을 간소하면서도 효율적으로 작성하는 작업이 무엇보다 중요하다는 점을 인식하기를 바랍니다.

이 책을 집필하기까지 도움을 주신 부모님, 지선, 코식이, 기목, 엡, 히웅, 치하, 프리미엄 PE, WAFF에게 감사의 말씀을 전합니다.

2021.07 양바른

MySQL와 MariaDB에서 SQL 튜닝을 수행해야 하는 당위성을 설명하고, 튜닝에 필요한 관련 용어와 개념, 악성 쿼리 사례들을 소개합니다. 쿼리 튜닝의 이론적 지식과 실질적인 실습을 통해 실제로 쿼리 튜닝을 다루는 방법을 익힐 수 있습니다.

대상 독자

MySQL나 MariaDB에서 SQL 튜닝을 시작하려는 독자 대상의 튜닝 입문서입니다. DBMS 종류를 불문하고 SQL의 기초 지식만 있다면 누구나 쉽게 이해할 수 있도록 직관적인 그림과 예제로 구성했습니다. 실제 비즈니스에서 마주할 수 있는 악성 SQL 문의 사례를 통해 SQL 문을 분석하고 쿼리를 튜닝하는 과정을 함께 수행합니다. SQL 문을 작성한 경험이 적더라도 걱정할 필요는 없습니다. DBMS의 기초 용어와 쿼리 튜닝에 필요한 용어를 익히면서 쿼리 작성 방법과 쿼리 튜닝의 기초 지식을 학습하는 데 이 책이 도움이 될 것입니다.

이 책의 구성

다음과 같이 총 5개 장으로 구성했습니다.

1장_ MySQL과 MariaDB 개요

MySQL과 MariaDB의 배경과 시장점유율 현황을 알아보고 상용 DBMS와의 차이점, 오픈소스 DBMS인 MySQL과 MariaDB 튜닝의 중요성을 살펴봅니다.

2장_ SQL 튜닝 용어를 직관적으로 이해하기

SQL 튜닝을 수행하기 전에 알아야 하는 물리 엔진의 구조, DB 오브젝트 관련 용어, 논리적인 쿼리문 작성 관련 용어, 개념적으로 통용되는 튜닝 용어를 알아봅니다.

3장_ SQL 튜닝의 실행 계획 파헤치기

SQL 튜닝을 수행하는 데 필요한 실습 환경을 구성해봅니다. 튜닝의 방향성을 결정하기 위해 실행 계획을 수행하는 방법과 출력 결과의 의미를 살펴보고, 물리적인 시간 단위 정보인 프로파일링을 이해합니다.

4장_ 악성 SQL 튜닝으로 초보자 탈출하기

주어진 SQL 문에서 단순한 텍스트 변경으로 튜닝을 수행하는 실습을 진행합니다. SQL 문에서 일부 구문 또는 테이블 조인 방식을 변경하여 쿼리 튜닝을 수행하는 사례를 확인해봅니다.

5장_ 악성 SQL 튜닝으로 전문가 되기

주어진 SQL 문에서 쿼리를 재작성하거나 DDL data definition language 을 통한 오브젝트 변경으로 튜닝을 수행하는 실습을 진행합니다. SQL 문을 전체적으로 다시 작성하거나, 인덱스를 조정하고, 테이블과 열의 속성을 변경하는 방식으로 쿼리 튜닝을 수행하는 사례를 확인해봅니다.

개발 환경과 예제 파일

개발 환경

MySQL 8.0.21 버전 및 MariaDB 10.5.4 버전을 기준으로 집필했습니다. 독자 여러분의 개발 환경에 따라 언급한 기준과 다른 DB 버전으로 실습할 경우에는 실행 계획의 결과 등이 책의 내용과 다를 수 있으니 참고 바랍니다.

예제 다운로드 및 사용법

실습에 필요한 예제 파일은 저자의 깃허브(https://github.com/7ieon/SQLtune)에 공개되어 있습니다. 예제를 내려받고 설치하는 과정은 이 책의 3장을 참고하여 진행하기 바랍니다.

목차

3장

**SQL 튜닝의
실행 계획
파헤치기**

1장 MySQL과 MariaDB 개요

MySQL과 MariaDB는 유사하면서도 다른 부분이 있는 만큼 각각의 탄생 과정부터 살펴보겠습니다.

MySQL은 1995년 오픈소스로 배포된 무료 DBMS^{database management system}입니다. 대용량 데이터와 가용성, 안정성이라는 장점에 힘입어 배포 초기부터 학계는 물론 업계에서 다양한 용도로 활용되어 온 대중적인 소프트웨어입니다. 2010년 MySQL이 오라클^{Oracle}에 인수된 뒤 2021년 6월 현재 MySQL 8.0 버전까지 배포되었으며 상용 버전과 커뮤니티 버전으로 구분합니다.

한편 MySQL이 오라클로 인수되고 나서 개발 지침과 라이선스 정책의 변화에 따라 MySQL의 핵심 개발자 주도로 오픈소스 정책을 지향하는 MariaDB가 탄생했습니다. MariaDB는 MySQL의 소스 코드에 기반을 두고 개발된 만큼, SQL 문을 사용하는 개발자 입장에서 현재까지 별다른 차이는 없습니다. 물론 일부 기능과 수행 메커니즘, 시스템 변수^{system variable}나 시스템 상태^{system status} 등에서 점점 차이가 나고 있기는 하지만 SQL 문의 주요 뼈대는 크게 다르지 않습니다.

버전 측면에서는 MySQL과 MariaDB 모두 초반에 5.x 버전으로 같은 길을 걷는 듯했으나 5.5 버전부터 MariaDB가 독자적인 길을 선택하면서 [그림 1-1]처럼 두 갈래로 나뉘기 시작했습니다. SQL 문을 개발하는 입장에서는 버전에 따른 기능 차이가 존재하지만 작성하는 SQL 문의 문법이나 실행 계획의 출력 방식은 유사하므로 버전과 관계없이 SQL 문을 개발할 수 있습니다. 단, 버전에 따라 DB 엔진 레벨에서 제공하는 옵티마이저 기능의 차이는 있으므로 데이터베이스 관리자라면 이 점을 염두에 두기 바랍니다.

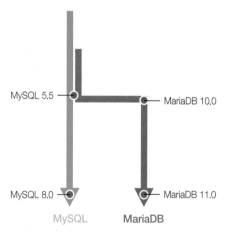

그림 1-1 MariaDB의 분기 버전(2023년 1월 기준)

표 1-1 MySQL과 MariaDB의 버전 이력

배포 시기	MySQL 버전	MariaDB 버전
2008.11	5.1	
2010.01		5.1
2010.04		5.2
2010.12	5.5	
2011.07		5.3
2012.02		5.5
2012.11		10.0
2013.12	5.6	
2014.06		10.1
2015.10	5.7	
2016.04		10.2
2017.04		10.3
2018.05	8.0	
…	…	…
2021.04		10.6
2022.12		11.0

일반적으로 독자는 이미 설치된 MySQL 또는 MariaDB에서 SQL 문을 작성하고 튜닝하므로 버전에 크게 영향을 받지 않을 수 있습니다. 다만 설치된 DB 버전에 따라 최적화 기능을 선택적으로 활용할 수 있는 만큼, 버전 정보를 미리 파악한다면 도움이 될 것입니다. 어떤 기능이 제공되는지 알면서 사용하지 않는 것과 몰라서 사용하지 못하는 것은 하늘과 땅 차이입니다.

로컬에 이미 MySQL을 설치했다면 다음 명령어로 버전 정보를 확인할 수 있습니다. 만약 설치된 DB가 없다면 3장에서 DB를 설치하는 실습을 먼저 진행한 뒤 버전을 확인해봅니다.

```
mysql> show variables like 'version';
+---------------+--------+
| Variable_name | Value  |
+---------------+--------+
| version       | 8.0.21 |
+---------------+--------+
1 row in set, 1 warning (0.00 sec)
```

또는 다음 명령어로 확인할 수도 있습니다.

```
mysql> SELECT @@version;
+-----------+
| @@version |
+-----------+
| 8.0.21    |
+-----------+
1 row in set (0.00 sec)
```

버전별 MySQL 및 MariaDB의 기능 차이는 다음 웹사이트에서 확인할 수 있습니다.

- **MySQL:** https://dev.mysql.com/doc/refman/8.0/en/select.html
- **MariaDB:** https://mariadb.com/kb/en/selecting-data/

1.1 현황

이번 절에서는 오픈소스 DB인 MySQL와 MariaDB의 부각 배경과 영향력에 관해서 알아봅니다.

1.1.1 부각 배경

MySQL은 상용 버전^{commercial edition}과 무료 버전^{community edition}으로 구분됩니다. 이때 무료 버전의 라이선스는 GPL ^{General Public License}입니다. 상용 버전은 오라클에서 다양한 보안 패치와 개선된 기능을 제공하는 반면, GPL 라이선스를 사용하는 무료 버전은 MySQL 소스 코드 공개의 부담이 있으며 제약된 기능과 서비스만 사용할 수 있습니다. 다만 무료 버전이라 해도 MySQL이 설치된 소프트웨어를 판매하거나 고객의 장비에 이미 MySQL이 설치된 상태에서 소프트웨어를 제공하는 경우 등을 제외하면 사용자의 소스 코드 공개는 의무 사항이 아닙니다.

한편 MariaDB는 GPL v2 라이선스를 따르는 완전한 오픈소스 소프트웨어입니다. 마찬가지로 MariaDB가 포함된 소프트웨어를 고객에게 판매하는 등의 영리 목적 활동 외에는 소스 코드 공개 의무가 없습니다.

이처럼 MySQL과 MariaDB는 웹 서비스 및 모바일 웹 시스템을 구축하고자 할 때 손쉽게 설치할 수 있는 오픈소스 데이터베이스로, 누구나 직접 SQL 문을 작성하고 튜닝할 수 있습니다.

1.1.2 DB 엔진 영향력

최근 오픈소스 RDBMS$^{\text{relational database management system}}$의 엔진 영향력$^{\text{popularity value}}$은 다음 [그림 1-2]와 같습니다. 1위는 MySQL로 58%이고, 5위인 MariaDB는 5%로 둘을 합쳐 전체 영향력 대비 60%에 육박하는 높은 비율을 차지합니다. 시장에서는 이미 비즈니스 가격 경쟁력 향상과 클라우드 서비스의 급성장에 힘입어 U2L$^{\text{Unix to Linux}}$, U2C$^{\text{Unix to Cloud}}$ 흐름을 타고 오픈소스 데이터베이스로의 전환^{migration}이 주류를 이루는 추세입니다. 그에 따라 MySQL과 MariaDB 개발 역량도 선택이 아닌 필수인 시대가 도래했습니다.

2021 Most Popular Open Source Databases

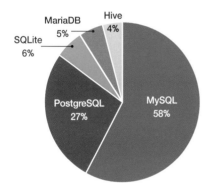

그림 1-2 오픈소스 RDBMS의 영향력 비율[1]

1.2 상용 RDBMS와의 차이점

오픈소스인 MySQL 및 MariaDB와, 국내 시장 점유율이 가장 높은 상용DB인 오라클을 기준으로 각각의 구조와 기능 그리고 SQL 문을 간단히 비교·분석해보겠습니다. 사실상 국내에서

---

1 https://db-engines.com/en/ranking

는 오라클 중심의 SQL 문을 사용하여 쿼리 작성 및 튜닝을 진행하는 예제가 많은 만큼 이번 기회에 간단하게 MySQL과 MariaDB의 특징을 확인해보면 좋겠습니다.

이후 MySQL과 MariaDB의 공통된 설명은 MySQL로 통칭하며, MySQL과 MariaDB을 구분해 설명해야 할 때는 각각 따로 설명하겠습니다.

1.2.1 구조적 차이

오라클과 MySQL(MariaDB 포함, 이후 MySQL로 통칭하여 표기)을 실제 서비스에 도입할 때는 장애 예방 효과 또는 장애 발생 시 가용성을 기대하며 이중화 구조로 구축합니다. 나아가 삼중화 이상의 다중화 구조로 구축하여 가용성 수준을 더 높일 수도 있습니다.

이때 기본적으로 데이터가 저장되는 스토리지의 구조 측면에서 큰 차이를 보입니다. 오라클 DB는 통합된 스토리지 하나를 공유shared everything하여 사용하는 방식이지만 MySQL은 물리적인 DB 서버마다 독립적으로 스토리지를 할당shared nothing하여 구성합니다. 물론 DBMS마다 서드 파티 제품을 이용하여 응용 구조를 변경할 수도 있지만, 방금 설명한 내용은 일단 가장 대중적으로 구축하는 사례를 소개한 것입니다.

오라클은 다음 [그림 1-3]과 같이 공유 스토리지를 사용하므로 사용자가 어느 DB 서버에 접속하여 SQL 문을 수행하더라도 같은 결과를 출력하거나 동일한 구문(SELECT, INSERT, DELETE, UPDATE)을 처리할 수 있습니다.

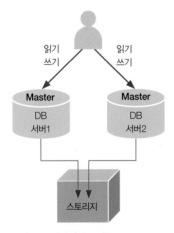

그림 1-3 일반적인 오라클 DB 구조

반면 MySQL은 독립적인 스토리지 할당에 기반을 두는 만큼 이중화를 위한 클러스터^{cluster}나 복제^{replication} 구성으로 운영하더라도 보통은 마스터-슬레이브^{master-slave} 구조(주-종 구조)가 대부분입니다. 물론 마스터-마스터^{master-master} 구조로도 구축할 수 있지만 상대적으로 적은 사례에 해당합니다. 이때 마스터 노드는 쓰기/읽기 처리를 모두 수행할 수 있고 슬레이브 노드는 읽기 처리만 수행할 수 있습니다.

다시 말하자면, 물리적으로 여러 대의 MySQL DB 서버에 접속하더라도 동일한 구문(SELECT, INSERT, DELETE, UPDATE)이 처리되지 않을 수 있으며 DB 서버마다 각자의 역할이 부여될 수 있습니다. 이는 SQL 튜닝과 거리가 있는 내용처럼 들릴 수 있으나, 쿼리문이 수행하는 서버의 위치를 파악하고 튜닝을 진행하면 물리적인 위치 특성이 내포된 쿼리 튜닝을 수행할 수 있습니다.

다음 [그림 1-4]는 마스터-슬레이브 구조로 구축한 두 대의 MySQL 서버를 보여줍니다. 애플리케이션을 통해 쿼리 오프로딩^{query offloading}이 적용되므로 마스터 노드에서는 UPDATE, INSERT, DELETE 문을 수행하고 슬레이브 노드에서는 SELECT 문을 수행합니다. 만약 SELECT 문에 대한 쿼리 튜닝을 마스터 노드에서 수행하거나, UPDATE 문에 대한 쿼리 튜닝을 슬레이브 노드에 접속해서 수행한다면 어떻게 될까요? 정상적인 쿼리 튜닝 결과가 도출되지 않을 것입니다. 이와 같은 잘못된 결과는 쿼리가 수행되는 물리적인 서버의 위치를 인지하고 쿼리 튜닝을 수행한다면 발생하지 않을 것입니다. 즉, 구축된 DB 서버의 구조를 충분히 이해하고 적합한 서버(Master 또는 Slave 서버)에 접근하여 쿼리 튜닝을 수행하는 일은 매우 중요합니다.

다만 각 DB 서버의 운영체제 설정, 할당된 스토리지 크기, 시스템 변수, 하드웨어 사양 등이 같을 때는 마스터 노드 중심으로 쿼리 튜닝을 진행해도 무방합니다.

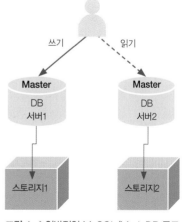

그림 1-4 일반적인 MySQL/MariaDB 구조

TIP_ **쿼리 오프로딩**

DB 서버의 트랜잭션에서 쓰기^{write} 트랜잭션과 읽기^{read} 트랜잭션을 분리하여 DB 처리량을 증가시키는 성능 향상 기법입니다.

- **쓰기 트랜잭션:** UPDATE, INSERT, DELETE
- **읽기 트랜잭션:** SELECT

1.2.2 지원 기능 차이

MySQL과 오라클 DB에서 제공하는 조인 알고리즘^{join algorithm}의 기능에는 차이가 있습니다. MySQL은 대부분 중첩 루프 조인^{nested loop join} 방식으로 조인을 수행하는 한편, 오라클에서는 중첩 루프 조인 방식뿐만 아니라 정렬 병합 조인^{sort merge join2}과 해시 조인^{hash join} 방식도 제공합니다. 최근에는 더 효율적으로 쿼리를 수행하고자 MySQL 8.0.18 버전에서도 제약적으로 해시 조인을 제공하지만 여전히 대부분의 조인은 중첩 루프 조인으로 풀립니다. 여기서 언급한 MySQL/MariaDB의 조인 알고리즘들은 2.2.5절에서 상세히 설명할 예정입니다.

특히 MySQL은 오라클과 달리 데이터를 저장하는 스토리지 엔진이라는 개념을 포함하므로 오픈소스 DBMS를 바로 꽂아서 사용할 수 있는 확장성이 특징입니다. 일명 DBMS의 플러그 앤 플레이^{plug & play}라는 기능입니다. 또한 MySQL은 오라클 대비 메모리 사용률이 상대적으로 낮으므로 사양이 낮은 컴퓨팅 환경에서도 설치하여 서비스할 수 있습니다. 심지어 1MB 메모리 환경에서도 데이터베이스를 운영할 수 있을 만큼 오버헤드가 작지만, 오라클은 최소 수백 MB의 환경이 제공되어야 설치할 수 있습니다.

정리하자면 MySQL은 1) 주로 중첩 루프 조인 알고리즘만으로 풀리며 2) 필요한 DBMS를 설정해 사용할 수 있고 3) 상대적으로 낮은 메모리 사용으로 저사양 PC에서도 손쉽게 설치 및 개발할 수 있습니다.

1.2.3 SQL 구문 차이

이번 절에서는 SQL 구문의 차이점을 알아봅니다. 자주 사용하는 오라클 함수명이나 문법이 MySQL과는 조금 다르므로 SQL 튜닝을 수행하기 전에 기본적인 SQL 구문 특성을 이해해야 합니다.

Null 대체

예를 들어 tab이라는 테이블에서 col1 열^{column}을 조회하고자 합니다. 이때 col1 열은 Null 값도 포함할 수 있으므로 해당 열에 Null이 포함될 때는 다른 값으로 대체하려 합니다.

---

2 두 테이블을 각각 정렬한 후, 조인 조건에 맞는 데이터를 찾는 방식입니다.

다음은 MySQL/MariaDB와 오라클에서 각각 Null이라는 값을 N/A라는 문자열로 대체하는
쿼리를 보여주는 문법과 예제입니다.

| MySQL/MariaDB |

문법

```
IFNULL(열명, '대쳇값')
```

예제

```
mysql> SELECT IFNULL(col1 , 'N/A') col1
    ->    FROM tab;
+------------------------+
| col1                   |
+------------------------+
| A                      |
| A                      |
| B                      |
| A                      |
| A                      |
| N/A                    |
| B                      |
| B                      |
| B                      |
| N/A                    |
+------------------------+
```

| 오라클 |

문법

```
NVL(열명, '대쳇값')
```

예제

```
SQL> SELECT NVL(col1 , 'N/A') col1
  2    FROM tab;
+------------------------+
| col1                   |
+------------------------+
```

```
| A                     |
| A                     |
| B                     |
| A                     |
| A                     |
| N/A                   |
| B                     |
| B                     |
| B                     |
| N/A                   |
+-----------------------+
```

페이징 처리

테이블에서 데이터를 불러올 경우 전체가 아닌 일부 분량만 제한적으로 가져올 때가 있습니다. 이때 MySQL에서는 **LIMIT** 키워드를 사용하고 오라클에서는 **ROWNUM** 키워드를 사용합니다. 해당 키워드는 페이징 처리뿐만 아니라 새 일련번호를 받는 순번을 생성할 때도 응용하여 사용할 수 있습니다.

다음은 tab 테이블에서 5개의 데이터만 조회하는 예제입니다.

| MySQL/MariaDB |

문법

```
LIMIT 숫자
```

예제

```
mysql> SELECT col1
    ->    FROM tab
    -> LIMIT 5;
+--------+
| col1   |
+--------+
| A      |
| A      |
| B      |
```

```
| A     |
| A     |
+-------+
```

| 오라클 |

문법

```
ROWNUM <= 숫자
```

예제

```
SQL> SELECT col1
  2    FROM tab
  3   WHERE ROWNUM <= 5;
+-------+
| col1  |
+-------+
| A     |
| A     |
| B     |
| A     |
| A     |
+-------+
```

현재 날짜

DBMS의 현재 시스템 날짜를 조회할 때 MySQL에서는 NOW() 함수를 사용하고 오라클에서는 SYSDATE 키워드를 사용합니다. 물론, MySQL에서 SYSDATE() 함수를 사용할 수 있으나 다수의 SYSDATE() 함수를 사용하면 함수의 호출 시점을 출력하는 특성으로 상이한 값이 출력됩니다. 이에 단위 쿼리를 기준으로 동일한 결과값을 출력하는 MySQL의 NOW() 함수와 오라클의 SYSDATE 함수를 기준으로 설명하고자 합니다. 다음은 이러한 함수와 키워드를 이용하는 예제입니다.

이때 MySQL에서는 출력의 가독성을 높이고자 date라는 문자로 별칭[alias]를 부여하며, 오라클에서는 가상 테이블인 dual을 사용해 SELECT 문을 작성합니다. MySQL은 FROM 절 없이

SELECT 문만으로도 현재 날짜를 출력할 수 있지만 오라클은 이처럼 가상 테이블을 명시해야 현재 날짜를 출력할 수 있습니다.

| MySQL/MariaDB |

문법

```
NOW()
```

예제

```
mysql> SELECT NOW() AS date;
+---------------------+
| date                |
+---------------------+
| 2021-02-14 20:48:04 |
+---------------------+
```

| 오라클 |

문법

```
SYSDATE
```

예제

```
SQL> SELECT SYSDATE AS date
  2    FROM dual;
+---------------------+
| date                |
+---------------------+
| 2021-02-14 20:48:04 |
+---------------------+
```

조건문

조건문이란 특정한 조건을 만족할 때와 만족하지 않을 때 각각 수행할 방향을 정해주는 구문입니다. MySQL에서는 일반적인 프로그래밍에서 사용하는 키워드인 IF 문과 CASE WHEN~THEN

문을 사용하며 오라클에서는 DECODE 키워드, IF 문과 CASE WHEN~THEN 문을 사용합니다. 여기서 오라클은 개별적으로 개발한 DECODE를 사용하는 경향이 높으므로 다음 예제에서는 해당 키워드를 활용합니다.

다음 예제는 col1 열의 값이 A라면 apple이라고 출력하고 그렇지 않으면 대시(–)로 표시하라는 조건문을 작성한 쿼리입니다.

| MySQL/MariaDB |

문법

```
IF (조건식, '참값', '거짓값')
```

예제

```
mysql> SELECT IF(col1 ='A', 'apple', '-') AS col1
    ->    FROM tab;
+------------------------+
| col1                   |
+------------------------+
| apple                  |
| apple                  |
| -                      |
| apple                  |
| apple                  |
| -                      |
| -                      |
| -                      |
| -                      |
| -                      |
+------------------------+
```

| 오라클 |

문법

```
DECODE(열명, '값', '참값', '거짓값')
```

```
SQL> SELECT DECODE(col1, 'A', 'apple', '-') AS col1
  2    FROM tab;
+------------------------+
| col1                   |
+------------------------+
| apple                  |
| apple                  |
| -                      |
| apple                  |
| apple                  |
| -                      |
| -                      |
| -                      |
| -                      |
| -                      |
+------------------------+
```

날짜 형식

날짜 데이터를 원하는 형태로 변경하는 구문을 작성할 수 있습니다. MySQL에서는 DATE_FORMAT() 함수를 사용하고 오라클에서는 TO_CHAR() 함수로 출력 형식을 변경해줍니다.

다음 예제는 편의상 현재 날짜를 조회하고 열 형태로 변경하여 출력하는 쿼리입니다.

| MySQL/MariaDB |

문법

```
DATE_FORMAT(날짜열, '형식')
```

예제

```
mysql> SELECT DATE_FORMAT(NOW(),'%Y%m%d %H%i%s') AS date;
+----------------------------------+
| date                             |
+----------------------------------+
| 20210214 213004                  |
+----------------------------------+
```

| 오라클 |

문법

```
TO_CHAR(날짜열, '형식')
```

예제

```
SQL> SELECT TO_CHAR(SYSDATE, 'YYYYMMDD HH24MISS') AS date
  2    FROM DUAL;
+----------------------------------+
¦ date                             ¦
+----------------------------------+
¦ 20210214 213004                  ¦
+----------------------------------+
```

자동 증갓값

신규 데이터가 지속해 생성될 때는 증가하는 순번을 자동으로 매기는 숫자형 값, 즉 자동 증갓 값을 저장할 수 있습니다. 이미 저장된 다른 데이터와 값이 중복되지 않도록 기존에 저장된 순번보다 더 큰 숫자를 생성하여 데이터를 저장하는 방식입니다.

이때 MariaDB와 오라클에서는 각각 시퀀스sequence라는 오브젝트object를 활용합니다(단, 오라클 시퀀스는 기존 데이터보다 작은 값으로 순번을 매길 수도 있습니다).[3] 먼저 CREATE SEQUENCE 문으로 시퀀스 오브젝트를 생성한 뒤, 해당 시퀀스명으로 함수를 호출하여 신규 숫자를 채번할 수 있습니다. 이때 SELECT 시퀀스명.nextval FROM dual; 구문으로 신규 데이터의 시퀀스 숫자를 가져옵니다.

한편 MySQL에서는 두 가지 방법으로 자동 증갓값을 저장합니다. 첫 번째는 특정 열의 속성으로 자동 증가하는 값을 설정하는 auto_increment를 명시하는 방법입니다. 즉, 테이블마다 특정한 하나의 열에만 해당 속성을 정의하여 자동 증가하는 숫자를 저장할 수 있습니다. 두 번째는 (Maria DB 버전이 10.3 이상일 때만) 오라클과 마찬가지로 시퀀스라는 오브젝트를 생성한 뒤 호출하여 활용하는 방법입니다. 구체적으로는 CREATE SEQUENCE 문으로 시퀀스를 생성한 뒤 SELECT nextval(시퀀스명); 구문으로 신규 순번을 매기는 기능을 활용할 수 있습니다.

---

3 MariaDB는 최신 버전인 10.3 이상일 때만 시퀀스를 활용할 수 있습니다.

다음 예제는 tab 테이블에서 seq 열에 auto_increment를 설정하고, MariaDB와 오라클에서
시퀀스 오브젝트를 생성한 뒤 숫자를 매기는 방법을 보여주는 쿼리입니다.

| MySQL/MariaDB |

문법

```
AUTO_INCREMENT
```

예제

```
CREATE TABLE tab
(seq    INT         NOT NULL AUTO_INCREMENT PRIMARY KEY,
 title  VARCHAR(20)  NOT NULL);
```

| MariaDB 10.3 이상 |

문법

```
CREATE SEQUENCE [시퀀스명]
INCREMENT BY [증감숫자]
START WITH [시작숫자]
NOMINVALUE OR MINVALUE [최솟값]
NOMAXVALUE OR MAXVALUE [최댓값]
CYCLE OR NOCYCLE
CACHE OR NOCACHE
```

예제

```
CREATE SEQUENCE MARIA_SEQ_SAMPLE
INCREMENT BY 1
START WITH 1
MINVALUE 1
MAXVALUE 99999999999
CYCLE
CACHE;
```

다음 값 채번 문법

```
SELECT NEXTVAL(시퀀스명);
```

다음 값 채번 예제

```
SELECT NEXTVAL(MARIA_SEQ_SAMPLE);
```

| 오라클 |

문법

```
CREATE SEQUENCE [시퀀스명]
INCREMENT BY [증감숫자]
START WITH [시작숫자]
NOMINVALUE OR MINVALUE [최솟값]
NOMAXVALUE OR MAXVALUE [최댓값]
CYCLE OR NOCYCLE
CACHE OR NOCACHE
```

예제

```
CREATE SEQUENCE ORACLE_SEQ_SAMPLE
INCREMENT BY 1
START WITH 1
MINVALUE 1
MAXVALUE 99999999999
CYCLE
CACHE;
```

다음 값 채번 문법

```
SELECT 시퀀스명.NEXTVAL FROM dual;
```

다음 값 채번 예제

```
SELECT ORACLE_SEQ_SAMPLE.NEXTVAL
    FROM DUAL;
```

문자 결합

여러 개의 문자를 하나로 결합하여 조회할 때가 있습니다. MySQL에서는 CONCAT( ) 함수를 사용하고 오라클에서는 ‖ 이나 CONCAT( ) 함수를 사용합니다. 다음은 편의상 A와 B라는 두 개의 문자를 결합하는 예제입니다.

| MySQL/MariaDB |

문법

```
CONCAT(열값 또는 문자열, 열값 또는 문자열)
```

예제

```
mysql> SELECT CONCAT('A','B') TEXT;
+------+
| TEXT |
+------+
| AB   |
+------+
```

| 오라클 |

문법

```
① 열값 또는 문자열 ‖ 열값 또는 문자열
② CONCAT(열값 또는 문자열, 열값 또는 문자열)
```

예제

```
SQL> SELECT 'A'||'B' TEXT
  2    FROM DUAL;
+------+
| TEXT |
+------+
| AB   |
+------+
```

```
SQL> SELECT CONCAT ('A','B') TEXT;
+------+
¦ TEXT ¦
+------+
¦ AB   ¦
+------+
```

문자 추출

문자열에서 특정 구간 및 특정 위치의 문자열을 추출하고 싶을 때가 있습니다. MySQL에서는 SUBSTRING() 함수를 사용하고 오라클에서는 SUBSTR() 함수를 사용합니다. 함수명이 유사하니 주의해주세요. 각 DBMS에서 수용하는 함수명을 사용하지 않으면 에러가 발생합니다.

다음 예제는 ABCDE라는 문자열이 있다고 가정할 때 두 번째 위치의 문자(B)부터 시작해서 3개의 문자를 가져오는 쿼리입니다.

| MySQL/MariaDB |

문법

```
SUBSTRING(열값 또는 문자열, 시작 위치, 추출하려는 문자 개수)
```

예제

```
mysql> SELECT SUBSTRING('ABCDE',2,3) AS sub_string;
+------------+
¦ sub_string ¦
+------------+
¦ BCD        ¦
+------------+
```

| 오라클 |

문법

```
SUBSTR(열값 또는 문자열, 시작 위치, 추출하려는 문자 개수)
```

```
SQL> SELECT SUBSTR('ABCDE',2,3) AS sub_string
  2    FROM DUAL;
+------------+
| sub_string |
+------------+
| BCD        |
+------------+
```

1.3 MySQL과 MariaDB 튜닝의 중요성

최근 제조업, 통신업, 판매업 등에서 MySQL과 MariaDB에 기반을 둔 안정적인 운영 서비스를 제공하는 사례를 흔히 접할 수 있습니다. 나아가 클라우드 환경과의 접목으로 한 대의 기본 primary 노드와 다수의 복제본 replica 노드, 여러 개의 마스터 master 노드 구조 등 다양한 방식의 안정적인 아키텍처를 서비스에 활용합니다. 이러한 업계 사례를 보면 클라우드 서비스에 기반을 둔 하드웨어 가용성과 확장성, 지속적인 DBMS 엔진 가동을 위한 소프트웨어 안정성 등이 상용 DBMS와 크게 다르지 않습니다.

그러나 MySQL과 MariaDB의 내부를 들여다보면 기능적인 제약사항이 있습니다. 대다수의 SQL 문이 중첩 루프 조인 알고리즘으로 수행되고, 상용 DBMS와는 다르게 수행된 쿼리 결과가 메모리에 적재되는 캐시 기능에 한계가 있으므로(데이터가 변경되면 캐시된 내용을 모두 삭제) 일반적인 쿼리 작성 및 튜닝이 통하지 않을 수 있습니다. 따라서 DBMS가 제공하는 기능을 더 자세히 알아야 하며, 제공되는 실행 계획 execution plan 정보를 해석하고 문제점을 인지하거나 대응할 수 있는 능력을 갖춘 뒤 쿼리 튜닝을 진행해야 할 것입니다. 나아가 상용 DBMS에 비해 제공되는 정보가 부족하므로 쿼리를 효율적으로 작성하겠다는 마음가짐으로 실행 계획을 항상 확인하는 습관을 길러야 합니다.

다시 요약하면 MySQL과 MariaDB에는 다음과 같은 강점, 약점, 기회와 위협이 있습니다. 기본적으로 무료이고 경량화된 소프트웨어이므로 활용하기 편리하고 유용한 반면 수행 가능한 알고리즘이 적어서 성능적으로 불리합니다. 대신 다양한 스토리지 엔진을 적극적으로 사용할 수 있는 기회가 존재합니다. 그러나 오라클에 인수된 MySQL은 라이선스의 유료화, 오픈소스 정책의 지원범위 변동에 대한 위협성이 있습니다. 따라서 이와 같은 SWOT 분석 결과에 따라 약점과 기회를 헤쳐나가기 위한 SQL 튜닝이 얼마나 중요한지 다시 한번 확인할 수 있을 것입니다.

그림 1-5 MySQL/MariaDB의 SWOT 분석

1.4 마치며

1장에서는 MySQL과 MariaDB가 탄생한 배경을 살펴보았으며 전 세계적으로 상당한 수준의 점유율을 차지한다는 사실을 알 수 있었습니다. 또한 국내에서 흔히 활용하는 오라클 DBMS와의 기본적인 차이점과 더불어 상대적으로 부족한 기능과 정보, 알고리즘에 따른 쿼리 튜닝의 중요성을 인지할 수 있었습니다.

2장에서는 SQL 튜닝 학습에 필요한 MySQL/MariaDB의 구조와 기본 용어들을 살펴봅니다.

2장 SQL 튜닝 용어를 직관적으로 이해하기

2장에서는 SQL 튜닝(= 쿼리 튜닝)에 앞서 기본적으로 알아야 할 용어를 짚고 넘어가고자 합니다. 튜닝을 수행하는 과정에서 DBMS의 전반적인 구조와 메커니즘에 기반을 둔 종합적 사고가 필요한 만큼 현업에서 통용되는 기본적인 용어는 반드시 알고 있어야 합니다.

2.1 물리 엔진과 오브젝트 용어

이 절에서는 SQL 튜닝에 필요한 용어들을 거시적 관점에서 소개합니다. DBMS를 구성하는 엔진들과 내부 프로세스, 그리고 데이터를 저장하는 오브젝트를 가리키는 용어들입니다.

2.1.1 DB 엔진 용어

MySQL이라는 DBMS는 데이터를 저장하고, 저장된 데이터를 가공하는 연산을 수행합니다. 그 과정은 우리의 일상 속 경험과 크게 다르지 않습니다. 이해를 돕고자 푸드코트에서 음식을 주문하는 과정에 빗대어 설명하겠습니다.

다음 [그림 2-1]과 같이 우리는 푸드코트에서 한식을 주문하기로 했습니다. 주문을 받는 점원에게 가서 한식을 주문하고 비용을 결제합니다. 이때 점원은 주문한 메뉴가 조리 가능한 음식인지, 재료가 떨어진 음식은 아닌지, 메뉴판에 기재된 음식인지와 같은 세부 항목을 확인합니다. 이후 손님이 주문한 메뉴는 한식 조리실로 전달되어 조리되며 완성된 음식은 점원에게 전달됩니다. 메뉴 주문을 받고 서빙하는 점원은 완성된 음식을 접시에 예쁘게 담고, 꽃과 악세사리로 플레이팅하여 손님에게 제공합니다.

이처럼 손님의 요구사항은 조리실까지 차례로 전달되며, 조리실에서는 해당 메뉴를 저장된 재료로 요리합니다. 완성된 음식은 접시에 담아 꾸미고 더러워진 부분은 깨끗이 닦아 손님에게 제공합니다. 이러한 일련의 과정은 SQL 문 요청에 따라 최종 결과가 출력되기까지의 과정과 크게 다르지 않습니다.

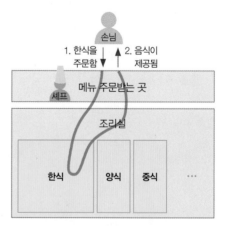

그림 2-1 푸드코트의 주문 프로세스

푸트코드에서 음식을 주문하는 과정과 마찬가지로, 사용자는 DB에서 원하는 데이터를 가져오고자 SQL 문을 실행합니다. 실행된 SQL 문은 MySQL 엔진에서 문법 에러가 있는지, DB에 존재하는 테이블 대상으로 SQL 문을 작성했는지와 같은 세부 사항을 다양한 문법 및 구문으로 검사합니다(파싱 작업을 하는 파서^{parser} 역할). 이후 사용자가 요청한 데이터를 빠르고 효율적으로 찾아가는 전략적 계획을 수립합니다(옵티마이저^{optimizer} 역할). 이 계획을 토대로 스토리지 엔진에 위치한 데이터까지 찾아간 뒤 해당 데이터를 MySQL 엔진으로 전달합니다. MySQL 엔진은 전달된 데이터에서 불필요한 부분을 필터링(제거, 변경)하고 필요한 연산을 수행한 뒤 사용자에게 최종 결과를 알려줍니다.

지금까지 설명한 개략적인 프로세스를 도식으로 나타내면 [그림 2-2]와 같습니다.

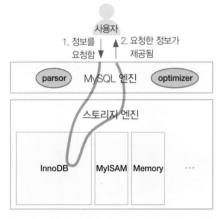

그림 2-2 MySQL/MariDB의 SQL 수행 프로세스

지금까지 MySQL/MariaDB의 전체적인 구조를 확인했습니다. 이제 구체적인 용어와 SQL 튜닝에 필요한 개념들을 살펴보겠습니다.

스토리지 엔진

(InnoDB, MyISAM, Memory 등) 스토리지 엔진은 사용자가 요청한 SQL 문을 토대로 DB에 저장된 디스크나 메모리에서 필요한 데이터를 가져오는 역할을 수행합니다. 이후 해당 데이터를 MySQL 엔진으로 보내줍니다. 스토리지 엔진이 데이터를 저장하는 방식에 따라 각각의 스토리지 엔진을 선택하여 사용할 수 있으며, 필요하다면 외부에서 스토리지 엔진 설치 파일을

가져와 활성화하여 즉시 사용할 수 있습니다.

일반적으로는 온라인상의 트랜잭션 발생으로 데이터를 처리하는 OLTP[online transaction processing] 환경이 대다수인 만큼 주로 InnoDB 엔진을 사용합니다. 그 밖에도 대량의 쓰기 트랜잭션이 발생하면 MyISAM 엔진을, 메모리 데이터를 로드하여 빠르게 읽는 효과를 내려면 Memory 엔진을 사용하는 식으로 응용하여 스토리지 엔진을 선택할 수 있습니다.

다음은 MySQL 8.0 버전과 MariaDB 10.5 버전에서 기본 제공하는 스토리지 엔진 목록입니다. 여기서 눈여겨볼 만한 엔진은 MariaDB의 Sequence 엔진으로, 오라클의 시퀀스 오브젝트와 유사하게 동작하며 MySQL과 MariaDB가 뿌리는 같지만 제공하는 엔진 목록이 일치하지 않는다는 점을 확인할 수 있습니다.

이후의 실습 예제와 SQL 튜닝은 일반적인 OLTP 환경에서 사용하는 InnoDB 엔진 중심으로 설명하겠습니다.

| MySQL 8.0 버전 |

```
mysql> SELECT ENGINE, TRANSACTIONS, COMMENT
    ->   FROM information_Schema.engines;
+--------------------+--------------+-----------------------------------------+
| ENGINE             | TRANSACTIONS | COMMENT                                 |
+--------------------+--------------+-----------------------------------------+
| MEMORY             | NO           | Hash based, stored in memory, useful ...|
| MRG_MYISAM         | NO           | Collection of identical MyISAM tables   |
| CSV                | NO           | CSV storage engine                      |
| FEDERATED          | NULL         | Federated MySQL storage engine          |
| PERFORMANCE_SCHEMA | NO           | Performance Schema                      |
| MyISAM             | NO           | MyISAM storage engine                   |
| InnoDB             | YES          | Supports transactions, row-level ...    |
| BLACKHOLE          | NO           | /dev/null storage engine (anything ...  |
| ARCHIVE            | NO           | Archive storage engine                  |
+--------------------+--------------+-----------------------------------------+
9 rows in set (0.00 sec)
```

```
mysql> SELECT ENGINE, TRANSACTIONS, COMMENT
    ->   FROM information_Schema.engines;

+--------------------+--------------+--------------------------------------+
| ENGINE             | TRANSACTIONS | COMMENT                               |
+--------------------+--------------+--------------------------------------+
| CSV                | NO           | CSV storage engine                   |
| MRG_MYISAM         | NO           | Collection of identical MyISAM tables|
| MEMORY             | NO           | Hash based, stored in memory, useful ... |
| Aria               | NO           | Crash-safe tables with MyISAM ...    |
| MyISAM             | NO           | Non-transactional engine with good ...|
| FEDERATED          | NULL         | Federated MySQL storage engine       |
| SEQUENCE           | YES          | Generated tables filled with ...     |
| InnoDB             | YES          | Supports transactions, row-level ... |
| PERFORMANCE_SCHEMA | NO           | Performance Schema                   |
+--------------------+--------------+--------------------------------------+
9 rows in set (0.00 sec)
```

MySQL 엔진

MySQL 엔진은 사용자가 요청한 SQL 문을 넘겨받은 뒤 SQL 문법 검사와 적절한 오브젝트 활용 검사를 하고, SQL 문을 최소 단위로 분리하여 원하는 데이터를 빠르게 찾는 경로를 모색하는 역할을 수행합니다. 이후 스토리지 엔진으로부터 전달받은 데이터 대상으로 불필요한 데이터는 제거하거나 가공 및 연산하는 역할을 합니다. 즉, SQL 문의 시작 및 마무리 단계에 MySQL 엔진이 관여하며, 스토리지 엔진으로부터 필요한 데이터만을 가져오는 핵심 역할을 담당한다고 할 수 있습니다.

2.1.2 SQL 프로세스 용어

SQL 문은 의외로 복잡한 과정을 거쳐 결괏값을 출력합니다. 그 복잡한 과정을 살펴보기 전에 [그림 2-3]과 같이 택시 기사에 비유하여 간단히 이해해봅니다. 서울에서 택시 운전을 하는 A 씨는 첫 번째 손님을 태웠습니다. 탑승한 손님은 몽골어로 "Бусан руу явцгаая."라고 요구했으나 무슨 뜻인지 알 수 없어 목적지까지 안내할 수 없었습니다. 다음으로 두 번째 손님을 태웠습니다. 손님은 "뉴욕으로 가주세요"라고 요구했고, A 씨는 어떤 요구사항인지 이해해보려 했습니다. 그러나 한국에는 뉴욕이라는 도시가 없으므로 결국 두 번째 손님도 목적지까지 안내할 수 없었습니다. 마지막으로 태운 손님은 "부산으로 가주세요"라고 말했습니다. 택시 기사 A 씨는 손님이 원하는 내용을 충분히 이해했고 부산의 위치도 정확히 알고 있었습니다. A 씨는 짧고 빠른 경로를 선택하여 손님을 원하는 목적지까지 무사히 안내할 수 있었습니다.

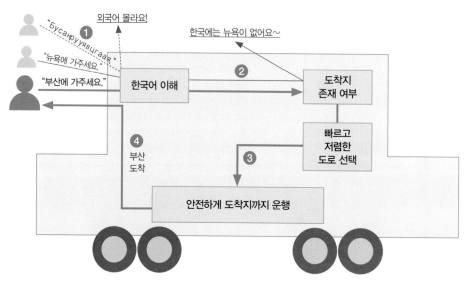

그림 2-3 SQL 문 처리의 택시 비유

SQL 문을 수행하는 과정 역시 택시 기사 A 씨가 일상에서 겪은 경험과 크게 다르지 않습니다. 사용자가 SQL 문을 수행하면, 파서는 MySQL이 이해할 수 있는 최소 단위로 구성요소를 분리하고 해당 구성요소를 트리로 만듭니다. 트리를 만드는 과정에서는 문법 오류가 있는지 검토합니다. 트리의 최소 단위는 >, <, = 등의 기호나 SQL 키워드로 분리합니다. 만약 트리에 허용되지 않는 문법이 포함된다면 에러 발생과 동시에 실행이 종료됩니다.

이후 전처리기 preprocessor는 생성된 트리 결과를 토대로, 이미 만들어진 테이블이나 뷰 등으로 구성되지는 않는지, 존재하지 않은 열을 포함하지는 않는지, 조회 권한이 없는 테이블을 조회하는지 등 유효성을 검증합니다. 만약 유효하지 않은 오브젝트가 있거나 권한이 없는 오브젝트를 호출하면 바로 에러를 발생하여 사용자에게 표시합니다.

다음으로 옵티마이저 optimizer는 트리를 구성하는 오브젝트의 데이터를 효율적으로 가져오기 위해 시간은 적게 소요되면서도 비용 효율적인 경로로 데이터를 검색하는 방법에 관한 실행 계획을 수립합니다. 엔진 실행기$^{engine\ executor}$는 이전에 수립된 실행 계획으로 스토리지 엔진을 호출해 필요한 데이터를 가져옵니다. 이후 엔진 실행기는 스토리지 엔진을 통해서 가져온 데이터 중 불필요한 데이터를 필터링하여 사용자가 원하는 결과를 전달합니다.

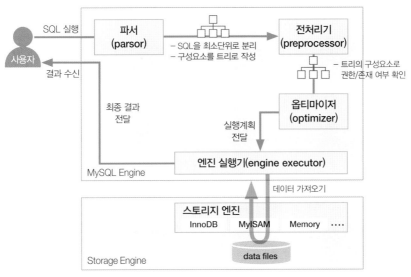

그림 2-4 SQL 문 수행 절차

이러한 SQL 실행 과정에서 핵심 역할을 수행하는 오브젝트는 크게 파서, 전처리기, 옵티마이저, 엔진 실행기로 구분됩니다. 각 오브젝트를 간단히 정리해보면 다음과 같습니다.

파서

파서^{parser}는 MySQL 엔진에 포함되는 오브젝트로, 사용자가 요청한 SQL 문을 쪼개 최소 단위로 분리하고 트리를 만듭니다. 트리를 만들면서 문법 검사를 수행합니다.

전처리기

전처리기^{preprocessor}는 MySQL 엔진에 해당하는 오브젝트로, 파서에서 생성한 트리를 토대로 SQL 문에 구조적인 문제가 없는지 파악합니다. SQL 문에 작성된 테이블, 열, 함수, 뷰와 같은 오브젝트가 실질적으로 이미 생성된 오브젝트인지, 접근 권한은 부여되어 있는지 확인하는 역할을 합니다.

옵티마이저

옵티마이저^{optimizer}는 MySQL의 핵심 엔진 중 하나로, DBMS에서 두뇌라고 불러도 과언이 아닐 만큼 핵심적인 역할을 수행합니다. 전달된 파서 트리를 토대로 필요하지 않은 조건은 제거하거나 연산 과정을 단순화합니다. 나아가 어떤 순서로 테이블에 접근할지, 인덱스를 사용할지, 사용한다면 어떤 인덱스를 사용할지, 정렬할 때 인덱스를 사용할지 아니면 임시 테이블^{temporary table}을 사용할지와 같은 실행 계획을 수립합니다.

단, 실행 계획으로 도출할 수 있는 경우의 수가 지나치게 많을 때는 실행 계획을 수립하고 비용을 산정하여 최적의 실행 계획을 선택하기까지 시간이 오래 걸리는 만큼 모든 실행 계획을 판단하지는 않습니다. 이는 옵티마이저가 선택한 최적의 실행 계획이 최상의 실행 계획이 아닐 가능성도 있다는 걸 의미합니다.

실행 계획을 수립하는 작업 자체만으로도 사용자의 대기 시간과 하드웨어 리소스를 점유하므로, 시간과 리소스에 제한을 두고 실행 계획을 선정해야 합니다. 이처럼 옵티마이저가 예측한 모든 실행 계획이 항상 최적의 실행 계획은 아닌 만큼 MySQL과 MariaDB를 적절히 다루는 독자 여러분의 손길이 필요할 수 있습니다.

엔진 실행기

엔진 실행기^{engine executor}는 MySQL 엔진과 스토리지 엔진 영역 모두에 걸치는 오브젝트로, 옵티마이저에서 수립한 실행 계획을 참고하여 스토리지 엔진에서 데이터를 가져옵니다. 이후 MySQL 엔진에서는 읽어온 데이터를 정렬하거나 조인하고, 불필요한 데이터는 필터링 처리하는 추가 작업을 합니다. 따라서 MySQL 엔진의 부하를 줄이려면 스토리지 엔진에서 가져오는 데이터양을 줄이는 게 매우 중요합니다.

2.1.3 DB 오브젝트 용어

데이터베이스를 구성하는 요소 중 하나로 오브젝트^{object}라 불리는 객체들이 있습니다. 이에 쿼리 튜닝을 수행하기 전에 각 오브젝트의 개념을 간단히 살펴보겠습니다.

여러분은 아마 웹사이트나 책에서 표 형태의 구조를 많이 접해봤을 것입니다. 예를 들면 다음 [그림 2-5]와 같은 표에서 학번을 비롯해 이름, 생년월일, 연락처, 전공코드 관련 정보가 들어 있는 세로 방향의 데이터가 '열'이라는 사실을 이미 알고 있을 것입니다. 한편 가로 방향으로 10001 학번인 사람의 이름은 홍길동이며 생년월일, 연락처, 전공코드 정보가 무엇인지도 모두 확인할 수 있습니다. 이러한 가로 방향의 정보를 '행'이라고 합니다.

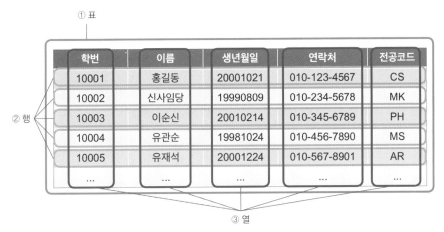

그림 2-5 2차원 표의 구성요소

이와 마찬가지로 2차원 형태의 관계형 데이터베이스에서 표는 테이블^table, 열은 컬럼^column, 행은 로우^row 라는 용어로 사용합니다. 이러한 테이블과 컬럼, 로우에 관해 더 자세히 알아보겠습니다(이 책에서는 편의상 '컬럼'과 '로우'를 각각 '열'과 '행'으로 표기합니다).

테이블

테이블^table은 데이터를 저장하는 오브젝트로 행과 열의 정보를 담습니다. 관계형 데이터베이스인 MySQL은 2차원 배열 형태로 테이블을 관리합니다. 예를 들면 다음 [그림 2-6]은 학생 정보를 저장하는 학생 테이블을 나타냅니다. 테이블에서는 저장 방식과 저장 구조에 따라 스토리지 엔진 속성을 정의할 수 있습니다. InnoDB 스토리지 엔진은 보통 OLTP 환경에서 주로 사용하는 기본 DB 엔진이며 그 외에도 MyISAM, Memory, Blackhole 엔진 등이 있습니다.

로우(행)

로우^row 는 행에 해당하는 용어로, 테이블에서 동일한 구조의 데이터 항목들의 집합을 가리킵니다. [그림 2-6]의 학생 테이블을 살펴보면 10001/홍길동/20001021/010-123-4567/CS

라는 5개의 데이터 항목이 하나의 행을 이룹니다. 다른 행 역시 데이터의 값 자체는 다르지만 데이터 항목의 구조는 동일합니다. 즉, 행은 하나의 데이터 항목 집합이며 모든 행의 집합을 테이블이라고 할 수 있습니다.

행 수가 많아지면 데이터에 접근하는 과정에서 시간이 오래 소요될 가능성이 높습니다. 이때 파티셔닝partitioning 기법으로 SQL 문의 성능 향상을 검토해볼 수 있습니다.

컬럼(열)

컬럼column은 열에 해당하는 용어입니다. 사전에 정의한 데이터 유형으로 데이터값을 저장하며, 열별로 다른 데이터 유형을 가질 수 있습니다. 예를 들어 [그림 2-6]의 학생 테이블에서 학번 열은 숫자형 데이터로 정의하고 이름은 문자열 유형으로 정의함을 알 수 있습니다.

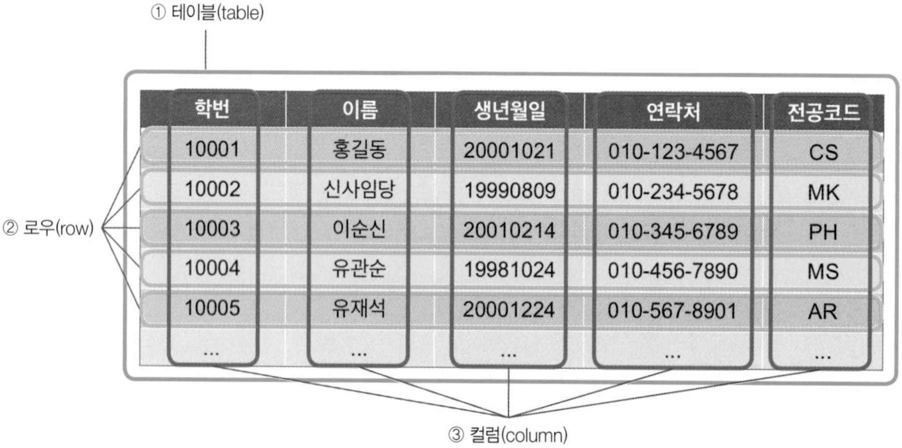

① 테이블(table)

학번	이름	생년월일	연락처	전공코드
10001	홍길동	20001021	010-123-4567	CS
10002	신사임당	19990809	010-234-5678	MK
10003	이순신	20010214	010-345-6789	PH
10004	유관순	19981024	010-456-7890	MS
10005	유재석	20001224	010-567-8901	AR
...	...	...	...	...

② 로우(row)

③ 컬럼(column)

그림 2-6 테이블 구성요소

기본 키

기본 키primary key (PK)는 특정 행을 대표하는 열을 가리키는 용어로 주 키라고도 합니다. 다음 [그림 2-7]의 학생 테이블에서 기본 키는 학번 열로, 학번 10001는 어떤 행과도 중복되지 않는 대푯값입니다. 마찬가지로 전공 테이블의 기본 키는 전공코드 열로, 전공코드 CS는 어떤 행과도 중복되지 않는 값입니다.

이처럼 기본 키는 학생 테이블의 학번, 전공 테이블의 전공코드처럼 각 테이블에서 1개 열만으로 생성하지만 상황에 따라 2개 이상의 열을 조합해 기본 키를 구성할 수도 있습니다. 또한 기본 키는 향후 설명할 인덱스^{index} 역할도 수행하므로 기본 키를 활용하여 인덱싱할 수 있음을 알고 있어야 합니다.

MySQL/MariaDB에서 기본 키는 클러스터형 인덱스$^{clustered\ index}$로 작동합니다. 이는 기본 키의 구성 열 순서를 기준으로 물리적인 스토리지에 데이터가 쌓인다는 뜻입니다. 즉, 비슷한 기본 키 값들이 근거리에 적재되므로 기본 키를 활용하여 인덱스 스캔을 수행하면 테이블 데이터에 더 빠르게 접근할 수 있습니다.

TIP_ **인덱스의 주의사항**

기본 키와 똑같은 인덱스를 생성하면 인덱스가 저장되는 물리적 공간이 낭비되는 한편 데이터의 삽입/삭제/수정에 따른 인덱스 정렬의 오버헤드가 발생합니다.

다음 예제는 학생 테이블을 생성하는 DDL $^{data\ definition\ language}$ 문으로, 기본 키와 I_학번 인덱스를 똑같은 학번 열로 생성합니다. 이처럼 기본 키와 같은 열로 만들어진 I_학번 인덱스는 불필요한 공간 낭비와 정렬의 오버헤드가 발생하므로 삭제해야 합니다.

```
CREATE TABLE 학생 (
    학번 INT(11) NOT NULL,
    이름 VARCHAR(14) NOT NULL,
    생년월일 DATE NOT NULL,
    연락처 VARCHAR(16) NOT NULL,
    전공코드 VARCHAR(3) NOT NULL,
    PRIMARY KEY (학번),
    INDEX I_학번 (학번)
);
```

외래 키

외래 키$^{foreign\ key}$(FK)는 외부에 있는 테이블을 항상 참조하면서, 외부 테이블의 데이터가 변경되면 함께 영향을 받는 관계를 설정하는 키입니다. 여기서 외부 테이블을 부모 테이블, 외부 테이블을 참조하는 테이블을 자식 테이블이라고 생각하면 이해하기 쉽습니다.

다음 [그림 2-7]는 학생 테이블의 전공코드 열에 외래 키를 설정합니다. 이렇게 외래 키를 설정하면 전공 테이블의 전공코드 열을 참조하게 됩니다. 만약 전공 테이블에 없는 전공코드값을 학생 테이블에 데이터로 삽입하거나 수정하려 한다면 에러가 발생할 것입니다. 학생 테이블에서는 전공코드값에 변경사항이 발생할 때마다 외래 키 설정조건을 항상 검증하므로 데이터 정합성 향상을 위해서라도 외래 키를 설정합니다.

학생 테이블

학번	이름	생년월일	연락처	전공코드
10001	홍길동	20001021	010-123-4567	CS
10002	신사임당	19990809	010-234-5678	MK
10003	이순신	20010214	010-345-6789	PH
10004	유관순	19981024	010-456-7890	MS
10005	유재석	20001224	010-567-8901	AR
...	...	...	...	...

기본키(PK)　외래키(FK)

전공 테이블

전공코드	전공명
CS	컴퓨터공학
MK	마케팅
PH	물리학
MS	의학
AR	건축학
...	

기본키(PK)

- 중복이 없어요.
- 비어 있는 값은 없어요

- 항상 바라보고 있어요.

그림 2-7 학생 테이블과 전공 테이블

다음 예제 코드는 전공 테이블과 학생 테이블을 생성하는 DDL 문입니다.

```
CREATE TABLE 전공 (
    전공코드 CHAR(2)      NOT NULL,
    전공명   VARCHAR(10)  NOT NULL,
    PRIMARY KEY (전공코드)
);

CREATE TABLE 학생 (
    학번      INT(10)      NOT NULL,
    이름      VARCHAR(10)  NOT NULL,
    생년월일   CHAR(8),
    연락처     VARCHAR(15) ,
    전공코드   CHAR(2),
    PRIMARY KEY (학번),
    CONSTRAINT 학생_FK1 FOREIGN KEY (전공코드) REFERENCES 전공(전공코드)
);
```

인덱스

인덱스^index는 데이터베이스에서 키값으로 실제 데이터 위치를 식별하고 데이터 접근 속도를 높이고자 생성되는, 키 기준으로 정렬된 오브젝트입니다.

직관적으로 이해할 수 있도록 책에 비유해보겠습니다. 예를 들어 여러분에게 천만 건의 데이터로 구성한 책이 있다고 가정해보겠습니다. 그 안에서 특정 정보를 검색해야 한다면 어떤 방법으로 원하는 정보를 가장 빨리 찾을 수 있을까요?

다음 [그림 2-8]과 같이 천만 건의 데이터가 있는 테이블이 있을 때, 원하는 정보를 찾으려면 첫 번째 행부터 마지막 행까지 하나씩 살펴보는 게 가장 정확하고 빠른 방법일 것입니다. 그러나 책의 두께가 두꺼워질수록 검색할 분량이 기하급수적으로 늘어나면서 검색 속도가 급격히 느려지므로 매우 비효율적인 방법입니다.

Q. 이름이 "유재석"인 학생의 정보를 알려주세요.
이름이 "이효리"인 학생의 정보를 알려주세요.

→ '하나씩' 찾기

학번(PK)	이름	생년월일	연락처	전공코드
10001	홍길동	20001021	010-123-4567	CS
10002	신사임당	19990809	010-234-5678	MK
10003	이순신	20010214	010-345-6789	PH
10004	유관순	19981024	010-456-7890	MS
10005	유재석	20001224	010-567-8901	AR
...	...	...	...	...
10010000	이순신	19901111	010-567-8901	CS

천만 건

그림 2-8 천만 건의 데이터에서 원하는 단어 검색

이처럼 책의 처음부터 끝까지 전부 차례로 검색하는 비효율적인 방식을 개선하고자 인덱스를 만듭니다. 편의상 영문으로 구성된 책이라고 가정한다면 다음 [그림 2-9]와 같은 형태가 될 것입니다. 예를 들어 ant라는 단어는 999페이지에 있으며 apple은 3페이지, banana는 762페이지에 있다는 식으로 구성됩니다. 이처럼 정렬된 각 키워드가 어느 곳에 있는지를 인덱스라는 이름으로 구성하면, 키워드 검색으로 원하는 페이지를 빠르게 찾을 수 있습니다. 이러한 방식을 DBMS에 차용한 게 바로 인덱스입니다.

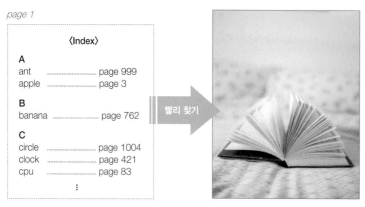

page 1

⟨Index⟩

A
ant .... page 999
apple .... page 3

B
banana .... page 762

C
circle .... page 1004
clock .... page 421
cpu .... page 83
⋮

빨리 찾기

그림 2-9 도서의 인덱스 형태

다음 [그림 2-10]은 학생 테이블과 인덱스 구조를 개략적으로 표현한 개념도입니다. 학생 테이블의 실제 데이터는 뒤죽박죽 저장되지만 MySQL의 특성상 기본 키(PK) 기준으로 데이터가 쌓입니다.

학생 테이블의 인덱스는 **이름** 컬럼의 데이터 기준으로 정렬되는 키 오브젝트입니다. 해당 인덱스의 이름 정보로 테이블의 데이터를 검색하는 작업은 매우 쉽습니다. 따라서 저장된 데이터를 검색할 일이 많을 때는 인덱스를 설계하고 생성하는 과정이 매우 중요합니다.

학생 테이블의 인덱스

이름	위치
강감찬	23129 위치
신사임당	10002 위치
유관순	10003 위치
유재석	10005 위치
이순신	10010000 위치
...	
홍길동	10001 위치

학생 테이블

학번(PK)	이름	생년월일	연락처	전공코드
10001	홍길동	20001021	010-123-4567	CS
10002	신사임당	19990809	010-234-5678	MK
10003	이순신	20010214	010-345-6789	PH
10004	유관순	19981024	010-456-7890	MS
10005	유재석	20001224	010-567-8901	AR
...	...	...	...	...
10010000	이순신	19901111	010-678-8901	CS

• 이미 차례대로 나열되어 있어요.

그림 2-10 학생 테이블과 인덱스 구조

인덱스는 생성하려는 열의 속성에 따라 고유 인덱스[unique index]와 비고유 인덱스[non-unique index]로 구분할 수 있습니다. 참고로, 흔히 거론되는 인덱스는 비고유 인덱스입니다.

| 고유 인덱스 |

고유 인덱스unique index란 말 그대로 인덱스를 구성하는 열들의 데이터가 유일하다는 의미입니다. 차례로 정렬되는 인덱스 열의 데이터는 서로 중복되지 않고 유일성을 유지합니다. 만약 동일한 데이터가 생성되면 고유 인덱스의 중복 체크 과정에서 에러가 발생합니다. 또한 중복이 없는 열들을 고유 인덱스로 생성하려 한다면 중복이 있는지 검증하는 절차를 거쳐야 하므로, 불필요한 중복 검증 과정이 추가되니 주의해야 합니다.

여러분의 이해를 돕고자 다음 [그림 2-11]을 살펴보겠습니다. 학생 테이블의 연락처 열을 고유 인덱스로 지정하는 예제입니다. 기본 키가 학번인 학생 테이블에서 연락처를 자주 조회해야 하는 비즈니스 요건상 연락처에 인덱스를 생성하려 합니다. 이때 타인과 동일한 연락처가 등록되는 일을 방지하고자 연락처 열을 고유 인덱스로 생성합니다.

학생 테이블의 연락처 열을 고유 인덱스로 추가하는 DDL 문은 다음과 같습니다.

```
ALTER TABLE 학생
ADD UNIQUE INDEX 연락처_인덱스(연락처);
```

학생 테이블

학번(PK)	이름	생년월일	연락처	전공코드
10001	홍길동	20001021	010-123-4567	CS
10002	신사임당	19990809	010-234-5678	MK
10003	이순신	20010214	010-345-6789	PH
10004	유관순	19981024	010-456-7890	MS
10005	유재석	20001224	010-567-8901	AR
...	...	...	...	...
10010000	이순신	19901111	010-678-8901	CS

그림 2-11 학생 테이블의 연락처 컬럼을 고유 인덱스로 설정

TIP_ 기본 키와 고유 인덱스의 차이점

기본 키와 고유 인덱스의 특성이 유사해 혼란스러울 때가 많습니다. 이러한 혼란은 기본 키와 고유 인덱스 모두 데이터의 유일성을 보장해야 하는 특성과 효율적인 데이터 접근을 위한 인덱스로의 수단으로 사용되기 때문입니다. 다만 기본 키에는 NULL을 입력할 수 없지만 고유 인덱스에는 얼마든지 입력할 수 있다는 게 차이점입니다.

| 비고유 인덱스 |

비고유 인덱스^{non-unique index}는 고유 인덱스에서 데이터의 유일한 속성만 제외한 키입니다. 데이터가 신규 입력되어 인덱스가 재정렬되더라도 인덱스 열의 중복 체크를 거치지 않고 단순한 정렬 작업을 수행합니다.

다음 [그림 2-12]는 학생 테이블의 이름 열을 비고유 인덱스로 지정하는 예제입니다. 시스템에서 이름 열을 기준으로 조회하는 경우가 자주 발생한다고 가정합니다. 이때 이름이라는 데이터 속성은 중복이 발생할 수 있으므로 일반적인 인덱스 형태, 즉 비고유 인덱스를 생성합니다.

```
ALTER TABLE 학생
ADD INDEX 이름_인덱스 (이름);
```

학생 테이블

학번(PK)	이름	생년월일	연락처	전공코드
10001	홍길동	20001021	010-123-4567	CS
10002	신사임당	19990809	010-234-5678	MK
10003	이순신	20010214	010-345-6789	PH
10004	유관순	19981024	010-456-7890	MS
10005	유재석	20001224	010-567-8901	AR
...	...	...	...	...
10010000	이순신	19901111	010-678-8901	CS

그림 2-12 학생 테이블의 이름 컬럼을 비고유 인덱스로 설정

뷰

뷰^{view}는 일명 가상 테이블이라고 이해하면 됩니다. 물리적으로 잡히지 않는 유령과 같은 오브젝트입니다. 일상생활에서 예를 들자면, 올림픽 경기장에서 열리는 콘서트에 참석하지 못하는 대신 실시간 스트리밍으로 해당 콘서트를 관람하는 상황을 가정해볼 수 있습니다. 이때 실제 올림픽 경기장에서 열리는 콘서트장을 '테이블'이라고 한다면, 실체는 없지만 간접적으로 대상을 확인할 수 있는 스트리밍 방식을 '뷰'라고 할 수 있습니다. 물론 스트리밍 서비스만으로는 조명이나 무대 시설, 규모까지 파악할 수 없지만, 방송 장비로 촬영한 장면에 한해 제약적으로나마 콘서트를 즐길 수 있는 것입니다.

실시간 방송 시청   실상황

그림 2-13 실시간 방송 시청

다음 [그림 2-14]는 학생 테이블의 뷰(학생_뷰)를 만든 예제입니다. 학생 테이블에는 5개의
열(학번, 이름, 생년월일, 연락처, 전공코드)이 있지만 뷰(학생_뷰)에서는 학번 및 이름 데이
터만 조회하도록 생성했습니다. 즉, 학생 테이블의 데이터가 변경되면 학생_뷰에서도 바로 변
경된 데이터를 조회할 수 있습니다. 반대로 학생_뷰에서 데이터를 변경^{update}하면 학생 테이블
의 해당 데이터도 즉시 변경됩니다.

나아가 학생 테이블의 개인정보(생년월일, 연락처)를 외부에 직접적으로 공개하지 않고도 학
생_뷰를 만들어 제한된 정보만을 제공할 수 있습니다. 다시 말해 시스템을 안전하게 운영하고
개발할 수 있는 환경을 제공하는 만큼 보안성 측면에서 뷰의 가치가 부각될 수 있습니다.

학생_뷰

항상 바라보고 있어요.

학번	이름
10001	홍길동
⋮	⋮

학생 테이블

학번	이름	생년월일	연락처	전공코드
10001	홍길동	20001021	010-123-4567	CS
10002	신사임당	19990809	010-234-5678	MK
10003	이순신	20010214	010-345-6789	PH
10004	유관순	19981024	010-456-7890	MS
10005	유재석	20001224	010-567-8901	AR
...	...	...	...	...

그림 2-14 테이블과 뷰의 관계

다음은 학생_뷰를 생성하는 스크립트입니다. 뷰에서 보여주고 싶은 데이터(학번, 이름)만 선
택해서 뷰를 생성합니다. 생성된 뷰를 대상으로 개발자는 SELECT * FROM 학생_뷰; 구문을 작

성해 마치 테이블인 것처럼 활용할 수 있습니다. 그 결과는 SELECT 학번, 이름 FROM 학생; 구문처럼 테이블에 직접 접근하는 쿼리를 활용할 때와 동일합니다.

```
CREATE VIEW 학생_뷰 AS
SELECT 학번, 이름
  FROM 학생;
```

TIP_ 뷰를 사용하는 이유

뷰를 사용하는 이유는 일부 데이터에 대해서만 데이터를 공개하고, 노출에 민감한 데이터에 대해서는 제약을 설정할 수 있는 보안성 때문입니다. 한편 여러 개의 테이블을 병합 join 해서 활용할 때는 성능을 고려한 최적화된 뷰를 생성함으로써 일관된 성능을 제공할 수 있습니다.

2.2 논리적인 SQL 개념 용어

이 절에서는 SQL 문 작성에 필요한 주변 오브젝트와 SQL 문의 상호관계, 연관성과 알고리즘에 관한 논리적 개념 용어를 다룹니다. 그리고 개념을 직관적으로 이해할 수 있도록 학생 테이블과 지도교수 테이블의 예제를 살펴봅니다. 예제들이 조금은 부자연스럽게 느껴질 수 있지만 개념 이해를 돕는 수단으로는 충분할 것입니다.

다음 [그림 2-15]의 학생 테이블에는 학번, 이름, 전공코드 열이 있고 지도교수 테이블에는 학번과 지도교수명 열이 있습니다. 두 테이블이 서로 일대일 관계라고 가정합니다. 즉, 1명의 학생은 1명의 교수에게만 소속되며 1명의 교수는 1명의 학생만 지도할 수 있는 환경입니다.

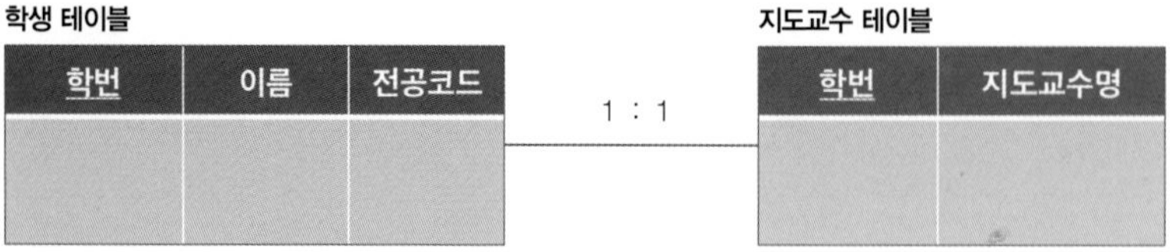

학생 테이블

학번	이름	전공코드

1 : 1

지도교수 테이블

학번	지도교수명

그림 2-15 학생 테이블과 지도교수 테이블

2.2.1 서브쿼리 위치에 따른 SQL 용어

서브쿼리^{subquery}란 쿼리 안의 보조쿼리를 가리키는 용어입니다. 가장 바깥쪽의 SELECT 문인 메인쿼리^{main query}를 기준으로 내부에 SELECT 문을 추가로 작성해서 서브쿼리를 만듭니다. 이처럼 SELECT 문 안쪽에 위치한 SELECT 문은 어느 위치에 작성되었는지에 따라 부르는 용어가 달라집니다. 작성하는 위치는 크게 SELECT 절, FROM 절, WHERE 절로 나뉩니다. 이처럼 각각의 절에서 작성되는 서브쿼리에 관해 알아보겠습니다.

다음 쿼리는 SELECT 절, FROM 절, WHERE 절로 작성한 메인쿼리(=외부쿼리^{outer query})입니다. ①은 주로 메인쿼리의 SELECT 절 내부에 하나의 숫자나 문자, 기호 등을 출력하는 SELECT 문으로 스칼라 서브쿼리^{scalar subquery}라고 합니다. ②는 메인쿼리의 FROM 절 내부에 작성한 SELECT 문으로 인라인 뷰^{inline view}라고 합니다. 마지막으로 ③은 메인쿼리의 WHERE 절 내부에 작성한 SELECT 문으로 중첩 서브쿼리^{nested subquery}라고 부릅니다.

그림 2-16 서브쿼리 위치별 SQL 용어

스칼라 서브쿼리

메인쿼리의 SELECT 절에 있는 또 다른 SELECT 절이 스칼라 서브쿼리라고 앞서 설명했습니다. 사실 FROM 절이나 WHERE 절 등에서도 스칼라 서브쿼리를 사용할 수 있으나, 대부분의 SQL 문에서 SELECT 절을 사용하므로 본 내용에서도 SELECT 절에 작성된 SELECT문을 기준으로 설명합니다. 메인쿼리의 SELECT 절에는 최종 출력하려는 열들이 나열되므로, 출력 데이터 1건과 스칼라 서브쿼리의 결과 건수가 일치해야 합니다. 만약 스칼라 서브쿼리의 결괏값이 2개 이상 나온다면 에러가 발생할 것입니다. 즉, 스칼라 서브쿼리의 결괏값은 1행 1열의 구조로 출력되어야 합니다.

다음은 학생 테이블에서 이름 데이터와 스칼라 서브쿼리의 결괏값을 출력하는 SQL 문입니다. 학생 1명의 이름당 스칼라 서브쿼리 결과가 1건만 출력되는 count(*)를 써서 작성했습니다.

보통 스칼라 서브쿼리는 출력되는 데이터 건수가 1건이어야 하므로 집계함수(max, min, avg, sum, count 등)가 자주 쓰입니다.

```
SELECT 이름,
       (SELECT COUNT(*)
          FROM 학생 AS 학생2
         WHERE 학생2.이름 = 학생1.이름) 카운트
  FROM 학생 AS 학생1;
```

인라인 뷰

메인쿼리의 FROM 절에 있는 또 다른 SELECT 절이 인라인 뷰라고 앞서 설명했습니다. FROM 절 내부에서 일시적으로 뷰를 생성하는 방식이므로 인라인 뷰라고 불립니다. 인라인 뷰의 결과는 내부적으로 메모리 또는 디스크에 임시 테이블을 생성하여 활용합니다.

```
SELECT 학생2.학번, 학생2.이름
  FROM (SELECT *
          FROM 학생
         WHERE 성별 = '남') 학생2;
```

중첩 서브쿼리

메인쿼리의 WHERE 절에 있는 또 다른 SELECT 절을 중첩 서브쿼리라고 앞서 설명했습니다. WHERE 절에서 단순한 값을 비교 연산하는 대신, 서브쿼리를 추가하여 비교 연산하기 위해 중첩 서브쿼리를 사용합니다. 이처럼 WHERE 절에서 중첩 서브쿼리와 비교할 때는 보통 비교 연산자 (=, <, >, <=, >=, <>, !=)를 비롯해 IN, EXISTS, NOT IN, NOT EXISTS 문을 많이 사용합니다.

```
SELECT *
  FROM 학생
 WHERE 학번 = (SELECT MAX(학번)
                FROM 학생)
```

2.2.2 메인쿼리와의 관계성에 따른 SQL 용어

지금까지 서브쿼리가 작성되는 위치에 따른 용어를 설명했습니다. 이번 절에서는 서브쿼리와 메인쿼리의 관계성에 따른 SQL 용어를 소개합니다. 서브쿼리는 그 자체가 독립적인 형태로 존재할 수도 있고 메인쿼리와 끈끈한 관계를 유지하며 존재할 수도 있습니다.

비상관 서브쿼리

비상관 서브쿼리non correlated subquery는 메인쿼리와 서브쿼리 간에 관계성이 없음을 의미합니다. 서브쿼리가 독자적으로 실행된 뒤 메인쿼리에게 그 결과를 던져주는 형태인 것입니다. 다음 [그림 2-17]에서 지도교수 테이블에 대한 서브쿼리는 독자적으로 수행 가능한 형태로, 지도교수 테이블에서 원하는 데이터를 가져온 뒤에 메인쿼리가 수행됩니다.

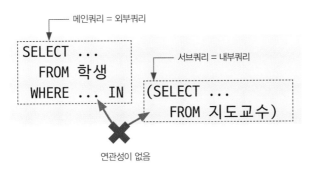

그림 2-17 메인쿼리와 서브쿼리의 독립적 관계

요약하자면, 비상관 서브쿼리에서는 서브쿼리가 먼저 실행된 뒤에 그 결과를 메인쿼리가 활용합니다. 즉, **서브쿼리 실행 → 메인쿼리** 실행의 순서로 실행됩니다.

다음 예제의 비상관 서브쿼리는 **성별 = '남'** 조건으로 학생 테이블에서 데이터를 가져온 뒤 그 결과를 메인쿼리의 학생 테이블로 전달하여 최종 데이터를 출력합니다. 이때 DB 버전 및 옵티마이저에 따라 서브쿼리가 제거되고 하나의 메인쿼리로 통합되는 뷰 병합view merging, 즉 SQL 재작성rewrite이 작동할 수도 있습니다.

```
SELECT *
  FROM 학생
 WHERE 학번 IN (SELECT 학번
```

```
                    FROM 학생
                  WHERE 성별 = '남')
```

상관 서브쿼리

상관 서브쿼리correlated subquery는 메인쿼리와 서브쿼리 간에 관계성이 있음을 의미합니다. 서브쿼리가 수행되려면 메인쿼리의 값을 받아야 하므로 서브쿼리와 메인쿼리는 서로 끈끈한 관계를 유지합니다. 이러한 상관 서브쿼리는 SELECT 절에 작성하는 스칼라 서브쿼리와 WHERE 절에 작성하는 중첩 서브쿼리일 때 발생합니다.

다음 [그림 2-18]에서는 지도교수 테이블에 대한 서브쿼리가 메인쿼리의 **학생.학번**을 명시함으로써 그 관계성을 뚜렷하게 보여줍니다. 메인쿼리에서 **학생.학번** 데이터를 전달받은 뒤 서브쿼리가 수행되고, 그 결과를 다시 메인쿼리로 전달합니다.

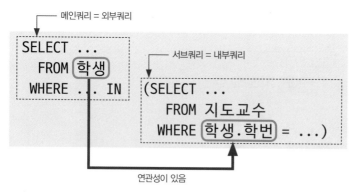

그림 2-18 메인쿼리와 서브쿼리의 의존적 관계

구체적으로는 먼저 메인쿼리에서 학생 테이블의 학번 결과를 서브쿼리로 전달한 뒤 지도교수 테이블의 학번과 비교(**지도교수.학번 = 학생.학번**)합니다. 즉, 지도교수 테이블의 학번과 학생 테이블의 학번이 동일할 때만 서브쿼리의 결과로서 도출합니다. 이렇게 도출된 서브쿼리의 학번 결과를 메인쿼리의 학번과 비교해 최종 결과를 출력합니다. 즉, 전체적인 수행 순서는 **메인쿼리 실행**(학생.학번 데이터 가져오기) → **서브쿼리 실행**(지도교수.학번 = 학생.학번) → **다시 메인쿼리 실행한 뒤 결과 출력**(SELECT * FROM 학생~)과 같습니다. 다만 이때도 DB 버전 및 옵티마이저에 따라 서브쿼리가 제거되고 하나의 메인쿼리로 통합되는 뷰 병합, 즉 SQL 재작성으로 작동할 수 있습니다.

```
SELECT *
  FROM 학생
WHERE 학번 IN (SELECT 학번
                FROM 지도교수
               WHERE 성별 = 지도교수.학번 = 학생.학번)
```

2.2.3 반환 결과에 따른 SQL 용어

서브쿼리의 결과 유형은 수치적 기준으로 구분할 수 있습니다. 단순히 1건의 행 데이터만 반환하는 경우와 2개 이상의 행 데이터를 반환하는 경우, 그리고 2개 이상의 행과 열 데이터를 반환하는 경우로 정리합니다. 다음 용어들을 하나씩 살펴봅시다.

단일행 서브쿼리

단일행 서브쿼리single-row subquery는 서브쿼리 결과가 1건의 행으로 반환되는 쿼리입니다. 그에 따라 메인쿼리의 조건절에서는 =, <, > 등의 연산자와 비교합니다. 이러한 단일행 서브쿼리는 주로 SELECT 절에서 사용하는 스칼라 서브쿼리와 동일하다고 볼 수 있습니다.

다음의 단일행 서브쿼리 예제는 학생 테이블에서 학번의 최댓값을 조회하므로 항상 하나의 값만 반환됩니다. 그 뒤에 메인쿼리가 수행되고 최종 결과가 출력됩니다.

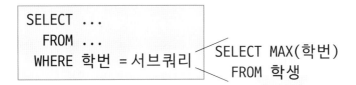

출력값이 하나인 서브쿼리

그림 2-19 단일행 서브쿼리

다중행 서브쿼리

다중행 서브쿼리multiple-row subquery는 서브쿼리 결과가 여러 건의 행으로 반환되는 쿼리입니다. 그에 따라 메인쿼리의 조건절에서는 IN 구문으로 서브쿼리에서 반환되는 값들을 받습니다.

다음의 다중행 서브쿼리 예제는 학생 테이블에서 전공코드별 학번 최댓값을 반환하므로 전공코드의 종류만큼 학번의 최댓값들이 반환됩니다. 이후 메인쿼리가 수행되고 최종 결과가 출력됩니다.

그림 2-20 다중행 서브쿼리

다중열 서브쿼리

다중열 서브쿼리multiple-column subquery에서는 서브쿼리 결과가 여러 개의 열과 행으로 반환됩니다. 그에 따라 메인쿼리의 조건절에서는 IN 구문과 함께 서브쿼리에서 반환될 열들을 동일하게 나열해 서브쿼리 결과를 받습니다.

다음의 다중열 서브쿼리 예제는 학생 테이블에서 이름이 '김'으로 시작하는 학생의 이름과 전공코드를 반환하고, 메인쿼리에서는 반환되는 열들과 동일하게 WHERE (이름, 전공코드) IN 구문으로 서브쿼리 결과를 받습니다. 이후 메인쿼리가 수행되고 최종 결과를 출력합니다.

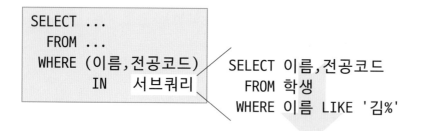

그림 2-21 2개 이상의 열 데이터를 출력하는 서브쿼리

2.2.4 조인 연산방식 용어

DB에는 다수의 테이블이 있고 필요한 데이터도 여기저기 흩어져 있습니다. 이때 필요한 데이터끼리 결합할 때 조인[join]이라는 방식을 사용합니다. 분리된 데이터 간의 공통된 정보, 즉 동일한 열값 또는 키값 기준으로 데이터를 논리적으로 연결할 수 있습니다.

다음 [그림 2-22]는 데이터를 합치는 조인 방식들을 설명하는 개념도입니다. 내부 조인[inner join]은 양쪽 테이블에 같은 데이터가 있을 때만 결합하는 방식이며 왼쪽 외부 조인[left outer join]과 오른쪽 외부 조인[right outer join]은 각각 어느 한쪽에만 데이터가 있어도 데이터를 결합하는 방식입니다. 어느 한쪽에도 해당 사항이 없을 때는 전체 외부 조인[full outer join]이라고 합니다.

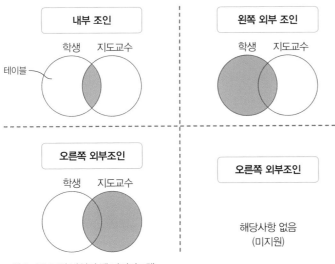

그림 2-22 조인 방식의 벤 다이어그램

한편 교차 조인[cross join]과 자연 조인[natural join]은 이러한 벤 다이어그램[Venn diagram]만으로 의미를 명확히 전달하기 어려우므로 이후 다시 설명하겠습니다.

테이블 간 조인 방식을 간단한 예제로 설명합니다. 테이블 간의 관계 표기는 직관적인 이해를 돕기 위해 단순한 테이블과 열에 빗대어 표현할 예정입니다. 사실 앞에서 살펴본 예제와 크게 다르지 않지만, 예제를 강조하고자 다시 설명하겠습니다.

학생 테이블과 지도교수 테이블은 기본적으로 일대일 관계를 유지하며, 지도교수가 확정되지 않은 학생은 지도교수 테이블에 해당 학번이 없을 수 있고, 자퇴한 학생의 정보는 지도교수 테이블에 데이터가 아직 남아있을 수 있습니다. 이러한 예제와 가정은 조인 연산 방식의 이해를 돕는 수단이지만 실제 현업의 예제로는 적절하지 않을 수 있습니다.

학생 테이블

학번	이름	성별
1	이순신	남
2	신사임당	여
3	유재석	남
4	강감찬	여

일대일 관계

지도교수 테이블

학번	지도교수명
1	이황
2	세종대왕
4	김유신
99	이황

그림 2-23 조인 연산방식

내부 조인

내부 조인^{inner join}은 말 그대로 교집합에 해당하는 방식으로, 양쪽에 모두 존재하는 데이터만 반환합니다. 예를 들어 다음과 같이 학생 테이블과 지도교수 테이블에서 학번 열로 내부 조인을 수행하면 1,2,4라는 3개의 학번이 출력됩니다.

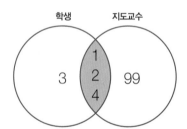

그림 2-24 내부 조인의 벤 다이어그램

내부 조인을 명시적 조인으로 표현한 SQL 문은 다음과 같습니다. **JOIN** 키워드에는 조인 대상 테이블을 작성하고 **ON** 절에는 조인할 비교조건을 작성합니다.

```
SELECT 학생.학번, 학생.이름, 지도교수.교수명
  FROM 학생
  JOIN 지도교수
    ON 학생.학번 = 지도교수.학번
```

다음은 내부 조인에 대해 눈에 보이지 않는 암시적 조인으로 SQL 문을 작성한 예제입니다(이후 명시적 조인과 암시적 조인을 혼용해서 작성할 예정).

```
SELECT 학생.학번, 학생.이름, 지도교수.교수명
  FROM 학생, 지도교수
 WHERE 학생.학번 = 지도교수.학번
```

이처럼 명시적/암시적으로 조인 구문을 작성한 결과는 다음 [그림 2-25]과 같습니다.

학번	이름	교수명
1	이순신	이황
2	신사임당	세종대왕
4	강감찬	김유신

그림 2-25 내부 조인 결과

왼쪽 외부 조인

왼쪽 외부 조인^{left outer join}은 왼쪽 테이블(먼저 작성된 테이블) 기준으로 오른쪽 테이블(나중에 작성된 테이블)과 조인을 수행하지만, 조인 조건과 일치하지 않더라도 왼쪽 테이블의 결과는 최종 결과에 포함됩니다. 다음의 벤 다이어그램을 살펴보면 학생 테이블에만 존재하는 학번 3은 지도교수 테이블에 포함되지 않는데도 출력됩니다.

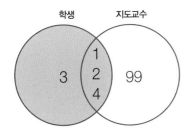

그림 2-26 왼쪽 외부 조인의 벤 다이어그램

다음은 학생 테이블(왼쪽 테이블)과 지도교수 테이블(오른쪽 테이블)을 왼쪽 외부 조인으로 결합하는 SQL 문입니다. 키워드로 LEFT OUTER JOIN 또는 LEFT JOIN을 써서 작성합니다.

```
SELECT 학생.학번, 학생.이름, 지도교수.교수명
  FROM 학생
  LEFT OUTER JOIN 지도교수
          ON 학생.학번 = 지도교수.학번
```

이렇게 작성한 쿼리의 수행 결과는 다음 [그림 2-27]과 같습니다. 학번 3은 지도교수 테이블에 없는 데이터이므로 교수명 열에는 NULL 값으로 출력됩니다.

학번	이름	교수명
1	이순신	이황
2	신사임당	세종대왕
3	유재석	*NULL*
4	강감찬	김유신

그림 2-27 왼쪽 외부 조인 결과

오른쪽 외부 조인

오른쪽 외부 조인 right outer join 은 오른쪽 테이블(나중에 작성된 테이블) 기준으로 왼쪽 테이블(먼저 작성된 테이블)과 조인을 하지만, 조인 조건과 일치하지 않더라도 오른쪽 테이블의 결과는 최종 결과에 포함됩니다. 오른쪽 외부 조인은 왼쪽 외부 조인의 방식과 정반대 방식으로 동작하는 조인 연산 방식입니다.

다음 [그림 2-28]의 벤 다이어그램을 살펴보면 지도교수 테이블에 있는 학번 99 데이터는 학생 테이블에 포함되지 않는데도 출력됩니다.

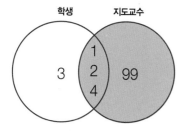

그림 2-28 오른쪽 외부 조인의 벤 다이어그램

다음은 학생 테이블(왼쪽 테이블)과 지도교수 테이블(오른쪽 테이블)을 오른쪽 외부 조인으로 결합하는 쿼리입니다. 키워드로 RIGHT OUTER JOIN 또는 RIGHT JOIN을 써서 작성합니다.

```
SELECT 지도교수.학번, 학생.이름, 지도교수.교수명
  FROM  학생
 RIGHT OUTER JOIN 지도교수
             ON 학생.학번 = 지도교수.학번
```

이렇게 작성한 SQL 문의 수행 결과는 다음 [그림 2-29]와 같습니다. 학번 99 데이터는 학번 테이블에는 없고 지도교수 테이블에만 있으므로 학생 테이블의 이름 열에는 NULL 값으로 출력됩니다. 여기서 99번 학생은 퇴학 또는 자퇴 상태로 학생 테이블에서는 이미 데이터가 삭제되었으나, 지도교수 테이블에는 남아 있는 가비지 데이터^{garbage data}라고 추측할 수 있습니다.

학번	이름	교수명
1	이순신	이황
2	신사임당	세종대왕
4	강감찬	김유신
99	NULL	이황

그림 2-29 오른쪽 외부 조인의 결과

여기서 오른쪽 외부 조인은 사실 왼쪽 외부 조인에서 조인 순서만 바꾼 것이므로 오른쪽 외부 조인을 왼쪽 외부 조인으로 쉽게 변경할 수 있습니다. 사람의 인지적 특성상 보통 왼쪽 → 오른쪽을 정방향으로 인식하므로, 쿼리에서 왼쪽에 위치한 테이블 기준으로 조인을 수행하는 왼쪽 외부 조인을 주로 사용합니다. 따라서 오른쪽 외부 조인으로 작성된 SQL 문은 왼쪽 외부 조인으로 변경해서 일관성 있는 SQL 문으로 작성하는 편이 유지보수나 관리 편의성 측면에서 유리합니다.

다음 코드는 오른쪽 외부 조인으로 작성된 SQL 문의 일부분입니다.

```
SELECT *
  FROM B_TABLE
 RIGHT OUTER JOIN A_TABLE
             ON ...
```

이 SQL 문을 다음 코드와 같은 왼쪽 외부 조인으로 변경할 수 있습니다. 변경 전후의 이들 SQL 출력 결과는 동일합니다.

```sql
SELECT *
  FROM A_TABLE
  LEFT OUTER JOIN B_TABLE
            ON ...
```

TIP_ 전체 외부 조인의 지원 여부

전체 외부 조인은 왼쪽 외부 조인과 오른쪽 외부 조인이 통합된 조인방식으로, MySQL과 MariaDB에서 지원하지 않습니다.

교차 조인

교차 조인^{cross join}은 수학적 관점에서 봤을 때 데카르트 곱^{cartesian product}이라고 하는 곱집합 개념으로, 조인에 참여하는 테이블에서 발생할 수 있는 모든 조합을 찾아내어 반환합니다. 모든 경우의 수가 출력 대상이므로 내부 조인에 비해 수십 배에서 수백 배 이상 많은 데이터양을 얻을 수 있습니다. 다만 조인 연산과정의 시간적, 공간적 리소스 점유 측면에서 오버헤드가 발생하는 만큼 주의해야 합니다.

다음 [그림 2-30]은 학생 테이블의 1, 2, 3, 4학번과 지도교수 테이블의 1, 2, 4, 99학번에 대해 교차 조인을 수행할 때 발생할 수 있는 모든 조합을 찾은 결과입니다. 학생 테이블의 4개 학번과 지도교수 테이블의 4개 학번을 곱해서 총 16가지의 결과가 출력될 것입니다.

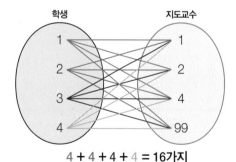

그림 2-30 교차 조인의 개념도

다음 코드는 교차 조인을 명시적으로 작성한 SQL 문입니다. CROSS JOIN 키워드만으로 두 테이블을 조건 없이 연결하는 조인이 수행됩니다.

```
SELECT 학생.학번, 학생.이름,
       지도교수.학번, 지도교수.교수명
  FROM 학생
 CROSS JOIN 지도교수
```

다음 코드는 눈에 보이지 않게 암시적으로 교차 조인을 작성한 SQL 문입니다. WHERE 절의 조인 조건문이나 JOIN 키워드를 명시하지 않고 작성하면 교차 조인이 수행됩니다.

```
SELECT 학생.학번, 학생.이름,
       지도교수.학번,지도교수.교수명
  FROM 학생, 지도교수
```

지금까지 설명한 명시적 교차 조인과 암시적 교차 조인으로 작성된 SQL 문을 수행하면 다음과 같은 동일한 결과를 확인할 수 있습니다.

학번	이름	학번	교수명
1	이순신	1	이황
2	신사임당	1	이황
3	유재석	1	이황
4	강감찬	1	이황
1	이순신	2	세종대왕
2	신사임당	2	세종대왕
3	유재석	2	세종대왕
4	강감찬	2	세종대왕
1	이순신	4	김유신
2	신사임당	4	김유신
3	유재석	4	김유신
4	강감찬	4	김유신
1	이순신	99	이황
2	신사임당	99	이황
3	유재석	99	이황
4	강감찬	99	이황

16건

학생 테이블 　　　 지도교수 테이블

그림 2-31 교차 조인 결과

자연 조인

자연 조인^{natural join}은 2개 테이블에 동일한 열명이 있을 때 조인 조건절을 따로 작성하지 않아도 자동으로 조인을 수행해주는 방식입니다. 조인이 제대로 성사되면 내부 조인과 동일한 결과가 출력됩니다. 이때 조인하는 열들의 데이터 유형이 서로 달라도 자연 조인이 수행됩니다.

다음 [그림 2-32]는 학생 테이블과 지도교수 테이블에 서로 동일한 학번 열이 있음을 보여줍니다. 두 테이블의 자연조인을 수행하여 결과를 확인해보겠습니다.

학생 테이블

학번	이름	성별
1	이순신	남
2	신사임당	여
3	유재석	남
4	강감찬	여

자연 조인

지도교수 테이블

학번	지도교수명
1	이황
2	세종대왕
4	김유신
99	이황

그림 2-32 자연 조인 (1)

자연 조인을 의도하고 명시적으로 작성해야 할 키워드는 NATURAL JOIN입니다. 해당 키워드를 작성하면 조인 조건절을 알아서 찾아주므로 직접적인 조인 조건문은 작성하지 않습니다(만약 다음 SQL 문에 ON 학생.학번 = 지도교수.학번과 같은 구문을 입력하면 에러가 발생합니다).

```
SELECT 학생.*, 지도교수.*
  FROM 학생
NATURAL JOIN 지도교수
```

이러한 SQL 문으로 자연 조인을 수행한 결과는 다음 [그림 2-33]과 같습니다. 학생 테이블과 지도교수 테이블에 동일하게 존재하는 학번 열을 토대로 조인되었음을 확인할 수 있습니다.

학번	이름	성별	학번	교수명
1	이순신	남	1	이황
2	신사임당	여	2	세종대왕
4	유재석	남	4	김유신

학생   지도교수

그림 2-33 자연 조인 결과

이때 학생 테이블과 지도교수 테이블에 공통으로 존재하는 열명이 하나도 없다면 어떻게 될까요? 다음 [그림 2-34]는 학생 테이블과 지도교수 테이블에 동일한 열명이 없는 상태를 보여줍니다. 이러한 경우 두 테이블의 자연 조인을 수행하면 어떤 결과가 출력되는지 확인해보겠습니다.

학생 테이블

학번	이름	성별
1	이순신	남
2	신사임당	여
3	유재석	남
4	강감찬	여

자연 조인

지도교수 테이블

학생번호	지도교수명
1	이황
2	세종대왕
4	김유신
99	이황

그림 2-34 자연 조인 (2)

다음은 동일한 열명이 없는 학생 테이블과 지도교수 테이블의 자연 조인을 수행하는 SQL 문입니다.

```
SELECT 학생.*, 지도교수.*
  FROM 학생
NATURAL JOIN 지도교수
```

이처럼 자연 조인의 키워드(NATURAL JOIN)를 써서 쿼리를 작성하더라도 동일한 열명이 없다면 발생 가능한 경우의 수를 모두 조합하는 교차 조인으로 수행됩니다. 다음 [그림 2-35]는 자연 조인에서 교차 조인으로 변환 수행된 결과입니다.

16건

학번	이름	성별	학생번호	교수명
1	이순신	남	1	이황
2	신사임당	여	1	이황
3	유재석	남	1	이황
4	강감찬	여	1	이황
1	이순신	남	2	세종대왕
2	신사임당	여	2	세종대왕
3	유재석	남	2	세종대왕
4	강감찬	여	2	세종대왕
1	이순신	남	4	김유신
2	신사임당	여	4	김유신
3	유재석	남	4	김유신
4	강감찬	여	4	김유신
1	이순신	남	99	이황
2	신사임당	여	99	이황
3	유재석	남	99	이황
4	강감찬	여	99	이황

학생 테이블 · 지도교수 테이블

그림 2-35 자연 조인에서 교차 조인으로 변환 수행한 결과

즉, 자연 조인은 동일한 열명이 있을 때는 내부 조인으로 수행되고 그렇지 않으면 교차 조인으로 수행됩니다. 따라서 자연 조인은 열명 변경에 따라 출력 결과가 달라지며 의도치 않은 결과로 출력될 가능성이 높아 일반적으로 잘 활용하지 않습니다. 대부분은 의도한 조인 방식을 명시하는 내부 조인이나 외부 조인을 활용합니다.

2.2.5 조인 알고리즘 용어

다수의 테이블에서 조인을 수행할 때는 동시에 여러 개의 테이블에 접근할 수 없는 만큼 접근하는 우선순위를 정하게 됩니다. 다수의 테이블에서 첫 번째로 접근할 테이블, 두 번째로 접근할 테이블, 세 번째로 접근할 테이블 등 내부적으로 순번을 정하고, 차례로 테이블에 접근한 결과를 다음 순번의 테이블로 전달합니다.

이때 테이블에 접근하는 선후 관계에 따라 드라이빙 테이블과 드리븐 테이블이라는 용어로 구분합니다. 한편 각 테이블에 접근해 조인을 수행하는 알고리즘에도 여러 가지 방식이 있습니다. 이번 단락에서는 각각의 개념을 살펴보겠습니다.

드라이빙 테이블과 드리븐 테이블

드라이빙 테이블^{driving table}과 드리븐 테이블^{driven table}을 바로 이야기하기 전에 간단한 예제부터 살펴봅니다. 다음 코드와 같이 학생 정보가 저장된 학생 테이블과 학생 가족 정보가 저장된 비상연락망 테이블이 있다고 가정합니다. 이때 학생의 학번이 1과 100에 해당할 때만 학생 정보와 비상연락망 정보를 조회하는 SQL 문입니다.

```
SELECT 학생.학번, 학생.이름,
       비상연락망.관계, 비상연락망.연락처
  FROM 학생
  JOIN 비상연락망
    ON 학생.학번 = 비상연락망.학번
 WHERE 학생.학번 IN (1, 100)
```

이 예제에는 학생.학번 IN (1, 100) 조건이 있으므로 학생 테이블의 데이터를 먼저 찾아 볼 것입니다. 학생 테이블에서 찾은 결과로 이번에는 비상연락망 테이블에서 학번 1과 100을 검색합니다. 이처럼 학생과 비상연락망이라는 2개 테이블로 분리된 데이터에서 원하는 결과를 추려 결합하는 조인을 수행할 때, 테이블에 동시 접근할 수는 없으므로 테이블의 데이터에 접근하는 우선순위가 존재합니다. 이 예제에서 먼저 접근하는 테이블인 드라이빙 테이블(= outer table)은 학생 테이블이고, 그 학생 테이블의 검색 결과를 통해 뒤늦게 데이터를 검색하는 테이블인 드리븐 테이블(= inner table)은 비상연락망 테이블입니다.

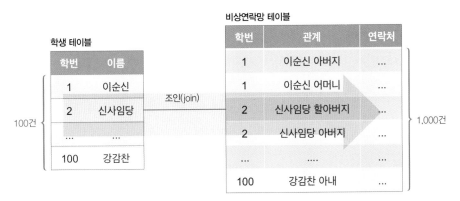

그림 2-36 드라이빙 테이블과 드리븐 테이블

요약하자면, 학생 테이블이 드라이빙 테이블이고 비상연락망 테이블이 드리븐 테이블입니다. 드라이빙 테이블에서 많은 건수가 반환되면 해당 결과를 가지고 드리븐 테이블에 접근하게 되는 만큼 사실상 드라이빙 테이블을 무엇으로 선정할지는 매우 중요한 문제입니다. 가능하면 적은 결과가 반환될 것으로 예상되는 드라이빙 테이블을 선정하고, 조인 조건절의 열이 인덱스로 설정되도록 구성해야 합니다.

지금까지 설명한 드라이빙 테이블과 드리븐 테이블의 개념을 토대로, 성능 향상에 필요한 조인 알고리즘의 개념과 간단한 튜닝 방법을 알아보겠습니다.

중첩 루프 조인

중첩 루프 조인$^{nested\ loop\ join}$(NL 조인)은 드라이빙 테이블의 데이터 1건당 드리븐 테이블을 반복해 검색하며 최종적으로는 양쪽 테이블에 공통된 데이터를 출력합니다. 중첩 루프 조인의 특성을 알아보고자 몇 가지 조건을 기준으로 중첩 루프 조인을 수행할 예정입니다.

먼저 기본 키와 인덱스가 없는 두 테이블이 존재하는 상황에서 다음과 같은 SQL 문으로 극단적인 중첩 루프 조인을 수행합니다.

```
SELECT 학생.학번, 학생.이름,
       비상연락망.관계, 비상연락망.연락처
  FROM 학생
  JOIN 비상연락망
    ON 학생.학번 = 비상연락망.학번
 WHERE 학생.학번 IN (1, 100)
```

학번 1과 100에 해당하는 학생들의 학생 정보와 비상연락망 정보를 가져오고자 합니다. 먼저 학번 1을 학생 테이블에서 검색하려고 학생 테이블의 데이터 100건에 모두 접근합니다. 이후 학번 1과 동일한 데이터를 가졌는지 비교해보려고 비상연락망 테이블의 데이터 1,000건에 모두 접근합니다.

다음으로 학번 100의 학생 정보를 찾고자 학생 테이블의 데이터 100건에 모두 접근합니다. 이후 마찬가지로 학생 테이블의 학번 100 데이터와 동일한 데이터를 가졌는지 비교해보려고 비상연락망 테이블에서 학번 100을 찾는 작업을 반복합니다. 이처럼 학번 1 데이터(100 + 1,000)와 학번 100 데이터(100 + 1,000)를 조회하기 위해 대략 2,200건의 데이터에 접근하는 것입니다.

다음 [그림 2-37]은 여러분의 이해를 돕고자 테이블의 데이터가 정렬되어 있다고 가정했으나, 보통은 테이블 데이터가 뒤엉켜 있을 가능성이 높습니다.

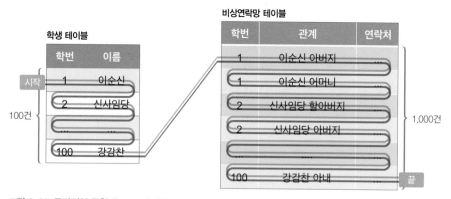

그림 2-37 극단적인 중첩 루프 조인 개념도

이번 예제는 학생 테이블에 학번 열로 인덱스가 생성되어 있고, 비상연락망 테이블에도 학번 열로 인덱스가 생성되어 있는 환경을 가정합니다. 앞에서 수행한 SQL 문을 똑같이 수행하면

각 테이블에 생성된 인덱스로 데이터에 접근합니다.

이를 정량적 수치로 표현하면 다음 [그림 2-38]과 같이 학번 1인 데이터(1+2)와 학번 100인 데이터(1+1)를 찾기 위해 총 6건의 데이터에 접근하게 됩니다. 단, 인덱스의 다음 값을 확인하고 접근 대상이 되는지 여부를 판단하는 것도 실제로는 접근 횟수에 포함되어야 하지만 여기서는 메커니즘의 이해를 돕고자 단순히 학번 1과 100에 해당하는 데이터만 계산했습니다.

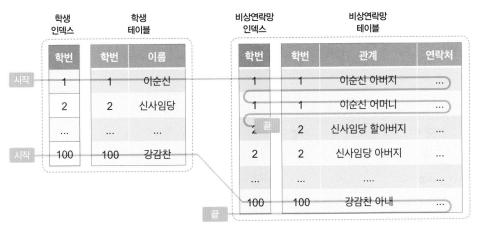

그림 2-38 인덱스가 있을 때의 중첩 루프 조인 개념도

사실 인덱스는 인덱스로 정의된 열 기준으로 순차 정렬되지만, 인덱스를 이용해 테이블의 데이터를 찾아가는 과정에서 임의 접근 방식인 랜덤 액세스^{random access}가 발생합니다. 따라서 랜덤 액세스를 줄일 수 있도록 데이터의 액세스 범위를 좁히는 방향으로 인덱스를 설계하고 조건절을 작성해야 합니다.

단, 랜덤 액세스를 유발하는 인덱스는 기본 키가 아닌 비고유 인덱스일 경우에 해당합니다. 기본 키는 클러스터형 인덱스이므로 기본 키의 순서대로 테이블의 데이터가 적재되어 있어 조회 효율이 매우 높습니다.

블록 중첩 루프 조인

블록 중첩 루프 조인^{block nested loop join}(BNL 조인)을 설명하기 전에 탄생 배경부터 알아보겠습니다. 다음 [그림 2-39]와 같이 학생 테이블이 드라이빙 테이블이고 비상연락망 테이블은 인덱스 없이 생성되어 있다고 가정합니다. 이때 중첩 루프 조인을 수행한다면 학생 인덱스로 학번 1 데이터를 찾은 뒤, 인덱스가 없는 비상연락망 테이블의 전체 데이터에 모두 접근해야 할 것입니다. 이후 학생 테이블에서 학번 100 데이터를 찾고, 또다시 비상연락망 테이블은 전체 데이터 1,000건에 접근합니다. 즉, 인덱스가 없는 드리븐 테이블에 대해 매번 전체 데이터를 비효율적으로 검색해야 합니다.

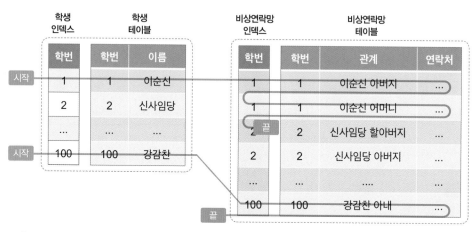

그림 2-39 블록 중첩 루프 조인 개념도

이때 중첩 루프 조인의 효율성을 높이고자 탄생한 것이 바로 블록 중첩 루프 조인입니다. 드라이빙 테이블에 대해 조인 버퍼^{join buffer}라는 개념을 도입하여 조인 성능의 향상을 꾀할 수 있습니다. 블록 중첩 조인 메커니즘의 자세한 내용은 다음 [그림 2-40]에서 설명합니다.

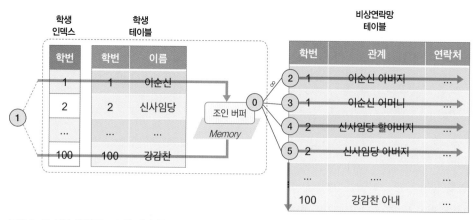

그림 2-40 블록 중첩 루프 조인 메커니즘

BNL 조인이 수행되는 절차는 다음과 같습니다. 우선 ① 드라이빙 테이블인 학생 테이블에서 학번 1과 100에 해당하는 데이터를 검색합니다. 검색된 데이터를 ⓪ 조인 버퍼에 가득 채워질 때까지 적재합니다. 이후 ⓪ 조인 버퍼와 비상연락망 테이블의 데이터를 비교합니다. 즉 ⓪ 조인 버퍼와 ② 데이터를 조인하고, 다시 ⓪ 조인 버퍼와 ③ 데이터를 조인하는 식으로 반복하여 비상연락망 데이터에 모두 접근합니다. 이처럼 조인 버퍼의 데이터들과 비상연락망 테이블의 한 번의 테이블 풀 스캔table full scan으로 원하는 데이터를 모두 찾을 수 있습니다. 이 과정은 비상연락망 테이블의 테이블 풀 스캔을 줄이는 게 목적으로, 성능 저하를 개선하는 조인 알고리즘 방식입니다.

추가로 블록 해시 조인block hash join이라는 방식도 있지만 블록 중첩 루프 조인 방식과 매우 유사하므로 자세한 설명은 하지 않겠습니다. 이 방식은 조인 버퍼에 쌓인 데이터에 대해 해시값을 적용하고 그 값을 기준으로 비상연락망 테이블과 조인을 수행한다는 점이 다릅니다.

배치 키 액세스 조인

중첩 루프 조인 방식은 필연적으로 데이터 접근 시 인덱스에 의한 랜덤 액세스가 발생하므로, 액세스할 데이터의 범위가 넓다면 분명 비효율적인 조인 방식입니다. 이러한 랜덤 액세스의 단점을 해결하고자 접근할 데이터를 미리 예상하고 가져오는 데 착안한 조인 알고리즘을 배치 키 액세스 조인batched key access join(BKA 조인)이라고 합니다.

BKA 조인은 블록 중첩 루프 조인에서 활용한 드라이빙 테이블의 조인 버퍼 개념을 그대로 사용합니다. 그리고 드리븐 테이블에 필요한 데이터를 미리 예측하고 정렬된 상태로 담는 랜덤 버퍼의 개념을 도입합니다. 이때 드리븐 테이블의 데이터를 예측하고 정렬된 상태로 버퍼에 적재하는 기능을 다중 범위 읽기multi range read(MRR)라고 합니다. 즉, 미리 예측된 데이터를 가져와 정렬된 상태에서 랜덤 버퍼에 담기 때문에, 드리븐 테이블에 대해 랜덤 액세스가 아닌 시퀀셜 액세스를 수행하는 방식인 것입니다.

다음 [그림 2-41]을 살펴보면 ① 드라이빙 테이블에서 필요한 데이터를 추출하여 조인 버퍼에 적재합니다. 여기서는 학번이 1과 100인 데이터가 저장됩니다. 이어서 ② 드리븐 테이블의 인덱스 기반으로 필요한 데이터를 예측하여 랜덤 버퍼에 적재하고, 마찬가지로 학번 1과 100 데이터를 랜덤 버퍼인 메모리상에 상주시킵니다. 다음으로 ③ **학생.학번 = 비상연락망.학번**에 대한 조인 조건절로 비교합니다. 동일한 데이터가 있다고 판단되면 ④ 드리븐 테이블의 데이터에 접근하고 결과를 조인하여 반환합니다.

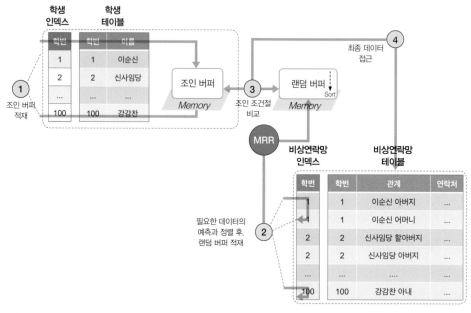

그림 2-41 배치 키 액세스 조인 메커니즘

해시 조인

해시 조인^{hash join}은 MySQL 8.0.18 버전부터 지원되는 조인 방식입니다. 기존의 중첩 루프 조인 방식에서 조금 개선된 버전인 블록 중첩 루프 조인과 배치 키 액세스 조인의 한계를 탈피하는 시발점입니다. 물론 상용 DBMS에서는 예전부터 해시 조인을 유용하게 활용했지만 MySQL 계열에서는 최근 들어 제공하기 시작한 방식으로, 조인 알고리즘의 새로운 기능을 향한 움직임의 일환으로 해석됩니다. 한편 MariaDB에서도 MariaDB 5.3 이후 버전부터 블록 중첩 루프 해시^{block nested loop hash}라는 이름으로 해시 조인 기능을 제공 중입니다.

해시 조인의 기능부터 확인해보겠습니다. 해시 조인은 선후 관계를 두고 조인을 수행하는 중첩 루프 조인 방식과 달리, 조인에 참여하는 각 테이블의 데이터를 내부적으로 해시값으로 만들어 내부 조인을 수행합니다. 해시값으로 내부 조인을 수행한 결과는 조인 버퍼에 저장되므로 조인 열의 인덱스를 필수로 요구하지 않아도 됩니다.

이해를 돕고자 다음 [그림 2-42]를 살펴보겠습니다. 이 예제에서는 학생 테이블과 비상연락망 테이블이 해시 조인으로 처리된다고 가정합니다. 학생 테이블의 학번 1 데이터는 내부적으로 생성된 해시값과 비상연락망 테이블의 학번 1의 해시값을 비교한 뒤 서로 동일한 경우에만 조인 버퍼에 저장됩니다. 이와 같은 해시 조인은 보통 대용량 데이터의 동등 비교 연산에서 확인할 수 있지만, 아직은 MySQL/MariaDB에서 핵심적인 조인 알고리즘으로 처리되지 못하는 게 현실입니다.

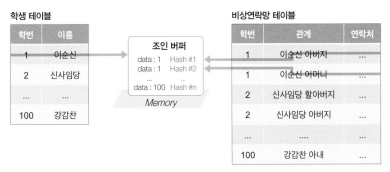

그림 2-42 해시 조인 메커니즘

2.3 개념적인 튜닝 용어

2.3절에서는 오브젝트들을 스캔하는 유형, 디스크 접근 방식 등 쿼리 튜닝과 관련된 용어를 설명합니다.

2.3.1 기초 용어

오브젝트 스캔 유형

오브젝트 스캔 유형은 테이블 스캔table scan과 인덱스 스캔index scan으로 구분합니다. 테이블 스캔은 인덱스를 거치지 않고 바로 디스크에 위치한 테이블 데이터에 접근하는 유형이며, 인덱스 스캔은 인덱스로 테이블 데이터를 찾아가는 유형입니다.

이번 절에서는 현업에서 주로 사용하는 스캔 방식을 설명합니다. 테이블 스캔 유형으로는 테이블 풀 스캔 방식이 있으며, 인덱스 스캔 유형으로는 인덱스 범위 스캔, 인덱스 풀 스캔, 인덱스 고유 스캔, 인덱스 루스 스캔, 인덱스 병합 스캔 방식이 있습니다.

| 테이블 풀 스캔 |

테이블 풀 스캔$^{\text{table full scan}}$은 인덱스를 거치지 않고 테이블로 바로 직행하여 처음부터 끝까지 데이터를 훑어보는 방식입니다. WHERE 절의 조건문을 기준으로 활용할 인덱스가 없거나, 전체 데이터 대비 대량의 데이터가 필요할 때 테이블 풀 스캔을 수행할 수 있습니다. 다만 테이블 풀 스캔은 보통 처음부터 끝까지 데이터를 검색하므로 성능 측면에서는 부정적으로 해석됩니다.

참고로 테이블 풀 스캔은 인덱스 없이 사용하는 유일한 방식임을 기억해두기 바랍니다.

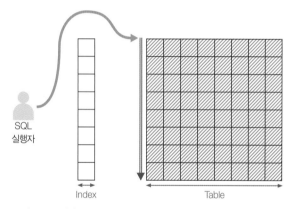

그림 2-43 테이블 풀 스캔 개념도

| 인덱스 범위 스캔 |

인덱스 범위 스캔$^{\text{index range scan}}$은 말 그대로 인덱스를 범위 기준으로 스캔한 뒤 스캔 결과를 토대로 테이블의 데이터를 찾아가는 방식입니다. SQL 문에서 BETWEEN ~ AND 구문이나 〈, 〉, LIKE 구문 등 비교 연산 및 구문에 포함될 경우 인덱스 범위 스캔으로 수행합니다.

좁은 범위를 스캔할 때는 성능적으로 매우 효율적인 방식이지만 넓은 범위를 스캔할 때는 비효율적인 방식이라고 할 수 있습니다.

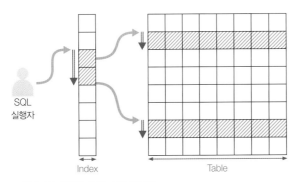

그림 2-44 인덱스 범위 스캔 개념도

| 인덱스 풀 스캔 |

인덱스 풀 스캔^{index full scan}은 말 그대로 인덱스를 처음부터 끝까지 수행하는 방식입니다. 단, 테이블에 접근하지 않고 인덱스로 구성된 열 정보만 요구하는 SQL 문에서 인덱스 풀 스캔이 수행됩니다. 인덱스는 테이블보다 상대적으로 적은 양을 차지하므로 테이블 풀 스캔 방식보다 는 인덱스 풀 스캔 방식이 성능상 유리합니다. 그러나 인덱스라는 오브젝트의 전 영역을 모두 검색하는 방식인 만큼 검색 범위를 최대한 줄이는 방향으로 SQL 튜닝을 해야 합니다.

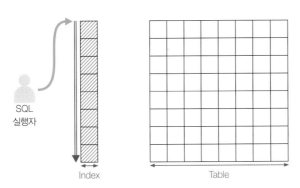

그림 2-45 인덱스 풀 스캔 개념도

| 인덱스 고유 스캔 |

인덱스 고유 스캔^{index unique scan}은 기본 키나 고유 인덱스로 테이블에 접근하는 방식으로, 인 덱스를 사용하는 스캔 방식 중 가장 효율적인 스캔 방법입니다. WHERE 절에 = 조건으로 작성하 며, 해당 조인 열이 기본 키 또는 고유 인덱스의 선두 열로 설정되었을 때 활용합니다.

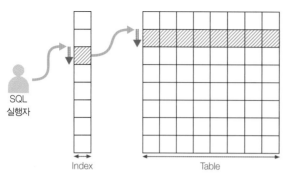

그림 2-46 인덱스 고유 스캔 개념도

| 인덱스 루스 스캔 |

인덱스 루스 스캔^{index loose scan}은 인덱스의 필요한 부분들만 골라 스캔하는 방식입니다. 인덱스 범위 스캔처럼 넓은 범위에 전부 접근하지 않고, WHERE 절 조건문 기준으로 필요한 데이터와 필요하지 않은 데이터를 구분한 뒤 불필요한 인덱스 키는 무시합니다.

인덱스 루스 스캔은 보통 GROUP BY 구문이나 MAX(), MIN() 함수가 포함되면 작동합니다. 이미 오름차순으로 정렬된 인덱스에서 최댓값이나 최솟값이 필요한 경우가 이에 해당합니다.

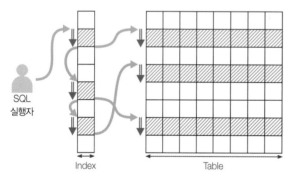

그림 2-47 인덱스 루스 스캔 개념도

| 인덱스 병합 스캔 |

인덱스 병합 스캔^{index merge scan}은 테이블 내에 생성된 인덱스들을 통합해서 스캔하는 방식입니다. WHERE 문 조건절의 열들이 서로 다른 인덱스로 존재하면 옵티마이저가 해당하는 인덱스를 가져와서 모두 활용하는 방식을 취합니다. 통합하는 방법으로는 결합^{union}과 교차^{intersection} 방식이 있으며 이들 방식은 모두 실행 계획으로 출력됩니다.

인덱스 병합 스캔은 물리적으로 존재하는 개별 인덱스를 각각 수행하므로 인덱스에 접근하는 시간이 몇 배로 걸립니다. 따라서 별개로 생성된 인덱스들은 보통 하나의 인덱스로 통합하여 SQL 튜닝을 수행하거나, SQL 문 자체를 독립된 하나의 인덱스만 수행하도록 변경할 수 있습니다.

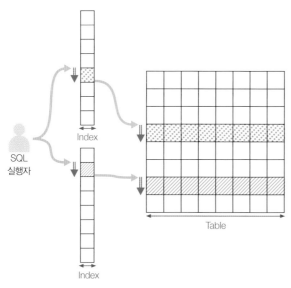

그림 2-48 인덱스 병합 스캔 개념도

디스크 접근 방식

MySQL은 원하는 데이터를 찾으려고 데이터가 저장된 스토리지^{storage}의 페이지^{page}에 접근합니다. 여기서 페이지란 데이터를 검색하는 최소 단위로, 페이지 단위로 데이터 읽고 쓰기를 수행할 수 있습니다. 서로 연결된 페이지를 차례대로 읽을 수도 있고, 여기저기 원하는 페이지를 임의로 열어보면서 데이터를 읽을 수도 있습니다. 전자를 시퀀셜 액세스라 하고 후자를 랜덤 액세스라 합니다.

| 시퀀셜 액세스 |

시퀀셜 액세스^{sequential access}는 물리적으로 인접한 페이지를 차례대로 읽는 순차 접근 방식으로, 보통 테이블 풀 스캔에서 활용합니다. 데이터를 찾고자 이동하는 디스크 헤더^{disk header}의 움직임을 최소화하여 작업 시간과 리소스 점유 비용을 줄일 수 있습니다. 테이블 풀 스캔일 때는 인접한 페이지를 여러 개 읽는 다중 페이지 읽기^{multi-page read} 방식으로 수행합니다.

다음 [그림 2-49]는 스토리지에 있는 7개 페이지를 차례대로 읽고 있음을 보여줍니다. 읽는 페이지 순서는 1 → 2 → 3 → 4 → 5 → 6 → 7입니다.

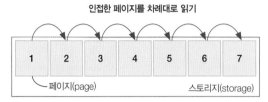

그림 2-49 시퀀셜 액세스 개념도

| 랜덤 액세스 |

랜덤 액세스^{random access}는 물리적으로 떨어진 페이지들에 임의로 접근하는 임의 접근 방식으로, 페이지가 위치한 물리적인 위치를 고려하지 않고 접근합니다. 페이지에 접근하는 디스크 헤더가 정해진 순서 없이 이동하는 만큼 디스크의 물리적인 움직임이 필요하고 다중 페이지 읽기가 불가능하기 때문에, 데이터의 접근 수행 시간이 오래 걸립니다. 따라서 최소한의 페이지에 접근할 수 있도록 접근 범위를 줄이고 효율적인 인덱스를 활용할 수 있도록 튜닝해야 합니다.

다음 [그림 2-50]은 스토리지에 있는 7개 페이지를 임의대로 읽고 있음을 보여줍니다. 읽는 페이지 순서는 1 → 6 → 3 → 7 → 5 → 2 → 4입니다.

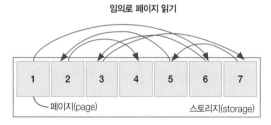

그림 2-50 랜덤 액세스 개념도

조건 유형

SQL 문의 **WHERE** 절 조건문 기준으로 데이터가 저장된 디스크에 접근하게 됩니다. 이때 필요한 데이터에 액세스하는 조건문으로 데이터를 가져오고, 가져온 데이터에서 다시 한번 출력할 데이터만 추출합니다. 이때 맨 처음 디스크에서 데이터를 검색하는 조건을 액세스 조건이라 하고, 디스크에서 가져온 데이터에서 추가로 추출하거나 가공 및 연산하는 조건을 필터 조건이라고 합니다.

| 액세스 조건 |

디스크에 있는 데이터에 어떻게 접근할 것인지를 다루는 액세스 조건 access condition 은 SQL 튜닝에서 가장 중요한 핵심 사항입니다. WHERE 절 조건문으로 필요한 데이터만 골라 가져오는 방식은 이전 단락의 오브젝트 스캔 유형에서 이미 설명했듯이 테이블에 직접 접근할지, 인덱스를 어떻게 활용할 것인지에 관한 문제입니다. 그러나 SQL 조건문이 복잡하고 다양한 만큼 실제 데이터를 가져오기 위해 활용하는 SQL 문의 조건절에는 한계가 있습니다. 따라서 옵티마이저는 WHERE 절의 특정 조건문을 이용해 소량의 데이터를 가져오고, 인덱스를 통해 시간 낭비를 줄이는 조건절을 선택하여, 스토리지 엔진의 데이터에 접근하고 MySQL 엔진으로 데이터를 가져옵니다.

다음 [그림 2-51] 예제에는 WHERE 절에 ID = 1과 CODE = 'A' 조건문이 있지만, ID 열로 생성된 인덱스(Table2_index)를 활용해서 TABLE2 테이블의 일부 데이터에 접근하는 것을 알 수 있습니다. 즉, ID = 1 조건문이 액세스 조건인 것입니다. 만약 CODE = 'A' 조건문을 액세스 조건으로 삼아 데이터에 접근한다면 인덱스 활용 없이 대량의 데이터에 접근할 것으로 예측할 수 있습니다.

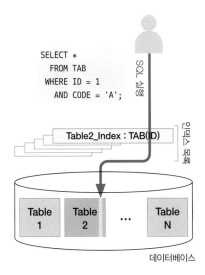

그림 2-51 액세스 조건 예제

| 필터 조건 |

필터 조건[filter condition]은 액세스 조건을 이용해 MySQL 엔진으로 가져온 데이터를 기준으로, 추가로 불필요한 데이터를 제거하거나 가공하는 조건입니다. 액세스 조건으로 가져온 데이터를 대상으로 필터조건인 `CODE = 'A'`를 적용해 필터링 작업을 합니다. 만약 필터 조건에 따라 필터링할 데이터가 없다면 매우 훌륭한 SQL 문이고, 필터 조건으로 필터링되어 제거된 데이터가 다수 존재한다면 상대적으로 비효율적인 SQL 문일 것입니다. 그 이유는 스토리지 엔진에서 MySQL 엔진으로 데이터를 전달하는 오버헤드가 있으며, 필터 조건으로 제거될 데이터라면 스토리지 엔진의 데이터에 접근하는 과정에서 같이 제외되는 편이 성능적으로 효율적이기 때문입니다.

이때 필터 조건으로 제거되는 데이터 비율을 확인하고 특정 SQL 문의 튜닝이 필요한지 판단할 수 있습니다. 해당 비율은 실행 계획의 filtered 항목에서 확인할 수 있으며 3.2절에서 다시 설명할 예정입니다.

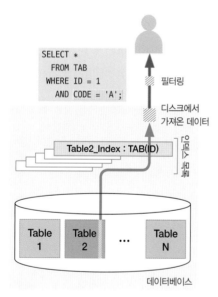

그림 2-52 필터 조건 예제

2.3.2 응용 용어

선택도

선택도^{selectivity}란 테이블의 특정 열을 기준으로 해당 열의 조건절(**WHERE** 절 조건문)에 따라 선택되는 데이터 비율을 의미합니다. 만약 해당 열에 중복되는 데이터가 많다면 '선택도가 높다'고 평가할 수 있으며, 실제로 조건절에 따라 대량의 데이터가 선택될 것입니다. 한편 해당 열에 중복되는 데이터가 적다면 '선택도가 낮다'고 평가할 수 있으며, 조건절에 따라 매우 적은 양의 데이터가 선택될 것입니다.

다음 예제에서는 이해를 돕기 위해 선택도 개념에 관한 설명을 피자 조각에 비유합니다. [그림 2-53]과 같이 8조각으로 나뉜 피자 1판에서 2조각에만 통새우가 숨어있다고 가정합니다. 그 중 A 양은 다이어트 때문에 한 조각만 먹고 B 군은 4조각을 먹었습니다. 즉, A 양은 전체 피자 중 약 12% 분량을 먹었고, B 군은 50%를 먹은 셈입니다. 이 개념이 바로 선택도로, 전체 피자 중 선택될 비율을 가리킵니다. 다만 개념의 이해를 돕고자 이 예제에서는 %로 계산했습니다.

[그림 2-53]을 다시 설명하자면, 선택도가 낮은 A 양은 통새우가 들어있는 피자 한 조각을 고를 것이고, 선택도가 높은 B 군은 여러 조각을 먹어본 뒤 통새우가 들어있는 피자가 맛있었는지 알 수 있을 것입니다. 이는 낮은 선택도가 오히려 대용량 데이터에서 원하는 데이터만 골라내는 능력이라는 것을 우회적으로 보여줍니다. 따라서 낮은 선택도를 가지는 열은 데이터를 조회하는 SQL 문에서 원하는 데이터를 빨리 찾기 위한 인덱스 열을 생성할 때 주요 고려대상이 됩니다.

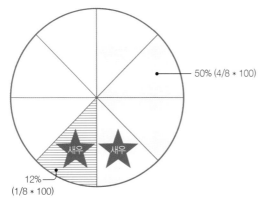

그림 2-53 선택도와 원하는 데이터 검색의 상관 관계

이러한 선택도를 계산하는 수식은 다음과 같습니다. 데이터에 접근하고자 특정 열에 대한 조건 문을 작성하고, 해당 조건문에 포함되는 열의 선택도를 산출합니다.

선택도 = 선택한 데이터 건수 ÷ 전체 데이터 건수

그러나 선택하는 조건절의 데이터 건수를 매번 계산할 수 없고 데이터의 삭제와 수정, 삽입이 수시로 발생하는 만큼, 보통은 중복이 제거된 데이터의 건수를 활용하여 선택도를 일반화합니다.

변형된 선택도 = 1 ÷ DISTINCT(COUNT 열명)

이번에는 실제 학생 테이블에서 기본적인 선택도 수식을 활용하여 계산해봅니다. 다음 학생 테이블은 기본 키인 학번 열과 이름, 성별이라는 일반 열로 구성되었다고 가정합니다. 이 테이블에는 총 100건의 데이터가 저장되어 있습니다.

학생 테이블

학번	이름	성별
10001	홍길동	남
10002	신사임당	여
10003	이순신	남
10004	유관순	여
...	...	...
10010	유재석	여

100건

그림 2-54 학생 테이블 예제

이때 학번 열의 선택도는 다음과 같이 계산할 수 있습니다.

학번 열의 선택도 = 1 ÷ 100 = 0.01

저장된 데이터는 총 100건으로, 기본 키에 해당하는 학번 데이터도 마찬가지로 100건입니다. 즉, 어떤 학번을 선택하더라도 항상 하나의 유일한 값을 출력하는 0.01의 선택도를 가집니다.

다시 말해 학번은 0.01의 낮은 선택도를 가진다고 할 수 있습니다.

지금 설명한 순서대로 다음 SQL 문을 차례로 수행해보면 학번 열의 선택도를 구할 수 있습니다.

```
SELECT COUNT(*) -- 전체 데이터 건수 구하기
  FROM 학생;
=> 100

SELECT COUNT(DISTINCT 학번) -- 학번 데이터에서 중복을 제외한 개수 구하기
  FROM 학생;
=> 100

SELECT 1 / COUNT(DISTINCT 학번) -- 선택도 구하기
  FROM 학생;
=> 0.01
```

이번에는 성별 열에서 '여' 조건에 대한 선택도를 구하는 예제를 살펴봅니다.

```
성별 열의 선택도 = 50 ÷ 100 = 0.5
```

총 100건의 데이터 중 여성에 해당되는 데이터는 50건이라고 가정한다면, 성별은 0.5의 상대적으로 높은 선택도를 산출하게 됩니다.

```
SELECT COUNT(*) -- 전체 데이터 건수 구하기
  FROM 학생;
=> 100

SELECT COUNT(DISTINCT 성별) -- 성별 데이터에서 중복을 제외한 개수 구하기
  FROM 학생;
=> 2

SELECT 1 / COUNT(DISTINCT 성별) -- 성별 열의 선택도 구하기
  FROM 학생;
=> 0.5
```

카디널리티

카디널리티^{cardinality}의 사전적 정의는 '하나의 데이터 유형으로 정의되는 데이터 행의 개수'로, 여기서는 전체 데이터에 접근한 뒤 출력될 것이라 예상되는 데이터 건수를 가리킵니다. 현업에서는 전체 행에 대한 특정 열의 중복 수치를 나타내는 지표로 자주 활용합니다.

이때 카디널리티를 정확하게 계산하려면 앞서 다룬 선택도라는 개념이 필요합니다. 카디널리티는 전체 데이터 건수에 해당 열의 선택도를 곱하여 계산할 수 있습니다. 만약 열별 선택도를 알고 있다면 카티널리티를 정량적 수치로 산출할 수 있습니다.

다음 수식이 앞서 설명한 카디널리티 계산 공식입니다. 전체 데이터가 100건인 테이블에서 기본 키가 학번인 열을 대상으로 카디널리티를 구한다고 가정합니다. 학번 열의 카디널리티는 $100 \times 0.01 = 1$건으로, 모든 학번의 데이터값이 고유한 만큼 1건의 데이터만 출력되리라 예측할 수 있습니다.

```
카디널리티 = 전체 데이터 건수 × 선택도
```

그러나 우리는 MySQL에서 계산하는 방식으로 카디널리티를 정의하고자 합니다. 즉, 중복을 제외한 유일한 데이터값의 수로 계산합니다. 따라서 특정 열에 중복된 값이 많다면 카디널리티가 낮다고 할 수 있으며, 해당 열을 조회하면 상당수의 데이터를 거르지 못한 채 대량의 데이터가 출력되리라 예측할 수 있습니다.

한편 특정 열에 중복되는 값이 적다면 카디널리티가 높다고 평가할 수 있으며, 그만큼 많은 데이터를 제거한 뒤 소수의 데이터만 출력되리라 예상할 수 있습니다. 즉, 중복도가 높으면 카디널리티가 낮고 중복도가 낮으면 카티널리티가 높다고 정리할 수 있습니다.

이번에는 [그림 2-55]로 카디널리티를 가시적으로 이해해보겠습니다. 왼쪽 그림에는 중복되는 2개의 도형만 있고, 일부 도형을 선택하더라도 중복된 도형임을 확인할 수 있으므로 카디널리티가 낮다고 평가할 수 있습니다. 반면 오른쪽 그림에는 동일한 도형이 없고, 일부 도형을 선택하더라도 매번 다른 패턴의 도형이 확인되므로 카디널리티가 높다고 평가합니다.

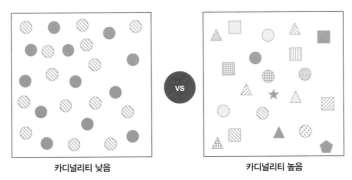

카디널리티 낮음   카디널리티 높음

그림 2-55 카디널리티 개념도

지금까지의 설명이 어렵게 느껴진다면, 평범한 일상 생활에서 접하기 쉬운 열 데이터를 활용해 카디널리티의 개념을 더 쉽게 이해해볼 수 있습니다.

예를 들어 주민등록번호는 다른 사람과 절대 중복되지 않는 유일한 값으로 중복성이 0에 가까운 데이터입니다. 이 외에도 휴대폰 번호, 계좌 번호 등은 중복되지 않도록 1인 대상으로 발급되는 개인정보인 만큼 카디널리티가 높은 열이자 데이터라고 할 수 있습니다.

한편 이름 데이터는 세상에 단 하나만 존재하지 않으며 실제로 주변을 둘러봐도 중복되는 이름을 갖는 경우를 심심치 않게 볼 수 있습니다. 따라서 카디널리티가 낮지도 높지도 않은 중간 수준의 열에 해당한다고 볼 수 있습니다.

성별 데이터는 여성과 남성이라는 2가지 종류만 있으므로 중복 데이터가 매우 많습니다. 따라서 카디널리티가 낮다고 평가할 수 있습니다. 그 외에도 질병 여부나 졸업 여부 등 예/아니오 유형의 데이터가 저장되는 열들이 카디널리티가 낮은 사례입니다.

TIP_ **일상생활에서의 카디널리티 적용 사례**

- 주민등록번호: 카디널리티 높음
- 이름: 카디널리티 중간
- 성별: 카디널리티 낮음

힌트

우리는 일상에서 힌트[hint]라는 말을 사용합니다. 예를 들어 여러분이 어려운 수학 문제를 풀고 있다고 가정합니다. 해당 문제에 대한 힌트를 듣는다면 정답을 더 쉽게 유추하거나 맞출 수 있을 것입니다. 마찬가지로 우리는 SQL 문으로 뒤죽박죽 섞인 데이터를 찾아내라는 어려운 문제를 풀어야 합니다. 이때 우리는 데이터베이스에게 힌트를 전달함으로써 의도대로 작동하도록 도울 수 있습니다. 즉, 데이터를 빨리 찾을 수 있게 추가 정보를 전달하는 게 힌트입니다.

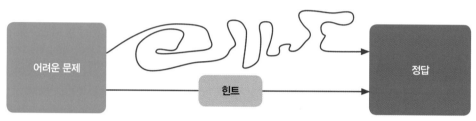

그림 2-56 힌트 용어의 비유

힌트를 사용하는 방법을 간단히 살펴보겠습니다. 먼저 학생 테이블의 이름 열에 대한 학생_IDX01 인덱스와, 전공코드 열에 대한 학생_IDX02 인덱스가 있다고 가정합니다. 각 인덱스는 다음 [그림 2-57]과 같은 물리적 구조로 생성됩니다. 이때 인덱스의 각 행이 테이블의 기본 키 값을 가리킵니다.

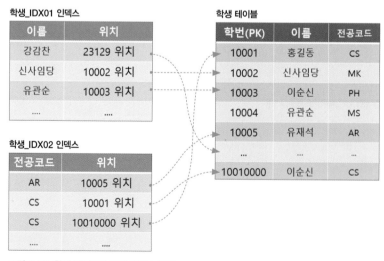

그림 2-57 학생 테이블과 관련 인덱스 구조

다음 쿼리는 학생의 이름으로 학번과 전공코드 데이터를 조회하는 SQL 문입니다. '유재석'이라는 이름의 학생 정보를 가져오므로, 학생 열로 구성된 학생_IDX01 인덱스를 이용하면 테이블을 처음부터 끝까지 찾지 않아도 원하는 데이터를 빠르게 찾을 수 있습니다.

```
SELECT 학번, 전공코드
  FROM 학생
 WHERE 이름 = '유재석';
```

따라서 우리는 학생_IDX01 인덱스를 활용하여 길을 찾아 달라는 힌트를 쿼리에 직접 작성할 수 있습니다. 인덱스를 사용하겠다는 힌트는 USE INDEX 키워드를 사용하며, 크게 두 가지 사항을 명시적으로 작성하여 힌트를 사용합니다.

첫 번째는 다음과 같이 /*! */ 형태의 주석처럼 힌트를 명시하는 방법입니다.

```
SELECT 학번, 전공코드
  FROM 학생 /*! USE INDEX (학생_IDX01) */
 WHERE 이름 = '유재석';
```

두 번째는 다음과 같이 주석 표기 없이 쿼리의 일부로 작성하는 방법입니다. 이후 설명에서는 편의상 쿼리의 일부로 힌트를 작성할 예정입니다.

```
SELECT 학번, 전공코드
  FROM 학생 USE INDEX (학생_IDX01)
 WHERE 이름 = '유재석';
```

MySQL과 MariaDB에서 사용하는 수십 개의 힌트 중 실무에 자주 쓰이는 힌트를 몇 가지 꼽자면 다음과 같습니다.

표 2-1 주요 힌트 목록

힌트	설명	활용도
STRAIGHT_JOIN	FROM 절에 작성된 테이블 순으로 조인을 유도하는 힌트	높음
USE INDEX	특정 인덱스를 사용하도록 유도하는 힌트	높음
FORCE INDEX	특정 인덱스를 사용하도록 강하게 유도하는 힌트	낮음
IGNORE INDEX	특정 인덱스를 사용하지 못하도록 유도하는 힌트	중간

콜레이션

콜레이션^{collation}은 특정 문자셋으로 데이터베이스에 저장된 값을 비교하거나 정렬하는 작업의 규칙을 의미합니다. 구체적인 예를 들어 살펴보겠습니다. 숫자를 비교하는 경우를 가정해봅니다. 숫자 10과 숫자 11 중에 어느 값이 더 큰 값일까요? 당연히 숫자 11은 숫자 10보다 큽니다. 날짜 형식의 값도 비교해보겠습니다. 2020/12/25과 2021/02/14 중에 어느 날짜가 더 큰 값일까요? 이 또한 2021/02/14 가 2020/12/25보다 큰 값이라는 사실을 알 수 있습니다.

그렇다면 문자의 경우에는 어떨지 비교해보겠습니다.

- 소문자 a와 대문자 A 중에 무엇이 더 클까요?
- 소문자 a와 소문자 b 중에 무엇이 더 클까요?

이때 설정된 콜레이션에 따라 대소 관계의 출력도 달라집니다. 콜레이션 설정값 중 보통 많이 사용하는 콜레이션을 기준으로 확인해보겠습니다. 비교할 콜레이션은 utf8_bin과 utf8_general_ci입니다. 해당 콜레이션을 적용했을 때 A, a, B, b의 대소관계는 어떻게 될까요?

결과는 다음과 같이 utf8_bin은 A, B, a, b 순으로 크고, utf8_general_ci는 A, a, B, b 순으로 크게 나타납니다.

표 2-2 콜레이션의 대소관계 비교

utf8_bin	utf8_general_ci
A	A
B	a
a	B
b	b

이들 콜레이션은 데이터베이스 단위, 테이블 단위, 심지어 열 단위까지 세세하게 설정할 수 있습니다. 만약 학생 테이블의 콜레이션이 utf8_general_ci로 설정되어 있다면, 학번 열과 전공코드 열에 콜레이션이 명시되어 있지 않더라도 학생 테이블의 콜레이션인 utf8_general_ci가 적용됩니다. 이때 만약 이름 열에 콜레이션 utf8_bin을 명시했다면 상위 테이블의 콜레이션을 무시하고 utf8_bin으로 설정됩니다. 즉, 이름 열은 콜레이션 utf8_bin이고 학번 열과 전공코드 열은 콜레이션 utf8_general_ci 이 됩니다.

다음 [그림 2-58]은 지금까지 설명한 내용을 보여줍니다.

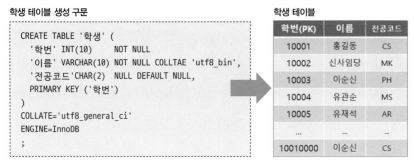

학생 테이블 생성 구문

```
CREATE TABLE '학생' (
  '학번' INT(10)     NOT NULL
  '이름' VARCHAR(10) NOT NULL COLLTAE 'utf8_bin',
  '전공코드'CHAR(2)  NULL DEFAULT NULL,
  PRIMARY KEY ('학번')
)
COLLATE='utf8_general_ci'
ENGINE=InnoDB
;
```

학생 테이블

학번(PK)	이름	전공코드
10001	홍길동	CS
10002	신사임당	MK
10003	이순신	PH
10004	유관순	MS
10005	유재석	AR
...	...	...
10010000	이순신	CS

그림 2-58 학생 테이블의 콜레이션

TIP_ 캐릭터셋 vs 콜레이션

데이터를 저장하는 방식에 대한 캐릭터셋과 데이터 정렬에 대한 콜레이션을 다음과 같이 간단히 비교해봅니다.

캐릭터셋(character set)	콜레이션(collation)
• 데이터 저장을 어떻게 할 것인가? – 영문 + 숫자 – 중국어 – 다국어 – 예) utf8(다국어), utf8mb4(다국어 + 이모지)	• 데이터 정렬을 어떻게 할 것인가? – a와 A 간의 대소관계 정의 – a와 b 간의 대소관계 정의 ... – 예) utf8_general_ci, utf8_bin(다국어 + 이모지)

통계정보

옵티마이저는 통계정보에 기반을 두고 SQL 문의 실행 계획을 수립합니다. 통계정보는 데이터베이스 관리자[DBA]가 맡을 역할이긴 하지만, 쿼리를 수행하는 역할자 또한 통계정보가 현재 최신으로 관리되는지, 오래된 통계정보 때문에 SQL 문이 엉뚱한 방향으로 수행되지는 않는지를 확인할 수 있습니다.

MySQL은 시스템 변수를 통해 활용할 통계정보의 수준을 정의할 수 있습니다. 기본적으로는 테이블 통계정보와 인덱스 통계정보, 선택적인 열 통계정보를 토대로 어떤 인덱스를 활용해 데이터에 액세스할 것인지, 어떤 테이블을 드라이빙 테이블로 선택할지 등을 결정합니다. 따라서 통계정보의 최신성 유지 및 관리가 매우 중요합니다.

히스토그램

히스토그램^{histgram}은 테이블의 열값이 어떻게 분포되어 있는지를 확인하는 통계정보입니다. 옵티마이저가 실행 계획을 최적화하고자 참고하는 정보로, 잘못된 히스토그램 정보가 있다면 잘못된 실행 계획으로 SQL 문이 수행될 수 있습니다. 만약 특정 열값들의 통계정보가 히스토그램으로 수집되지 않았다면, 중복이 제거된 열값의 개수(`COUNT(DISTINCT 열명)`)로 대략적인 열값의 분포를 예측하고 실행 계획을 수립합니다.

MySQL에서 내부적으로 열의 분포를 저장할 때는 높이균형 히스토그램$^{height\ balanced\ histogram}$ 방식을 사용합니다. 즉, 저장된 데이터값의 종류가 수백, 수천, 수만 개 이상이므로 이 데이터값들을 그룹화하고, 정해진 양동이^{bucket}(= 이후 '버킷'으로 표기)만큼 분리해서 열의 통계정보 데이터를 저장합니다.

다음 [그림 2-59]는 Col2 열을 대상으로 히스토그램이 어떤 방식으로 저장되는지를 보여줍니다. Col2 열에는 A, B, C, …, ZZZ까지 총 78종의 데이터와 10개의 버킷이 있다고 가정합니다. 이때 Col2 열에 저장된 데이터들을 버킷 10개와 유사한 건수만큼 나눠 정렬합니다. 그림에 따르면 버킷 1에는 A, AA, AAA 데이터값이 분배되어 있고 버킷 2에는 B, BB, BBB, C, CC, CCC, D, DD, DDD, E, EE가 분배되어 있습니다.

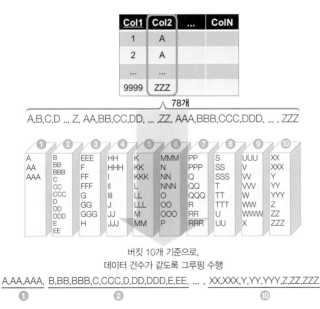

그림 2-59 히스토그램

그러나 실제 데이터베이스에서 관리하는 히스토그램의 버킷은 최댓값을 보관합니다. 즉, 버킷 1에는 AAA, 버킷 2에는 EE, 버킷 3에는 H만 보관되는 것입니다. 만약 WHERE 절 조건문에 Col1 = 'A'이라고 입력되었다면 버킷 1에만 접근하여 데이터 분포를 파악합니다. 또한 Col1 BETWEEN E AND O라고 작성된 조건절이 있다면, 버킷 2부터 6까지 총 5개 버킷에 접근해야 합니다. 이때 전체 데이터 대비 50% 이상의 영역을 스캔해야 하므로 인덱스 스캔보다 테이블 풀 스캔으로 쿼리가 수행되도록 통계정보를 제공합니다.

버킷ID	최대값
1	AAA
2	EE
3	H
4	JJJ
5	MM
6	P
7	RRR
8	UU
9	X
10	ZZZ

그림 2-60 물리적인 버킷 구성

TIP_ 히스토그램 정보 직접 생성하기

MySQL

문법

```
ANALYZE TABLE 테이블명 UPDATE HISTOGRAM ON 열명 나열;
```

예시

```
ANALYZE TABLE 사원 UPDATE HISTOGRAM ON 이름;
```

확인

```
SELECT * FROM INFORMATION_SCHEMA.COLUMN_STATISTICS; 를 통해서 결과 확인
```

MariaDB

문법

```
ANALYZE TABLE 테이블명 PERSISTENT FOR COLUMNS (열명 나열) INDEXES(인덱스명
나열);
```

예시

```
ANALYZE TABLE 사원 PERSISTENT FOR COLUMNS (사원번호, 이름) INDEXES();
```

확인

```
SELECT * FROM mysql. column_stats; 를 통해서 결과 확인
```

2.4 마치며

2장에서는 물리적인 DB 엔진의 구성요소와 SQL 문이 수행되는 절차를 간단히 살펴보았습니다. 나아가 SQL 문이 구성되는 서브쿼리의 용어와 조인 알고리즘, SQL 튜닝에 필요한 기본 용어와 내부적인 메커니즘 기반 응용 용어를 확인했습니다.

3장에서는 본격적인 SQL 튜닝 실습에 앞서 MySQL과 MariaDB를 로컬에 설치하고 실행 계획을 해석하는 방법을 알아보겠습니다.

3장 SQL 튜닝의
실행 계획 파헤치기

3장에서는 MySQL과 MariaDB를 직접 구성해보고 SQL 튜닝의 기본 정보인 실행 계획과 프로파일링을 확인해봅니다.[4]

3.1 실습 환경 구성하기

이 절에서는 MySQL과 MariaDB를 설치하고 SQL 튜닝을 실습할 데이터를 구성합니다. 이 책의 실습 환경은 64비트 윈도우 운영체제(2core/8GB)이며, 초보자가 따라할 수 있도록 단계별 스크린샷을 보여주며 설명합니다. 실습할 DB를 선택한 뒤 MySQL 또는 MariaDB를 설치해보겠습니다.

3.1.1 MySQL 설치하고 접속하기

MySQL을 내려받으려면 웹페이지 https://dev.mysql.com/downloads/로 이동합니다. 실습할 환경에 맞게 다음 링크 중 하나를 선택하여 클릭합니다. 이 책의 예제는 윈도우 환경에서 실습할 예정이므로 여러분도 [그림 3-1]의 아래쪽에 보이는 [MySQL Installer for Windows] 링크를 클릭합니다.

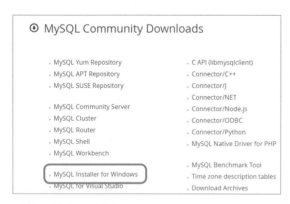

그림 3-1 MySQL 설치-1

---

4 3장부터 5장까지 실습하는 데 필요한 예제 쿼리를 별도 sql 파일로 제공하니 참고해주세요 .

그러면 [그림 3-2]와 같이 가장 최근 배포된 버전을 내려받는 페이지가 출력됩니다. 웹 버전 또는 로컬 PC의 다운로드 버전 중 하나를 선택하고 [Download] 버튼을 클릭합니다. 이 책에서는 다운로드 버전의 설치파일을 내려받아 실습합니다. 만약 최신 버전이 아닌 과거 버전의 설치 파일을 내려받으려면 오른쪽의 [Archives] 탭을 클릭합니다(이 책에서는 8.0.21 버전을 내려받아 실습하므로, 필자와 같은 버전을 내려받으려면 해당 탭을 클릭합니다).

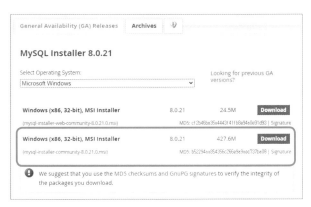

그림 3-2 MySQL 설치-2

[Archives] 탭을 클릭했을 때는 다음과 같은 페이지가 나타납니다. 이 책에서 실습할 8.0.21을 선택한 뒤 웹 버전 또는 로컬 PC의 다운로드 버전 중 하나를 선택하고 [Download] 버튼을 클릭합니다.

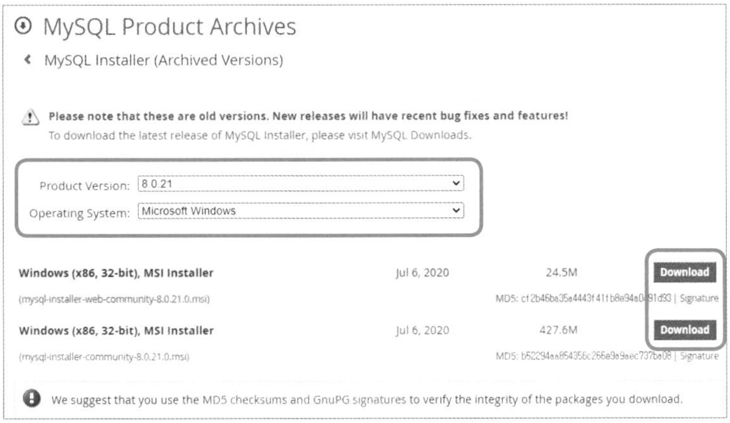

그림 3-3 MySQL 설치-3

이때 아직 오라클 사이트에 로그인하지 않은 상태라면 다음과 같은 페이지가 나타납니다. [Login] 버튼을 클릭하여 로그인을 진행하거나 [No thanks just start my download] 링크를 클릭하여 설치 파일을 내려받습니다.

그림 3-4 MySQL 설치-4

로컬 PC에 다운로드한 파일(`mysql-installer-community-8.0.21.0.msi`)을 실행하여 설치를 시작합니다. SQL 튜닝 실습이 목적이므로 설치 유형은 Developer Default를 선택하고 [Next] 버튼을 클릭합니다.

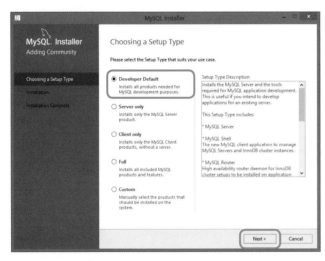

그림 3-5 MySQL 설치-5

MySQL의 설치 요건을 확인하고 [Next] 버튼을 클릭합니다. 추가 설치가 필요한 목록이 조회되기 때문에, PC 환경에 상이한 정보가 출력될 수 있습니다.

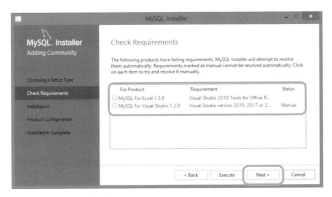

그림 3-6 MySQL 설치-6

만약 사전에 필요한 프로그램(Micro Visual C++ 또는 Visual Studio)이 설치되어 있지 않으면 'One or more product requirements have not been satisfied.'라는 팝업창이 출력될 수 있습니다. 팝업창에서 'Yes'를 클릭하고 닫은 뒤에 계속 설치를 진행합니다. 팝업창을 무시해도 본 실습 과정에는 영향이 없습니다.

설치 대상인 소프트웨어 목록을 확인하고 [Execute] 버튼을 클릭하여 MySQL 설치를 시작합니다.

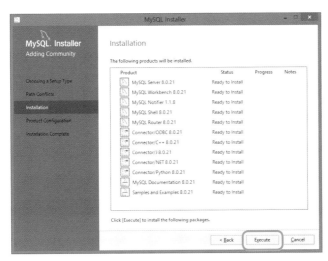

그림 3-7 MySQL 설치-7

MySQL 설치가 전부 완료된 상태(Complete)로 바뀐 것을 확인한 뒤 [Next] 버튼을 클릭합니다.

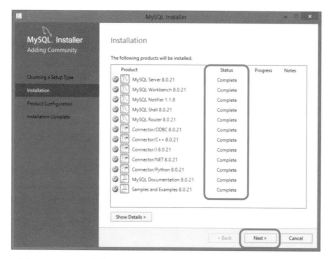

그림 3-8 MySQL 설치-8

MySQL DB 서버에 관한 환경 설정을 수행하는 화면이 나타나면 [Next] 버튼을 클릭합니다.

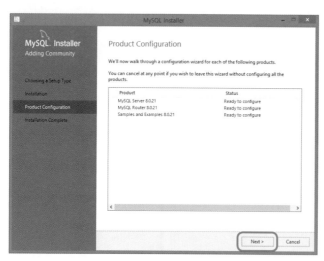

그림 3-9 MySQL 설치-9

왼쪽 목록에 보이는 고가용성(High Availability)이 실습용입니다. 오른쪽 목록에서 Standalone MySQL Server라고 표시된 첫 번째 라디오 버튼을 선택하고 [Next] 버튼을 클릭합니다.

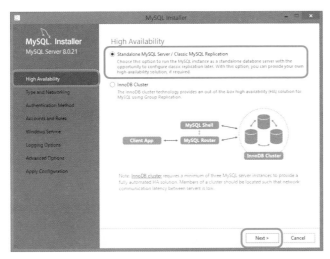

그림 3-10 MySQL 설치-10

사용할 포트는 3355 포트로 변경해봅니다(변경 없이 그대로 [Next] 버튼을 클릭해도 실습에는 영향이 없습니다).

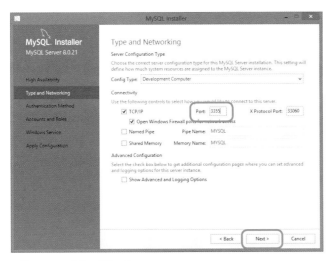

그림 3-11 MySQL 설치-11

실습 환경의 보안을 위해 암호화된 비밀번호를 사용하도록 권고하는 화면입니다. 기본 선택된 화면에서 그대로 [Next] 버튼을 클릭합니다.

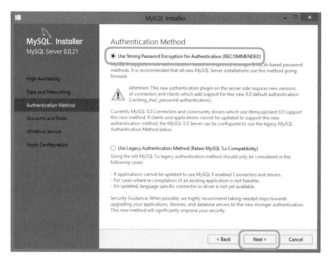

그림 3-12 MySQL 설치-12

Root 계정에 대한 비밀번호를 입력합니다. 필요하다면 [Add User] 버튼을 클릭해서 추가 사용자를 등록해도 됩니다. 비밀번호 작성을 완료하면 [Next] 버튼을 클릭합니다.

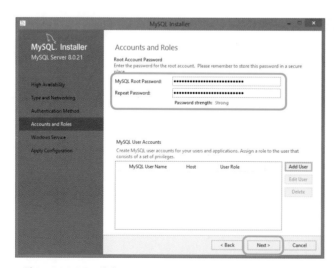

그림 3-13 MySQL 설치-13

윈도우 환경의 서비스명(Windows Service Name)은 각자 임의대로 작성합니다. 기본값이 MySQL80으로 자동 설정되므로 그대로 둔 채 진행해도 됩니다. 이어서 [Next] 버튼을 클릭합니다.

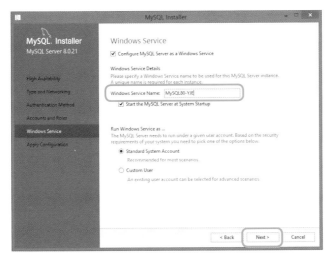

그림 3-14 MySQL 설치-14

지금까지 적용한 환경설정 목록을 확인하고 [Execute] 버튼을 클릭합니다.

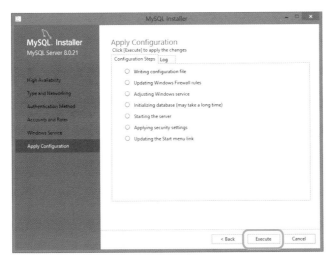

그림 3-15 MySQL 설치-15

실행이 완료되면 새로 바뀐 화면의 [Finish] 버튼을 클릭합니다.

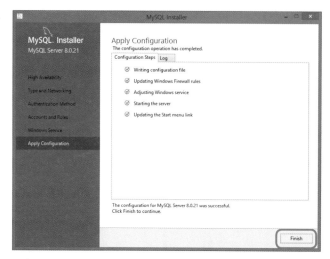

그림 3-16 MySQL 설치-16

이로써 MySQL 서버 설치(MySQL Server 8.0.21)을 완료했습니다. 다음으로 MySQL Router 8.0.21 설정을 시작합니다. 먼저 [Next] 버튼을 클릭합니다.

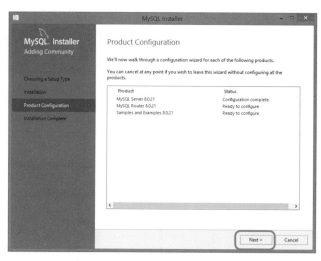

그림 3-17 MySQL 설치-17

별다른 추가 설정 없이 [Finish] 버튼을 클릭합니다.

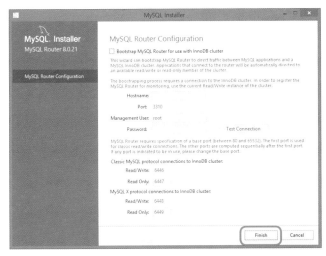

그림 3-18 MySQL 설치-18

다음으로 Samples and Examples 8.0.21를 설정하겠습니다. 먼저 [Next] 버튼을 클릭합니다.

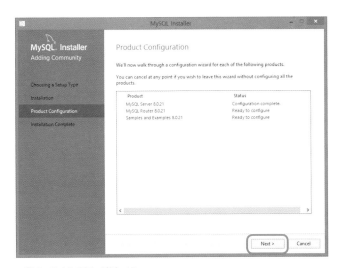

그림 3-19 MySQL 설치-19

샘플 데이터를 실행할 환경에 대한 접속계정을 입력하는 화면입니다. 여기서는 실습용 샘플 데이터를 적용할 DB 서버와 접속계정(이 책에서는 root)과 패스워드를 입력한 뒤에 [Check] 버튼을 클릭해서 화면의 '상태(Status)'가 녹색으로 바뀌는지 확인합니다. 이어서 [Next] 버튼을 클릭합니다.

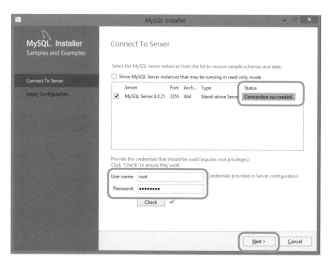

그림 3-20 MySQL 설치-20

샘플 데이터를 적용할 목록을 확인하고 [Execute] 버튼을 클릭합니다.

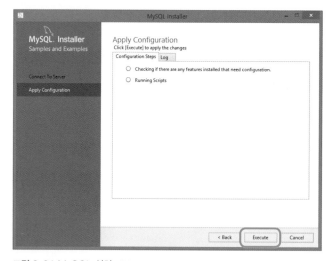

그림 3-21 MySQL 설치-21

샘플 데이터에 대한 설치 수행이 완료되면 [Finish] 버튼을 클릭합니다.

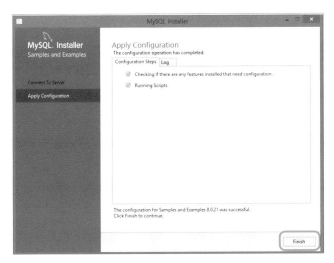

그림 3-22 MySQL 설치-22

MySQL 서버 설정(MySQL Server 8.0.21)과 샘플 데이터 설정(Samples and Examples 8.0.21)이 무사히 완료되는지 확인한 뒤 [Next] 버튼을 클릭합니다.

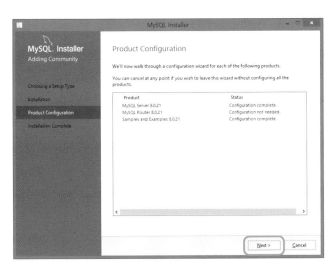

그림 3-23 MySQL 설치-23

마지막으로 [Finish] 버튼을 클릭합니다.

그림 3-24 MySQL 설치-24

지금부터 설치가 끝난 MySQL DB에 접속해보겠습니다. 윈도우 환경에서 키보드의 윈도우 키 +R 을 누른 뒤 'cmd'를 입력하고 [확인]을 눌러 명령줄 창을 엽니다.

그림 3-25 MySQL 설치-25

이어서 mysql 파일이 위치한 `C:\Program Files\MySQL\MySQL Server 8.0\bin` 경로로 이동합니다. 이동할 때는 명령줄에서 `cd` 명령어를 입력한 뒤 해당 경로명을 입력하고 Enter 키를 누릅니다.

```
C:\> cd \Program Files\MySQL\MySQL Server 8.0\bin
```

이어서 MySQL 접속계정(root)과 접속포트(3355)를 `mysql -uroot -p --port 3355`와 같이 입력하고 Enter 키를 누릅니다. 만약 접속포트의 변경 없이 기본적인 접속포트(3306)으로 설치했다면, `mysql -uroot -p` 또는 `mysql -uroot -p --port 3306`으로 입력하고 엔터 키를 누릅니다. 패스워드를 입력하라는 문구가 뜨면 MySQL 설정 단계에서 작성한 root 패스워드를 입력한 뒤에 [Enter] 키를 눌러서 MySQL에 접속합니다.

```
C:\Program Files\MySQL\MySQL Server 8.0\bin> mysql -uroot -p --port 3355
Enter password: ********
Welcome to the MySQL monitor.  Commands end with ; or \g.
Your MySQL connection id is 8
Server version: 8.0.20 MySQL Community Server - GPL

Copyright (c) 2000, 2020, Oracle and/or its affiliates. All rights reserved.

Oracle is a registered trademark of Oracle Corporation and/or its
affiliates. Other names may be trademarks of their respective
owners.

Type 'help;' or '\h' for help. Type '\c' to clear the current input statement.
```

Mysql> 프롬프트가 나타나면 show databases; 명령어를 입력하고 [Enter] 키를 눌러 출력 결과를 확인해봅니다. 다음 화면처럼 현재 로컬에 설치된 데이터베이스 목록이 나오면 무사히 설치된 것입니다.

```
mysql> show databases;
+--------------------+
¦ Database           ¦
+--------------------+
¦ information_schema ¦
¦ mysql              ¦
¦ performance_schema ¦
¦ sys                ¦
+--------------------+
4 rows in set (0.01 sec)
```

이번에는 무료 DB 접속 툴인 HeidiSQL[5] 도구를 이용해 로컬 PC(127.0.0.1)에 설치된 MySQL에 접속해보겠습니다. 포트와 접속 정보는 설치 시 설정한 값으로 입력합니다. 모두 입력한 후에는 열기를 눌러서 접속 완료합니다.

---

5 https://www.heidisql.com/download.php에서 HeidiSQL 툴을 내려 받아 설치합니다 .

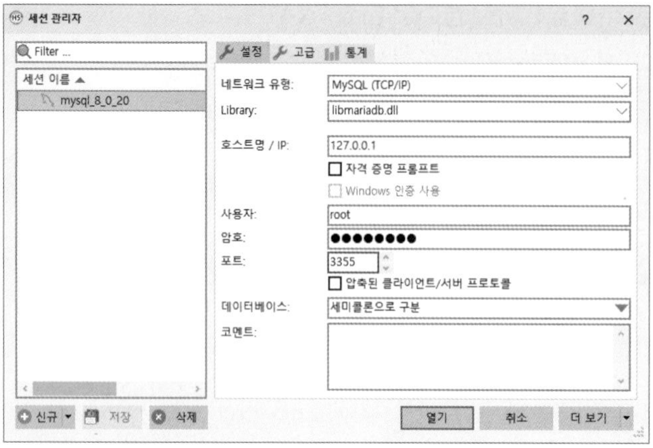

그림 3-26 MySQL 접속

3.1.2 MariaDB 설치하고 접속하기

MariaDB를 내려받으려면 웹페이지 https://mariadb.org/download/로 접속합니다. 실습할 환경에 맞게 MariaDB Server Version과 Operating System(설치된 운영체제) 등을 선택한 뒤 [Download] 버튼을 클릭합니다(이 책의 예제는 MariaDB Server 10.5.4 버전으로 실습했습니다).

그림 3-27 MariaDB 설치-1

로컬 PC에 내려받은 파일(`mariadb-10.5.4-winx64.msi`)을 실행하여 설치를 시작합니다.
[Next] 버튼을 클릭합니다.

그림 3-28 MariaDB 설치-2

라이선스 동의란에 체크한 뒤 [Next] 버튼을 클릭합니다.

그림 3-29 MariaDB 설치-3

설치 경로와 설치 대상을 설정하고 [Next] 버튼을 클릭합니다. 본 실습에서는 별다른 수정 없이 기본값으로 유지한 채 넘어갑니다.

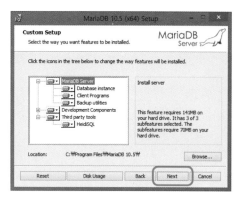

그림 3-30 MariaDB 설치-4

MariaDB의 root 계정 비밀번호를 입력합니다. 이후 실습 테스트를 위해 DB 서버의 캐릭터 셋^{character set}으로 UTF8에 체크한 뒤 [Next]버튼을 클릭합니다.

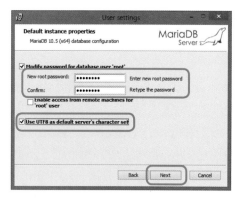

그림 3-31 MariaDB 설치-5

윈도우에 등록되는 서비스명은 임의로 입력해도 무방합니다. 필자는 이 책의 실습에서 MariaDB-YJE로 입력해 사용했으나 기본값인 MariaDB를 그대로 유지해도 상관없습니다. 포트는 3306에서 3366으로 변경해준 뒤 [Next] 버튼을 클릭합니다.

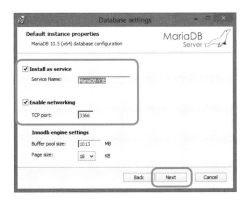

그림 3-32 MariaDB 설치-6

이어서 [Install] 버튼을 클릭하여 설치를 시작합니다.

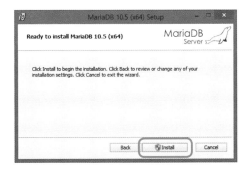

그림 3-33 MariaDB 설치-7

마지막으로 [Finish] 버튼을 클릭하여 설치를 완료합니다.

그림 3-34 MariaDB 설치-8

지금부터 설치가 끝난 MariaDB에 접속해보겠습니다. 윈도우 환경에서 키보드의 `윈도우 키` + `R` 을 누른 뒤 'cmd'를 입력하고 `Enter` 키를 눌러서 명령줄 창을 엽니다.

그림 3-35 MySQL 설치-23

mysql 파일이 위치한 C:\Program Files\MariaDB 10.5\bin 경로로 이동합니다. 이동하려면 명령줄에서 cd 명령어를 먼저 입력한 뒤에 해당 경로명을 입력합니다.

```
C:\> cd \Program Files\MariaDB 10.5\bin
```

이어서 MariaDB 접속계정(root)과 접속포트(3366)를 mysql -uroot -p --port 3366와 같이 입력하고 `Enter` 키를 누릅니다. 만약 접속포트의 변경없이 기본적인 접속포트(3306)으로 설치했다면, mysql -uroot -p 또는 mysql -uroot -p --port 3306 으로 입력하고 `Enter` 키를 누릅니다. 패스워드를 입력하라는 문구가 뜨면 MariaDB 설정 단계에서 본인이 작성한 root 패스워드를 입력한 뒤에 `Enter` 키를 눌러 MariaDB에 접속합니다.

```
C:\Program Files\MariaDB 10.5\bin> mysql -uroot -p –port 3366
Enter password: ********
Welcome to the MariaDB monitor.  Commands end with ; or \g.
Your MariaDB connection id is 3
Server version: 10.5.4-MariaDB mariadb.org binary distribution

Copyright (c) 2000, 2018, Oracle, MariaDB Corporation Ab and others.

Type 'help;' or '\h' for help. Type '\c' to clear the current input statement.
```

mysql 유틸리티를 통해 설치된 MariaDB에 접속한 뒤 MariaDB [(none)]> 프롬프트에서 show databases; 명령어를 실행하여 출력 결과를 확인해봅니다.

```
MariaDB [(none)]> show databases;
+--------------------+
¦ Database           ¦
+--------------------+
¦ information_schema ¦
¦ mysql              ¦
¦ performance_schema ¦
+--------------------+
3 rows in set (0.004 sec)
```

MySQL DB와 마찬가지로 HeidiSQL 도구를 사용하여 로컬 PC(127.0.0.1)에 설치된 MariaDB에 접속할 수도 있습니다. 포트와 접속정보는 설치 시 설정한 값으로 입력합니다. 모두 입력한 뒤에는 [열기] 버튼을 눌러서 접속 완료합니다.

그림 3-36 MariaDB 접속

3.1.3 데이터 세팅하기

이 책의 실습 데이터는 더 쉽게 이해할 수 있도록 국문 테이블명과 열명을 사용할 예정입니다. 실제 샘플 데이터는 MySQL 공식 사이트(https://dev.mysql.com/doc/index-other.html)에서 제공하는 employess data를 가공하여 저자 깃허브에서 제공합니다.

실습 데이터를 구성하려면 먼저 다음 URL에 접속합니다.

- **실습 데이터 다운로드 URL:** https://github.com/7ieon/SQLtune

이때 화면 오른쪽 상단의 [Code] 버튼을 클릭하고 [Download Zip]을 선택하여 파일을 모두 내려받습니다.

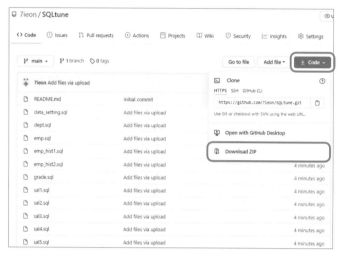

그림 3-37 깃허브에서 실습 데이터 다운로드

내려받은 ZIP 파일은 로컬 PC의 적절한 경로에 압축을 풀고, 압축을 푼 경로는 따로 메모해둡니다. 이 책의 실습 환경 설정에서는 `C:\db_data\`라는 경로에 압축파일을 풀겠습니다. 이어서 앞서 설치한 MySQL 또는 MariaDB로 해당 실습 데이터를 복사할 예정입니다.

데이터 접속 툴로는 Heidisql 또는 명령줄을 이용할 수 있습니다. 이 책의 실습에서는 윈도우 환경의 명령줄을 통해 MySQL을 사용하겠습니다.

그러려면 앞서 내려받아 압축을 푼 sql 파일들을 다음과 같이 mysql 유틸리티로 복사하는 문법을 알아야 합니다. 다음 문법을 자세히 살펴보면 먼저 DB 설치 과정에서 설정한 root 접속 계정을 입력하고, 변경한 포트번호와 실제 DB로 복사할 sql 파일 경로를 기입하여 데이터를 복사하게 됩니다. 이때 -p 옵션에는 보안상 이유로 root 비밀번호를 매번 입력하도록 합니다.

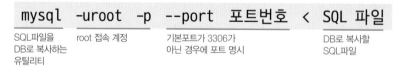

그림 3-38 데이터를 복사하는 mysql 유틸리티 문법

그럼, 지금부터 다음 터미널을 보면서 실제 복사 작업을 수행해보겠습니다. 먼저 MySQL이 설치된 경로를 확인하고 mysql.exe 유틸리티의 위치를 메모해둡니다. 현재 실습하는 환경에서의 유틸리티 위치는 c:\Program Files\MySQL\MySQL Server 8.0\bin\mysql.exe이므로 기억해두세요.

이어서 명령줄을 새로 열고, 이전 깃허브에서 내려받아 압축을 푼 sql 파일들이 위치한 경로(C:\db_data)로 이동합니다. 해당 경로로 이동하는 명령어는 cd C:\db_data입니다.

```
c:\> cd c:\db_data
c:\db_data>
```

이번에는 mysql.exe를 호출하고 data_setting.sql 파일 내용을 일괄 복사하여 실행하겠습니다. 입력할 명령어는 "c:\Program Files\MySQL\MySQL Server 8.0\bin\mysql.exe" -uroot -p --port 3355 < data_setting.sql입니다. 이 명령어 그대로 입력하고, Enter 키를 눌러 본인이 만들었던 패스워드를 입력한 뒤에 다시 Enter 키를 누릅니다. 시행 단계마다 LOADING 파일명의 형태로 현재 진행 상태를 확인할 수 있습니다.

```
c:\db_data> "c:\Program Files\MySQL\MySQL Server 8.0\bin\mysql.exe" -uroot -p
--port 3355 < data_setting.sql
Enter password: ********
INFO
LOADING emp.sql
INFO
LOADING dept.sql

... 생략 ...
INFO
LOADING sal5.sql
INFO
LOADING sal6.sql
C:\db_data>
```

3.1.4 데이터 확인하기

MySQL DB로 데이터를 무사히 복사했다면, 데이터베이스가 정상적으로 조회되는지 확인해봅니다. 이때 명령어도 윈도우의 명령줄을 사용하여 확인합니다.

먼저 윈도우의 명령줄을 새로 열고 mysql 파일이 위치한 C:\Program Files\MySQL\MySQL Server 8.0\bin 경로로 이동합니다. 이어서 MySQL 접속계정(root)과 접속포트(3355)를 mysql -uroot -p --port 3355와 같이 입력하고 Enter 키를 누릅니다(만약 설정 단계에서 포트 번호를 다르게 설정했다면, 그에 맞게 변경하여 접속하면 됩니다). 패스워드를 입력하라는 문구가 뜨면 MySQL 설정 단계에서 작성한 개인 패스워드를 입력한 뒤 Enter 키를 눌러 MySQL에 접속합니다.

```
C:\Program Files\MySQL\MySQL Server 8.0\bin> mysql -uroot -p --port 3355
Enter password: ********
```

Mysql> 프롬프트가 나타나면 show databases; 명령어를 입력하고 Enter 키를 눌러 출력 결과를 확인합니다. 출력되는 DB 목록 중 우리가 튜닝 실습 환경에 사용할 데이터베이스명은 tuning입니다. use tuning; 명령어를 입력하여 해당 DB를 선택합니다.

```
mysql> use tuning;
Database changed
```

이렇게 선택한 tuning DB에 실습용 테이블이 제대로 복사되었는지 확인하려면 show tables; 명령어를 입력합니다. 다음과 같이 총 7개의 테이블명이 전부 출력되면 제대로 테이블이 생성된 것입니다.

```
mysql> show tables;
+-----------------+
| Tables_in_tuning |
+-----------------+
| 급여            |
| 부서            |
| 부서관리자       |
| 부서사원_매핑    |
| 사원            |
| 사원출입기록     |
| 직급            |
+-----------------+
7 rows in set (0.01 sec)
```

이중 임의의 테이블을 선택하여 데이터가 존재하는지 확인합니다. 여기서는 사원 테이블을 임시로 선택하고 select count(1) from 사원; 이라는 SQL 문으로 데이터 건수를 확인해봅니다.

```
mysql> select count(1) from 사원;
+----------+
| count(1) |
+----------+
|   300024 |
+----------+
1 row in set (2.32 sec)
```

더 자세한 테이블 현황에 관한 내용은 본격적으로 SQL 튜닝을 다루는 4장에서 함께 확인해보겠습니다. 궁금한 독자 여러분은 4.1장의 내용을 먼저 살펴보세요.

3.2 실행 계획 수행

실행 계획이란 말 그대로 SQL 문으로 요청한 데이터를 어떻게 불러올 것인지에 관한 계획, 즉 경로를 의미합니다. 지름길을 사용해 데이터를 빠르게 찾아낼 것인지, 지름길이 있어도 멀리 돌아가서 찾을 것인지 미리 확인할 수 있습니다.

3.2.1 기본 실행 계획 수행

실행 계획을 확인하는 키워드로는 EXPLAIN, DESCRIBE, DESC가 있습니다. 3가지 중 어떤 키워드를 사용해도 실행 계획의 결과는 같습니다. 확인하고자 하는 SQL 문 앞에 원하는 키워드를 작성하면 됩니다.

```
EXPLAIN SQL 문;
DESCRIBE SQL 문;
DESC SQL 문;
```

그럼 지금부터 MySQL 또는 MariaDB에서 임의의 SQL 문에 관한 실행 계획을 확인해보겠습니다.

MySQL의 실행 계획 수행

SQL 문 앞에 **EXPLAIN** 키워드를 입력하고 실행하면 옵티마이저가 만든 실행 계획이 출력됩니다. **EXPLAIN** 대신 **DESCRIBE**나 **DESC** 키워드를 입력해도 됩니다. MariaDB에 비해 partitions, filtered 열이 추가되면서 더 많은 정보를 보여줍니다.

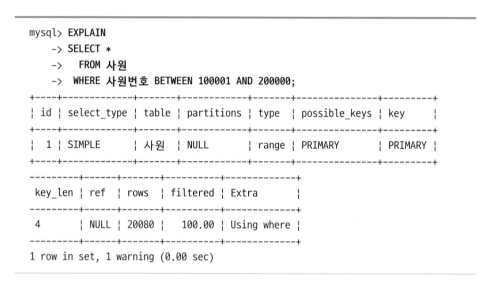

```
mysql> EXPLAIN
    -> SELECT *
    ->  FROM 사원
    -> WHERE 사원번호 BETWEEN 100001 AND 200000;
+----+-------------+-------+------------+-------+---------------+---------+
| id | select_type | table | partitions | type  | possible_keys | key     |
+----+-------------+-------+------------+-------+---------------+---------+
|  1 | SIMPLE      | 사원  | NULL       | range | PRIMARY       | PRIMARY |
+----+-------------+-------+------------+-------+---------------+---------+

---------+------+-------+----------+-------------+
key_len  | ref  | rows  | filtered | Extra       |
---------+------+-------+----------+-------------+
4        | NULL | 20080 |   100.00 | Using where |
---------+------+-------+----------+-------------+
1 row in set, 1 warning (0.00 sec)
```

MariaDB의 실행 계획 수행

SQL 문 앞에 **EXPLAIN** 키워드를 입력하고 실행하면 옵티마이저에 의한 실행 계획이 출력됩니다. MySQL과 마찬가지로 **EXPLAIN** 대신 **DESCRIBE**나 **DESC** 키워드를 입력해도 됩니다. 10.0.5 버전 이상에서는 **UPDATE** 및 **DELETE** 문에서도 실행 계획을 확인할 수 있습니다.

```
MariaDB> EXPLAIN
      -> SELECT *
      -> FROM 사원
      -> WHERE 사원번호 BETWEEN 100001 AND 200000;
+------+-------------+-------+-------+---------------+---------+---------+------+
| id   | select_type | table | type  | possible_keys | key     | key_len | ref  |
+------+-------------+-------+-------+---------------+---------+---------+------+
|    1 | SIMPLE      | 사원  | range | PRIMARY       | PRIMARY | 4       | NULL |
+------+-------------+-------+-------+---------------+---------+---------+------+
```

```
-------+-------------+
 rows  ¦ Extra       ¦
-------+-------------+
 20080 ¦ Using where ¦
-------+-------------+
1 row in set (0.000 sec)
```

이처럼 출력되는 정보에는 차이가 있지만, 실행 계획을 해석하고 SQL 튜닝을 수행하는 과정 자체에는 크게 영향을 주지 않습니다.

3.2.2 기본 실행 계획 항목 분석

이전 단락에서 EXPLAIN 키워드로 실행 계획을 조회하면 id, select_type, table, type, key 등의 정보가 출력되었습니다. 이때 출력되는 항목의 의미를 명확히 이해해야 합니다. SQL 문이 비효율적으로 수행되지는 않는지, 튜닝을 어떻게 해야 할지 등에 관한 방향을 잡을 수 있기 때문입니다.

그럼 지금부터 어려워 보이는 실행 계획의 구성요소를 쉽게 이해해보겠습니다.

id

실행 순서를 표시하는 숫자입니다. SQL 문이 수행되는 차례를 ID로 표기한 것으로, 조인할 때는 똑같은 ID가 표시됩니다. 즉, ID의 숫자가 작을수록 먼저 수행된 것이고 ID가 같은 값이라면 두 개 테이블의 조인이 이루어졌다고 해석할 수 있습니다.

다음 실행 계획 결과에서는 총 3개 행이 출력됩니다. 첫 번째 행과 두 번째 행의 ID 값이 똑같이 1이므로, 처음 조인이 발생했으리라 해석할 수 있습니다. 세 번째 행의 ID 값이 2인 것으로 미루어 보아 ID가 1인 첫 번째 행과 두 번째 행의 조인이 이루어진 뒤에 세 번째 행이 수행된 것이라고 짐작할 수 있습니다.

```
mysql> EXPLAIN
    -> SELECT 사원.사원번호, 사원.이름, 사원.성, 급여.연봉,
    ->         (SELECT MAX(부서번호)
    ->          FROM 부서사원_매핑 as 매핑 WHERE 매핑.사원번호 = 사원.사원번호) 카운트
    -> FROM 사원, 급여
```

```
    -> WHERE 사원.사원번호 = 10001
    -> AND 사원.사원번호 = 급여.사원번호;
+----+-------------------+-------+------------+-------+---------------+---------+
| id | select_type       | table | partitions | type  | possible_keys | key     |
+----+-------------------+-------+------------+-------+---------------+---------+
|  1 | PRIMARY           | 사원   | NULL       | const | PRIMARY       | PRIMARY |
|  1 | PRIMARY           | 급여   | NULL       | ref   | PRIMARY       | PRIMARY |
|  2 | DEPENDENT SUBQUERY | NULL  | NULL       | NULL  | NULL          | NULL    |
+----+-------------------+-------+------------+-------+---------------+---------+

---------+-------+------+----------+-------------------------------+
key_len  | ref   | rows | filtered | Extra                         |
---------+-------+------+----------+-------------------------------+
4        | const |    1 |   100.00 | NULL                          |
4        | const |   17 |   100.00 | NULL                          |
NULL     | NULL  | NULL |     NULL | Select tables optimized away  |
---------+-------+------+----------+-------------------------------+
3 rows in set, 2 warnings (0.00 sec)
```

select_type

SQL 문을 구성하는 SELECT 문의 유형을 출력하는 항목입니다. SELECT 문이 단순히 FROM 절에 위치한 것인지, 서브쿼리인지, UNION 절로 묶인 SELECT 문인지 등의 정보를 제공합니다. 다음 내용을 통해 자주 출력되는 select_type 정보를 알아보겠습니다.

| SIMPLE |

UNION이나 내부 쿼리가 없는 SELECT 문이라는 걸 의미하는 유형입니다. 말그대로 단순한 SELECT 구문으로만 작성된 경우를 가리킵니다.

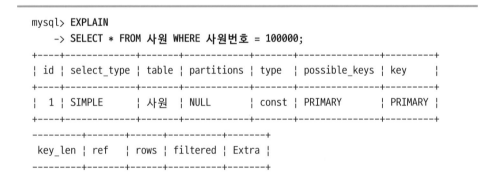

```
mysql> EXPLAIN
    -> SELECT * FROM 사원 WHERE 사원번호 = 100000;
+----+-------------+-------+------------+-------+---------------+---------+
| id | select_type | table | partitions | type  | possible_keys | key     |
+----+-------------+-------+------------+-------+---------------+---------+
|  1 | SIMPLE      | 사원   | NULL       | const | PRIMARY       | PRIMARY |
+----+-------------+-------+------------+-------+---------------+---------+

---------+-------+------+----------+-------+
key_len  | ref   | rows | filtered | Extra |
---------+-------+------+----------+-------+
```

```
      4         ¦ const ¦    1 ¦   100.00 ¦ NULL  ¦
--------+-------+------+----------+-------+
1 row in set (0.00 sec)
```

```
mysql> EXPLAIN
    -> SELECT 사원.사원번호, 사원.이름, 사원.성, 급여.연봉
    ->   FROM 사원,
    ->        (SELECT 사원번호, 연봉
    ->           FROM 급여
    ->          WHERE 연봉 > 80000) AS 급여
    ->  WHERE 사원.사원번호 = 급여.사원번호
    ->    AND 사원.사원번호 BETWEEN 10001 AND 10010;
```

id	select_type	table	partitions	type	possible_keys	key
1	SIMPLE	사원	NULL	range	PRIMARY	PRIMARY
1	SIMPLE	급여	NULL	ref	PRIMARY	PRIMARY

key_len	ref	rows	filtered	Extra
4	NULL	10	100.00	Using where
4	사원.사원번호	9	33.33	Using where

```
2 rows in set, 1 warning (0.00 sec)
```

| PRIMARY |

서브쿼리가 포함된 SQL 문이 있을 때 첫 번째 SELECT 문에 해당하는 구문에 표시되는 유형입니다. 즉, 서브쿼리를 감싸는 외부 쿼리이거나, UNION이 포함된 SQL 문에서 첫 번째로 SELECT 키워드가 작성된 구문에 표시됩니다.

예를 들어 다음과 같이 부서사원_매핑 테이블이 포함된 스칼라 서브쿼리가 있을 때, 외부 쿼리의 사원 테이블에 우선적으로 접근한다는 의미로 PRIMARY가 출력됩니다.

```
mysql> EXPLAIN
    -> SELECT 사원.사원번호, 사원.이름, 사원.성,
    ->        (SELECT MAX(부서번호)
    ->           FROM 부서사원_매핑 as 매핑 WHERE 매핑.사원번호 = 사원.사원번호) 카운트
```

```
    -> FROM 사원
    -> WHERE 사원.사원번호 = 100001;
+----+-------------+-------+------------+-------+---------------+
| id | select_type | table | partitions | type  | possible_keys |
+----+-------------+-------+------------+-------+---------------+
|  1 | PRIMARY     | 사원  | NULL       | const | PRIMARY       |
|  2 | SUBQUERY    | 매핑  | NULL       | index | NULL          |
+----+-------------+-------+------------+-------+---------------+

----------------+---------+-------+--------+----------+-------------+
key             | key_len | ref   | rows   | filtered | Extra       |
----------------+---------+-------+--------+----------+-------------+
PRIMARY         | 4       | const |      1 |   100.00 | NULL        |
인덱스_부서번호 | 16      | NULL  | 331143 |   100.00 | Using index |
----------------+---------+-------+--------+----------+-------------+
2 rows in set (0.00 sec)
```

또는 다음과 같이 UNION ALL 구문으로 통합된 SQL 문에서 처음 SELECT 구문이 작성된 쿼리가 먼저 접근한다는 의미로 PRIMARY가 출력됩니다.

```
mysql> EXPLAIN
    -> SELECT 사원1.사원번호, 사원1.이름, 사원1.성
    ->  FROM 사원 as 사원1
    -> WHERE 사원1.사원번호 = 100001
    ->
    -> UNION ALL
    ->
    -> SELECT 사원2.사원번호, 사원2.이름, 사원2.성
    ->  FROM 사원 as 사원2
    -> WHERE 사원2.사원번호 = 100002;
+----+-------------+-------+------------+-------+---------------+---------+
| id | select_type | table | partitions | type  | possible_keys | key     |
+----+-------------+-------+------------+-------+---------------+---------+
|  1 | PRIMARY     | 사원1 | NULL       | const | PRIMARY       | PRIMARY |
|  2 | UNION       | 사원2 | NULL       | const | PRIMARY       | PRIMARY |
+----+-------------+-------+------------+-------+---------------+---------+

---------+-------+------+----------+-------+
key_len  | ref   | rows | filtered | Extra |
---------+-------+------+----------+-------+
4        | const |    1 |   100.00 | NULL  |
4        | const |    1 |   100.00 | NULL  |
---------+-------+------+----------+-------+
2 rows in set (0.00 sec)
```

| SUBQUERY |

독립적으로 수행되는 서브쿼리를 의미합니다. 다음 예제에서는 메인쿼리의 SELECT 절에 정의된 부서사원_매핑 테이블과 급여 테이블에 대해 옵티마이저가 서브쿼리임을 인지하고 있음을 알 수 있습니다. 이는 SELECT 절의 스칼라 서브쿼리와 WHERE 절의 중첩 서브쿼리일 경우에 해당합니다.

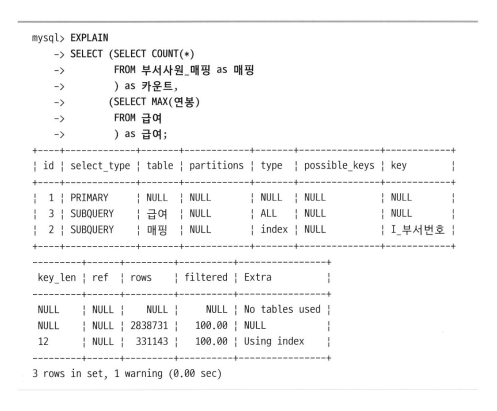

```
mysql> EXPLAIN
    -> SELECT (SELECT COUNT(*)
    ->           FROM 부서사원_매핑 as 매핑
    ->         ) as 카운트,
    ->         (SELECT MAX(연봉)
    ->           FROM 급여
    ->         ) as 급여;
+----+-------------+-------+------------+-------+---------------+-----------+
| id | select_type | table | partitions | type  | possible_keys | key       |
+----+-------------+-------+------------+-------+---------------+-----------+
|  1 | PRIMARY     | NULL  | NULL       | NULL  | NULL          | NULL      |
|  3 | SUBQUERY    | 급여  | NULL       | ALL   | NULL          | NULL      |
|  2 | SUBQUERY    | 매핑  | NULL       | index | NULL          | I_부서번호 |
+----+-------------+-------+------------+-------+---------------+-----------+

---------+------+---------+----------+----------------+
key_len  | ref  | rows    | filtered | Extra          |
---------+------+---------+----------+----------------+
NULL     | NULL |    NULL |     NULL | No tables used |
NULL     | NULL | 2838731 |   100.00 | NULL           |
12       | NULL |  331143 |   100.00 | Using index    |
---------+------+---------+----------+----------------+
3 rows in set, 1 warning (0.00 sec)
```

| DERIVED |

FROM 절에 작성된 서브쿼리라는 의미입니다. 즉, FROM 절의 별도 임시 테이블인 인라인 뷰를 말합니다. 다음 쿼리는 메인쿼리의 FROM 절에서 급여 테이블의 데이터를 가져오는 인라인 뷰입니다. 해당 인라인 뷰는 실행 계획을 통해 두 번째(id가 2인 행)로 수행되고 있다는 걸 알 수 있습니다.

```
mysql> EXPLAIN
    -> SELECT 사원.사원번호, 급여.연봉
    ->   FROM 사원,
    ->       (SELECT 사원번호, MAX(연봉) as 연봉
    ->          FROM 급여
    ->         WHERE 사원번호 BETWEEN 10001 AND 20000 GROUP BY 사원번호) as 급여
    ->  WHERE 사원.사원번호 = 급여.사원번호;
+----+-------------+-------------+------------+--------+---------------+---------+
| id | select_type | table       | partitions | type   | possible_keys | key     |
+----+-------------+-------------+------------+--------+---------------+---------+
|  1 | PRIMARY     | <derived2>  | NULL       | system | NULL          | NULL    |
|  1 | PRIMARY     | 사원        | NULL       | const  | PRIMARY       | PRIMARY |
|  2 | DERIVED     | 급여        | NULL       | range  | PRIMARY       | PRIMARY |
+----+-------------+-------------+------------+--------+---------------+---------+

---------+-------+--------+----------+-------------+
 key_len | ref   | rows   | filtered | Extra       |
---------+-------+--------+----------+-------------+
 NULL    | NULL  |      1 |   100.00 | NULL        |
 4       | const |      1 |   100.00 | Using index |
 4       | NULL  | 184756 |   100.00 | Using where |
---------+-------+--------+----------+-------------+
3 rows in set (0.04 sec)
```

| UNION |

UNION 및 UNION ALL 구문으로 합쳐진 SELECT 문에서 첫 번째 SELECT 구문을 제외한 이후의 SELECT 구문에 해당한다는 걸 나타냅니다. 이때 UNION 구문의 첫 번째 SELECT 절은 PRIMARY 유형으로 출력됩니다.

```
mysql> EXPLAIN
    -> SELECT 'M' as 성별, MAX(입사일자) as 입사일자
    ->   FROM 사원 as 사원1
    ->  WHERE 성별 = 'M'
    ->
    ->  UNION ALL
    ->
    -> SELECT 'F' as 성별, MIN(입사일자) as 입사일자
    ->   FROM 사원 as 사원2
    ->  WHERE 성별 = 'F';
```

```
+----+-------------+--------+------------+------+--------------+----------+
| id | select_type | table  | partitions | type | possible_key | key      |
+----+-------------+--------+------------+------+--------------+----------+
|  1 | PRIMARY     | 사원1   | NULL       | ref  | I_성별_성     | I_성별_성  |
|  2 | UNION       | 사원2   | NULL       | ref  | I_성별_성     | I_성별_성  |
+----+-------------+--------+------------+------+--------------+----------+

---------+-------+--------+----------+-------+
key_len  | ref   | rows   | filtered | Extra |
---------+-------+--------+----------+-------+
1        | const | 149578 |   100.00 | NULL  |
1        | const | 149578 |   100.00 | NULL  |
---------+-------+--------+----------+-------+
2 rows in set, 1 warning (0.00 sec)
```

| UNION RESULT |

UNION ALL이 아닌 UNION 구문으로 SELECT 절을 결합했을 때 출력됩니다. UNION은 출력 결과에 중복이 없는 유일한^{uniqueness} 속성을 가지므로 각 SELECT 절에서 데이터를 가져와 정렬하여 중복 체크하는 과정을 거칩니다. 따라서 UNION RESULT는 별도의 메모리 또는 디스크에 임시 테이블을 만들어 중복을 제거하겠다는 의미로 해석할 수 있습니다. 한편 UNION 구문으로 결합되기 전의 각 SELECT 문이 중복되지 않는 결과가 보장될 때는 UNION 구문보다는 UNION ALL 구문으로 변경하는 SQL 튜닝을 수행합니다.

```
mysql> EXPLAIN
    -> SELECT 사원_통합.*
    ->   FROM(
    ->         SELECT MAX(입사일자) as 입사일자
    ->           FROM 사원 as 사원1
    ->          WHERE 성별 = 'M'
    ->          UNION
    ->         SELECT MIN(입사일자) as 입사일자
    ->           FROM 사원 as 사원2
    ->          WHERE 성별 = 'M'
    ->   ) as 사원_통합;
+----+-------------+-------------+------------+------+--------------+
| id | select_type | table       | partitions | type | possible_keys |
+----+-------------+-------------+------------+------+--------------+
|  1 | PRIMARY     | <derived2>  | NULL       | ALL  | NULL         |
|  2 | DERIVED     | 사원1        | NULL       | ref  | I_성별_성     |
```

```
| 3 | UNION       | 사원2        | NULL      | ref  | I_성별_성  |
|   | UNION RESULT | <union2,3> | NULL      | ALL  | NULL      |
+----+-------------+-----------+-----------+------+------------+


-----------+---------+-------+--------+------------+-----------------+
 key       | key_len | ref   | rows   | filtered   | Extra           |
-----------+---------+-------+--------+------------+-----------------+
 NULL      | NULL    | NULL  |     2  | 100.00     | NULL            |
 I_성별_성 | 1       | const | 149578 | 100.00     | NULL            |
 I_성별_성 | 1       | const | 149578 | 100.00     | NULL            |
 NULL      | NULL    | NULL  |  NULL  |    NULL    | Using temporary |
-----------+---------+-------+--------+------------+-----------------+

4 rows in set, 1 warning (0.00 sec)
```

| DEPENDENT SUBQUERY |

UNION 또는 UNION ALL을 사용하는 서브쿼리가 메인 테이블의 영향을 받는 경우로, UNION으로 연결된 단위 쿼리들 중에서 처음으로 작성한 단위 쿼리에 해당되는 경우입니다. 즉, UNION으로 연결되는 첫 번째 단위 쿼리가 독립적으로 수행하지 못하고 메인 테이블로부터 값을 하나씩 공급받는 구조(AND 사원1.사원번호 = 관리자.사원번호)이므로 성능적으로 불리하여 SQL 문이 튜닝 대상이 됩니다.

실행 계획의 가독성을 높이고자 ref, rows, filtered, Extra 관련 정보의 표시는 생략하겠습니다.

```
mysql> EXPLAIN
    -> SELECT 관리자.부서번호,
    ->     ( SELECT 사원1.이름
    ->        FROM 사원 AS 사원1
    ->       WHERE 성별= 'F'
    ->         AND 사원1.사원번호 = 관리자.사원번호
    ->
    ->        UNION ALL
    ->
    ->       SELECT 사원2.이름
    ->        FROM 사원 AS 사원2
    ->       WHERE 성별= 'M'
    ->         AND 사원2.사원번호 = 관리자.사원번호
    ->     ) AS 이름
    ->   FROM 부서관리자 AS 관리자;
+----+-----------------+--------+------------+--------+------------------+
| id | select_type     | table  | partitions | type   | possible_keys    |
```

```
+----+-------------------+--------+-----------+--------+-------------------+
|  1 | PRIMARY           | 관리자  | NULL      | index  | NULL              |
|  2 | DEPENDENT SUBQUERY| 사원1   | NULL      | eq_ref | PRIMARY,I_성별_성 |
|  3 | DEPENDENT UNION   | 사원2   | NULL      | eq_ref | PRIMARY,I_성별_성 |
+----+-------------------+--------+-----------+--------+-------------------+

-----------+---------+--------------+
key        | key_len | Extra        |
-----------+---------+--------------+
I_부서번호  | 12      | Using index  |
PRIMARY    | 4       | Using where  |
PRIMARY    | 4       | Using where  |
-----------+---------+--------------+
3 rows in set, 3 warnings (0.00 sec)
```

| DEPENDENT UNION |

UNION 또는 UNION ALL을 사용하는 서브쿼리가 메인 테이블의 영향을 받는 경우로, UNION으로 연결된 단위 쿼리 중 첫 번째 단위 쿼리를 제외하고 두 번째 단위 쿼리에 해당되는 경우입니다. 즉, UNION으로 연결되는 두 번째 이후의 단위 쿼리가 독립적으로 수행하지 못하고 메인 테이블로부터 값을 하나씩 공급받는 구조(AND 사원2.사원번호 = 관리자.사원번호)이므로 성능적으로 불리하여 SQL 문의 튜닝 대상이 됩니다.

실행 계획의 가독성을 높이고자 ref, rows, filtered, Extra 정보는 생략합니다. 다음 SQL 문과 실행 계획은 앞에서 소개한 DEPENDENT SBUQUERY와 동일한 예제입니다.

```
mysql> EXPLAIN
    -> SELECT 관리자.부서번호,
    ->        ( SELECT 사원1.이름
    ->            FROM 사원 AS 사원1
    ->           WHERE 성별= 'F'
    ->             AND 사원1.사원번호 = 관리자.사원번호
    ->
    ->           UNION ALL
    ->
    ->          SELECT 사원2.이름
    ->            FROM 사원 AS 사원2
    ->           WHERE 성별= 'M'
    ->             AND 사원2.사원번호 = 관리자.사원번호
    ->        ) AS 이름
    ->   FROM 부서관리자 AS 관리자;
```

```
+----+-------------------+--------+------------+--------+-------------------+
| id | select_type       | table  | partitions | type   | possible_keys     |
+----+-------------------+--------+------------+--------+-------------------+
|  1 | PRIMARY           | 관리자 | NULL       | index  | NULL              |
|  2 | DEPENDENT SUBQUERY| 사원1  | NULL       | eq_ref | PRIMARY,I_성별_성 |
|  3 | DEPENDENT UNION   | 사원2  | NULL       | eq_ref | PRIMARY,I_성별_성 |
+----+-------------------+--------+------------+--------+-------------------+

-----------+---------+-------------+
key        | key_len | Extra       |
-----------+---------+-------------+
I_부서번호 | 12      | Using index |
PRIMARY    | 4       | Using where |
PRIMARY    | 4       | Using where |
-----------+---------+-------------+
3 rows in set, 3 warnings (0.00 sec)
```

| UNCACHEABLE SUBQUERY |

말 그대로 메모리에 상주하여 재활용되어야 할 서브쿼리가 재사용되지 못할 때 출력되는 유형입니다. 이러한 유형은 1) 해당 서브쿼리 안에 사용자 정의 함수나 사용자 변수가 포함되거나 2) RAND(), UUID() 함수 등을 사용하여 매번 조회 시마다 결과가 달라지는 경우에 해당됩니다.

만약 자주 호출되는 SQL 문이라면 메모리에 서브쿼리 결과가 상주할 수 있도록 변경하는 방향으로 SQL 튜닝을 검토해볼 수 있습니다. 여기서도 실행 계획의 가독성을 높이고자 possible_keys, key, key_len, ref 정보는 생략합니다.

다음 RAND() 함수는 0~1 사이의 소수점 기준으로 17자리 숫자를 출력(예. 0.21845678446 70694)하는 함수입니다. 앞에서 설명한 대로 매번 출력값이 달라지는 RAND() 함수 때문에 서브쿼리(SELECT ROUND (RAND() * 1000000))는 메모리에 캐시되지 못합니다.[6]

```
mysql> EXPLAIN
    -> SELECT *
    ->   FROM 사원
    ->  WHERE 사원번호 = (SELECT ROUND(RAND()*1000000));
+----+-------------------+--------+------------+--------+------+---------+------+
| id | select_type       | table  | partitions | type   | key  | key_len | ref  |
+----+-------------------+--------+------------+--------+------+---------+------+
```

---

6 실제로 아래 쿼리를 실행하면 출력값은 없거나 (empty set), 매번 다른 값이 조회됩니다.

```
| 1 | PRIMARY                | 사원   | NULL  | ALL  | NULL | NULL | NULL |
| 2 | UNCACHEABLE SUBQUERY    | NULL  | NULL  | NULL | NULL | NULL | NULL |
+----+--------------------+-------+-----------+------+------+---------+------+

--------+----------+----------------+
 rows   | filtered | Extra          |
--------+----------+----------------+
 299157 | 100.00   | Using where    |
 NULL   | NULL     | No tables used |
--------+----------+----------------+
2 rows in set, 1 warning (0.00 sec)
```

| MATERIALIZED |

IN 절 구문에 연결된 서브쿼리가 임시 테이블을 생성한 뒤, 조인이나 가공 작업을 수행할 때 출력되는 유형입니다. 즉, IN 절의 서브쿼리를 임시 테이블로 만들어서 조인 작업을 수행하는 것입니다.

다음 SQL 문에서는 IN 절 구문의 서브쿼리(SELECT 사원번호 FROM 급여 WHERE 시작일자 >'2020-01-01')가 임시 테이블을 생성하고, 이후 사원 테이블과 조인을 수행함을 확인할 수 있습니다.

실행 계획의 가독성을 높이고자 possible_keys, key, key_len, ref 정보는 생략합니다.

```
mysql> EXPLAIN
    -> SELECT *
    ->   FROM 사원
    -> WHERE 사원번호 IN (SELECT 사원번호 FROM 급여 WHERE 시작일자>'2020-01-01' );
+----+--------------+-------------+------------+--------+----+---------+
| id | select_type  | table       | partitions | type   | .. | rows    |
+----+--------------+-------------+------------+--------+----+---------+
| 1  | SIMPLE       | 사원        | NULL       | ALL    | .. | 299157  |
| 1  | SIMPLE       | <subquery2> | NULL       | eq_ref | .. |       1 |
| 2  | MATERIALIZED | 급여        | NULL       | index  | .. | 2838731 |
+----+--------------+-------------+------------+--------+----+---------+

----------+----------------------+
 filtered | Extra                |
----------+----------------------+
 100.00   | Using where          |
 100.00   | NULL                 |
----------+----------------------+
```

```
   33.33  | Using where; Using index |
----------+--------------------------+
3 rows in set, 1 warning (0.00 sec)
```

table

말 그대로 테이블명을 표시하는 항목입니다. 실행 계획 정보에서 테이블명이나 테이블 별칭 alias를 출력하며, 서브쿼리나 임시 테이블을 만들어서 별도의 작업을 수행할 때는 〈subquery#〉나 〈derived#〉라고 출력됩니다. 다음 실행 계획 예제에서 자세히 살펴보겠습니다.

쿼리 수행 결과 첫 번째 행의 table 열에는 〈derived2〉라고 출력되었고 ID 값은 1입니다. 두 번째 행의 ID 값 역시 마찬가지로 1인 것으로 보아, 첫 번째 행의 〈derived2〉 테이블과 두 번째 행의 사원 테이블이 조인했으리라 해석할 수 있습니다. 여기서 〈derived2〉는 ID가 2인 테이블이라는 뜻으로 사실상 급여 테이블을 의미합니다. 즉, FROM 절의 서브쿼리 구문으로 작성된 급여 테이블과 사원 테이블이 조인했다고 이해할 수 있습니다.

```
mysql> EXPLAIN
    -> SELECT 사원.사원번호, 급여.연봉
    -> FROM 사원,
    ->      (SELECT 사원번호, MAX(연봉) as 연봉
    ->         FROM 급여
    ->        WHERE 사원번호 BETWEEN 10001 AND 20000 GROUP BY 사원번호) as 급여
    -> WHERE 사원.사원번호 = 급여.사원번호;
+----+-------------+-------------+------------+--------+---------------+---------+
| id | select_type | table       | partitions | type   | possible_keys | key     |
+----+-------------+-------------+------------+--------+---------------+---------+
|  1 | PRIMARY     | <derived2>  | NULL       | system | NULL          | NULL    |
|  1 | PRIMARY     | 사원        | NULL       | const  | PRIMARY       | PRIMARY |
|  2 | DERIVED     | 급여        | NULL       | range  | PRIMARY       | PRIMARY |
+----+-------------+-------------+------------+--------+---------------+---------+

---------+-------+--------+----------+-------------+
key_len  | ref   | rows   | filtered | Extra       |
---------+-------+--------+----------+-------------+
NULL     | NULL  |      1 | 100.00   | NULL        |
4        | const |      1 | 100.00   | Using index |
4        | NULL  | 184756 | 100.00   | Using where |
---------+-------+--------+----------+-------------+
3 rows in set (0.04 sec)
```

partitions

실행 계획의 부가 정보로, 데이터가 저장된 논리적인 영역을 표시하는 항목입니다. 사전에 정의한 전체 파티션 중 특정 파티션에 선택적으로 접근하는 것이 SQL 성능 측면에서 유리합니다. 만약 너무 많은 영역의 파티션에 접근하는 것으로 출력된다면 파티션 정의를 튜닝해봐야 할 것입니다.

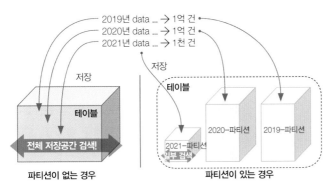

그림 3-39 파티션 유무에 따른 액세스 범위 비교

type

테이블의 데이터를 어떻게 찾을지에 관한 정보를 제공하는 항목입니다. 테이블을 처음부터 끝까지 전부 확인할지 아니면 인덱스를 통해 바로 데이터를 찾아갈지 등을 해석할 수 있습니다.

| system |

테이블에 데이터가 없거나 한 개만 있는 경우로, 성능상 최상의 type이라고 할 수 있습니다

```
mysql> CREATE TABLE myisam_테이블 (
    ->   col1 INT(11) NULL DEFAULT NULL
    -> )
    -> ENGINE=MYISAM;
Query OK, 0 rows affected (0.004 sec)
mysql>
mysql> INSERT INTO myisam_테이블 VALUES(1);
Query OK, 1 row affected (0.002 sec)
mysql>
mysql> EXPLAIN
    -> SELECT * FROM myisam_테이블;
```

```
+----+-------------+--------------+------------+--------+---------------+------+
| id | select_type | table        | partitions | type   | possible_keys | key  |
+----+-------------+--------------+------------+--------+---------------+------+
|  1 | SIMPLE      | myisam_테이블 | NULL       | system | NULL          | NULL |
+----+-------------+--------------+------------+--------+---------------+------+

--------+------+------+----------+-------+
key_len | ref  | rows | filtered | Extra |
--------+------+------+----------+-------+
 NULL   | NULL |   1  |  100.00  | NULL  |
--------+------+------+----------+-------+
1 row in set, 1 warning (0.00 sec)
```

| const |

조회되는 데이터가 단 1건일 때 출력되는 유형으로, 성능상 매우 유리한 방식입니다. 고유 인덱스나 기본 키를 사용하여 단 1건의 데이터에만 접근하면 되므로 속도나 리소스 사용 측면에서 지향해야 할 타입입니다.

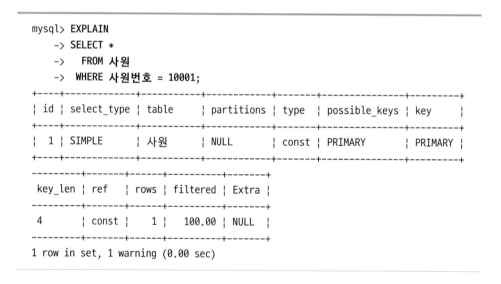

```
mysql> EXPLAIN
    -> SELECT *
    ->   FROM 사원
    ->  WHERE 사원번호 = 10001;
+----+-------------+-------+------------+-------+---------------+---------+
| id | select_type | table | partitions | type  | possible_keys | key     |
+----+-------------+-------+------------+-------+---------------+---------+
|  1 | SIMPLE      | 사원  | NULL       | const | PRIMARY       | PRIMARY |
+----+-------------+-------+------------+-------+---------------+---------+

--------+-------+------+----------+-------+
key_len | ref   | rows | filtered | Extra |
--------+-------+------+----------+-------+
  4     | const |   1  |  100.00  | NULL  |
--------+-------+------+----------+-------+
1 row in set, 1 warning (0.00 sec)
```

| eq_ref |

조인이 수행될 때 드리븐 테이블의 데이터에 접근하며 고유 인덱스 또는 기본 키로 단 1건의 데이터를 조회하는 방식입니다. 드라이빙 테이블과의 조인 키가 드리븐 테이블에 유일하므로 조인이 수행될 때 성능상 가장 유리한 경우라고 할 수 있습니다.

다음 실행 계획은 첫 번째와 두 번째 ID가 1로 동일한 것으로 미루어 보아 부서사원_매핑(별칭 매핑) 테이블과 부서 테이블이 조인을 수행한다는 사실을 알 수 있습니다. 먼저 작성된 첫 번째 행의 부서사원_매핑 테이블이 드라이빙 테이블이고, 이후 출력되는 두 번째 행의 부서 테이블이 드리븐 테이블인 것으로 해석됩니다. 여기서 type 유형이 eq_ref로 출력되었으므로 조인 수행 시 기본 키나 고유 인덱스를 활용하여 1건의 데이터씩만 검색되는 과정을 미리 확인할 수 있습니다.

```
mysql> EXPLAIN
    -> SELECT 매핑.사원번호, 부서.부서번호, 부서.부서명
    ->   FROM 부서사원_매핑 as 매핑,
    ->        부서
    -> WHERE 매핑.부서번호 = 부서.부서번호
    ->   AND 매핑.사원번호 BETWEEN 100001 AND 100010;
+----+-------------+-------+------------+--------+---------------+---------+
| id | select_type | table | partitions | type   | possible_keys | key     |
+----+-------------+-------+------------+--------+---------------+---------+
|  1 | SIMPLE      | 매핑  | NULL       | range  | PRIMARY       | PRIMARY |
|  1 | SIMPLE      | 부서  | NULL       | eq_ref | PRIMARY       | PRIMARY |
+----+-------------+-------+------------+--------+---------------+---------+

---------+--------------+------+----------+--------------------------+
 key_len | ref          | rows | filtered | Extra                    |
---------+--------------+------+----------+--------------------------+
    4    | NULL         |  12  |  100.00  | Using where; Using index |
   12    | 매핑.부서번호 |   1  |  100.00  | NULL                     |
---------+--------------+------+----------+--------------------------+
2 rows in set, 1 warning (0.00 sec))
```

| ref |

앞에서 설명한 eq_ref 유형과 유사한 방식으로, 조인을 수행할 때 드리븐 테이블의 데이터 접근 범위가 2개 이상일 경우를 의미합니다. 즉, 드라이빙 테이블과 드리븐 테이블이 조인을 수행하면 일대다 관계가 되므로, 드라이빙 테이블의 1개 값이 드리븐 테이블에서는 2개 이상의 데이터로 존재합니다. 이때 기본 키나 고유 인덱스를 활용하면 2개 이상의 데이터가 검색되거나, 유일성이 없는 비고유 인덱스를 사용하게 됩니다. 드리븐 테이블의 데이터양이 많지 않을 때는 성능 저하를 크게 우려하지 않아도 되지만, 데이터양이 많다면 접근해야 할 데이터 범위가 넓어져 성능 저하의 원인이 되는지 확인해야 합니다. 한편으로는 =, <, > 등의 연산자를 사

용해 인덱스로 생성된 열을 비교할 때도 출력됩니다.

다음은 사원 테이블와 직급 테이블의 조인을 수행하는 예제로, 1건의 사원 데이터 대비 여러 개의 직급 데이터가 조회될 수 있는 구조입니다. 따라서 드라이빙 테이블인 사원 테이블의 사원번호를 조인 키로 삼아 직급 테이블의 데이터에 접근하지만, 하나의 사원번호당 다수의 직급 데이터가 조회되리라고 짐작할 수 있습니다.

```
mysql> EXPLAIN
    -> SELECT 사원.사원번호, 직급.직급명
    ->   FROM 사원,
    ->        직급
    ->  WHERE 사원.사원번호 = 직급.사원번호
    ->    AND 사원.사원번호 BETWEEN 10001 AND 10100;
+----+-------------+-------+------------+-------+---------------+---------+
| id | select_type | table | partitions | type  | possible_keys | key     |
+----+-------------+-------+------------+-------+---------------+---------+
|  1 | SIMPLE      | 사원  | NULL       | range | PRIMARY       | PRIMARY |
|  1 | SIMPLE      | 직급  | NULL       | ref   | PRIMARY       | PRIMARY |
+----+-------------+-------+------------+-------+---------------+---------+

---------+-------------+------+----------+------------------------+
key_len  | ref         | rows | filtered | Extra                  |
---------+-------------+------+----------+------------------------+
4        | NULL        | 100  | 100.00   | Using where; Using index |
4        | 사원.사원번호 | 1    | 100.00   | Using index            |
---------+-------------+------+----------+------------------------+
2 rows in set, 1 warning (0.00 sec)

mysql> EXPLAIN
    -> SELECT *
    ->   FROM 사원
    ->  WHERE 입사일자 = '1985-11-21';
+----+-------------+-------+------------+-------+---------------+----------+
| id | select_type | table | partitions | type  | possible_keys | key      |
+----+-------------+-------+------------+-------+---------------+----------+
|  1 | SIMPLE      | 사원  | NULL       | ref   | I_입사일자    | I_입사일자 |
+----+-------------+-------+------------+-------+---------------+----------+

---------+-------+------+----------+-------+
key_len  | ref   | rows | filtered | Extra |
---------+-------+------+----------+-------+
3        | const | 119  | 100.00   | NULL  |
---------+-------+------+----------+-------+
1 row in set, 1 warning (0.00 sec)
```

| ref_or_null |

ref 유형과 유사하지만 **IS NULL** 구문에 대해 인덱스를 활용하도록 최적화된 방식입니다. MySQL과 MariaDB는 NULL에 대해서도 인덱스를 활용하여 검색할 수 있으며, 이때 NULL 은 가장 앞쪽에 정렬됩니다. 테이블에서 검색할 NULL 데이터양이 적다면 ref_of_null 방식을 활용했을 때 효율적인 SQL 문이 될 것이나, 검색할 NULL 데이터양이 많다면 SQL 튜닝의 대 상이 될 것입니다.

다음 SQL 문은 출입문 열에 대해 NULL 또는 A라는 문자 데이터가 있는지 검색합니다. 이때 해당 열에 대해 인덱스_출입문이라는 이름의 인덱스가 생성되어 있습니다. **출입문 IS NULL** 조건문에 대해서도 인덱스를 활용해서 데이터를 검색하는 최적화된 방식이라고 해석할 수 있 습니다.

```
mysql> EXPLAIN
    -> SELECT *
    ->   FROM 사원출입기록
    ->  WHERE 출입문 IS NULL
    ->     OR 출입문 = 'A';
+----+-------------+-------------+------------+-------------+--------------+
| id | select_type | table       | partitions | type        | possible_keys |
+----+-------------+-------------+------------+-------------+--------------+
|  1 | SIMPLE      | 사원출입기록 | NULL       | ref_or_null | I_출입문      |
+----+-------------+-------------+------------+-------------+--------------+

----------+-----+-------+--------+----------+---------------------+
 key      | len | ref   | rows   | filtered | Extra               |
----------+-----+-------+--------+----------+---------------------+
 I_출입문 | 4   | const | 329468 |   100.00 | Using index condition |
----------+-----+-------+--------+----------+---------------------+
1 row in set, 1 warning (0.00 sec)
```

| range |

테이블 내의 연속된 데이터 범위를 조회하는 유형으로 =, 〈〉, 〉, 〉=, 〈, 〈=, IS NULL,〈=〉, BETWEEN 또는 IN 연산을 통해 범위 스캔을 수행하는 방식입니다. 주어진 데이터 범위 내에서 행 단위로 스캔하지만, 스캔할 범위가 넓으면 성능 저하의 요인이 될 수 있으므로 SQL 튜닝 검 토 대상이 됩니다.

```
mysql> EXPLAIN
    -> SELECT *
    ->   FROM 사원
    ->  WHERE 사원번호 BETWEEN 10001 AND 100000;
+----+-------------+-------+------------+-------+---------------+---------+
| id | select_type | table | partitions | type  | possible_keys | key     |
+----+-------------+-------+------------+-------+---------------+---------+
|  1 | SIMPLE      | 사원  | NULL       | range | PRIMARY       | PRIMARY |
+----+-------------+-------+------------+-------+---------------+---------+

---------+------+--------+----------+-------------+
key_len  | ref  | rows   | filtered | Extra       |
---------+------+--------+----------+-------------+
 4       | NULL | 149578 |  100.00  | Using where |
---------+------+--------+----------+-------------+
1 row in set, 1 warning (0.00 sec)
```

| fulltext |

텍스트 검색을 빠르게 처리하기 위해 전문 인덱스$^{\text{full text index}}$를 사용하여 데이터에 접근하는 방식입니다.

| index_merge |

말 그대로 결합된 인덱스들이 동시에 사용되는 유형입니다. 즉, 특정 테이블에 생성된 두 개 이상의 인덱스가 병합되어 동시에 적용됩니다. 이때 전문 인덱스는 제외됩니다. 한편 가독성을 고려하여 당장 필요하지 않은 partitions, possible_keys, filtered 정보는 설명하지 않습니다.

다음 예제를 살펴보면 사원 테이블의 입사일자 열에 대한 인덱스_입사일자 인덱스와 사원번호 열로 구성된 기본 키 모두를 통합해서 사용하리라 예측할 수 있습니다.

```
mysql> EXPLAIN
    -> SELECT *
    ->   FROM 사원
    ->  WHERE 사원번호 BETWEEN 10001 AND 100000
    ->    AND 입사일자 = '1985-11-21';
+----+-------------+-------+-------------+-------------------+---------+------+
| id | select_type | table | type        | key               | key_len | ref  |
+----+-------------+-------+-------------+-------------------+---------+------+
|  1 | SIMPLE      | 사원  | index_merge | I_입사일자,PRIMARY | 7,4     | NULL |
+----+-------------+-------+-------------+-------------------+---------+------+
```

```
------+----------+------------------------------------------------+
 rows │ filtered │ Extra                                          │
------+----------+------------------------------------------------+
    15 │   100.00 │ Using intersect(I_입사일자,PRIMARY); Using where │
------+----------+------------------------------------------------+
1 row in set, 1 warning (0.00 sec)
```

| index |

type 항목의 index 유형은 인덱스 풀 스캔을 의미합니다. 즉, 물리적인 인덱스 블록^{block}을 처음부터 끝까지 훑는 방식을 말합니다. 이때 데이터를 스캔하는 대상이 인덱스라는 점이 다를 뿐, 이어서 설명할 ALL 유형(테이블 풀 스캔 방식)과 유사합니다.

인덱스는 보통 테이블보다 크기가 작으므로 테이블 풀 스캔 방식보다는 빠를 가능성이 높습니다.

```
mysql> EXPLAIN
    -> SELECT 사원번호
    ->   FROM 직급
    ->  WHERE 직급명 = 'Manager';
+----+-------------+-------+------------+-------+---------------+---------+
│ id │ select_type │ table │ partitions │ type  │ possible_keys │ key     │
+----+-------------+-------+------------+-------+---------------+---------+
│  1 │ SIMPLE      │ 직급  │ NULL       │ index │ PRIMARY       │ PRIMARY │
+----+-------------+-------+------------+-------+---------------+---------+

---------+------+--------+----------+------------------------+
 key_len │ ref  │ rows   │ filtered │ Extra                  │
---------+------+--------+----------+------------------------+
    159  │ NULL │ 442961 │    10.00 │ Using where; Using index │
---------+------+--------+----------+------------------------+
1 row in set, 1 warning (0.00 sec)
```

| ALL |

테이블을 처음부터 끝까지 읽는 테이블 풀 스캔 방식에 해당되는 유형입니다. All 유형은 활용할 수 있는 인덱스가 없거나, 인덱스를 활용하는 게 오히려 비효율적이라고 옵티마이저가 판단했을 때 선택됩니다.

ALL 유형일 때는 인덱스를 새로 추가하거나 기존 인덱스를 변경하여 인덱스를 활용하는 방식으로 SQL 튜닝을 할 수 있으나, 전체 테이블 중 10~20% 이상 분량의 데이터를 조회할 때는 ALL 유형이 오히려 성능상 유리할 수 있습니다.

```
ymysql> EXPLAIN
    -> SELECT * FROM 사원;
+----+-------------+-------+------------+------+---------------+------+---------+
| id | select_type | table | partitions | type | possible_keys | key  | key_len |
+----+-------------+-------+------------+------+---------------+------+---------+
|  1 | SIMPLE      | 사원  | NULL       | ALL  | NULL          | NULL | NULL    |
+----+-------------+-------+------------+------+---------------+------+---------+

------+--------+----------+-------+
 ref  | rows   | filtered | Extra |
------+--------+----------+-------+
 NULL | 299157 |   100.00 | NULL  |
------+--------+----------+-------+
1 row in set, 1 warning (0.00 sec)
```

possible_keys

옵티마이저가 SQL 문을 최적화하고자 사용할 수 있는 인덱스 목록을 출력합니다. 다만 실제 사용한 인덱스가 아닌, 사용할 수 있는 후보군의 기본 키와 인덱스 목록만 보여주므로 SQL 튜닝의 효용성은 없습니다.

key

옵티마이저가 SQL 문을 최적화하고자 사용한 기본 키(PK) 또는 인덱스명을 의미합니다. 어느 인덱스로 데이터를 검색했는지 확인할 수 있으므로, 비효율적인 인덱스를 사용했거나 인덱스 자체를 사용하지 않았다면 SQL 튜닝의 대상이 됩니다.

다음 SQL 문의 key 열을 확인해보면 기본 키를 활용해서 데이터에 접근한다는 걸 알 수 있습니다.

```
mysql> EXPLAIN
    -> SELECT 사원번호
    ->   FROM 직급
    ->  WHERE 직급명 = 'Manager';
```

```
+----+-------------+-------+------------+-------+---------------+---------+
| id | select_type | table | partitions | type  | possible_keys | key     |
+----+-------------+-------+------------+-------+---------------+---------+
|  1 | SIMPLE      | 직급  | NULL       | index | PRIMARY       | PRIMARY |
+----+-------------+-------+------------+-------+---------------+---------+

---------+------+--------+----------+------------------------+
 key_len | ref  | rows   | filtered | Extra                  |
---------+------+--------+----------+------------------------+
 159     | NULL | 442961 |   10.00  | Using where; Using index |
---------+------+--------+----------+------------------------+
1 row in set, 1 warning (0.00 sec)
```

다음 SQL 문의 key 열을 확인해보면 그 값은 NULL로 확인됩니다. 이는 기본 키와 인덱스를 전혀 사용하지 않았다는 뜻입니다. type 열의 ALL만으로도 인덱스를 활용하지 않음을 간접적으로 알 수 있습니다.

```
mysql> EXPLAIN
    -> SELECT * FROM 사원;
+----+-------------+-------+------------+------+---------------+------+
| id | select_type | table | partitions | type | possible_keys | key  |
+----+-------------+-------+------------+------+---------------+------+
|  1 | SIMPLE      | 사원  | NULL       | ALL  | NULL          | NULL |
+----+-------------+-------+------------+------+---------------+------+

---------+------+--------+----------+-------+
 key_len | ref  | rows   | filtered | Extra |
---------+------+--------+----------+-------+
 NULL    | NULL | 299157 |  100.00  | NULL  |
---------+------+--------+----------+-------+
1 row in set, 1 warning (0.00 sec)
```

key_len

인덱스를 사용할 때는 인덱스 전체를 사용하거나 일부 인덱스만 사용합니다. key_len은 이렇게 사용한 인덱스의 바이트bytes 수를 의미합니다. UTF-8 캐릭터셋 기준으로 INT 데이터 유형은 단위당 4바이트, VARCHAR 데이터 유형은 단위당 3바이트임을 인지하고 key_len을 이해해 봅시다.

다음 SQL 문은 직급 테이블의 데이터에 접근할 때 사원번호와 직급명, 시작일자 열을 결합한 기본 키를 사용합니다. 실행 계획의 key 열은 PRIMARY로 확인되며 key_len은 159바이트로 확인됩니다. 한편 SQL 문은 WHERE 절에서 직급명을 사용하여 사원번호의 데이터를 조회하고 있습니다.

여기서 '사원번호 + 직급명 + 시작일자' 열들로 구성된 PK를 어떻게 활용했는지 확인해볼 수 있습니다. 사원번호는 INT 데이터 유형으로 4바이트에 해당하며 직급명은 varchar(50) 데이터 유형으로 (50+1) × 3바이트 = 155바이트에 해당합니다. 즉, PK에서 사원번호의 4바이트와 직급명의 155바이트만 사용해서 key_len이 159바이트로 출력됨을 알 수 있습니다.

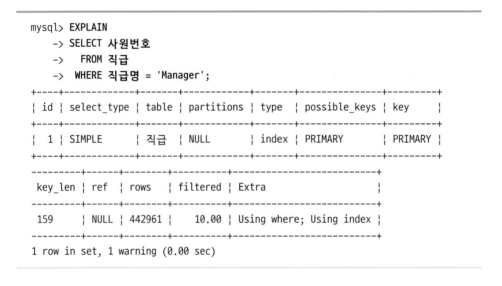

```
mysql> EXPLAIN
    -> SELECT 사원번호
    ->   FROM 직급
    ->  WHERE 직급명 = 'Manager';
+----+-------------+-------+------------+-------+---------------+---------+
| id | select_type | table | partitions | type  | possible_keys | key     |
+----+-------------+-------+------------+-------+---------------+---------+
|  1 | SIMPLE      | 직급   | NULL       | index | PRIMARY       | PRIMARY |
+----+-------------+-------+------------+-------+---------------+---------+

---------+------+--------+----------+-------------------------+
 key_len | ref  | rows   | filtered | Extra                   |
---------+------+--------+----------+-------------------------+
 159     | NULL | 442961 |    10.00 | Using where; Using index |
---------+------+--------+----------+-------------------------+
1 row in set, 1 warning (0.00 sec)
```

ref

reference의 약자로, 테이블 조인을 수행할 때 어떤 조건으로 해당 테이블에 액세스되었는지를 알려주는 정보입니다.

다음 SQL 문을 시행한 결과 2개 행의 id가 똑같이 1로 출력되었으므로, 사원 테이블과 직급 테이블의 조인을 수행했음을 알 수 있습니다. 드리븐 테이블인 직급 테이블의 데이터에 접근하면 사원번호로 데이터를 검색한다는 걸 확인할 수 있습니다. WHERE 절의 사원.사원번호 = 직급.사원번호를 통해서도 이미 짐작할 수 있는 부분입니다.

```
mysql> EXPLAIN
    -> SELECT 사원.사원번호, 직급.직급명
    ->   FROM 사원, 직급
    ->  WHERE 사원.사원번호 = 직급.사원번호
    ->    AND 사원.사원번호 BETWEEN 10001 AND 10100;
+----+-------------+-------+------------+-------+---------------+---------+
| id | select_type | table | partitions| type  | possible_keys | key     |
+----+-------------+-------+------------+-------+---------------+---------+
|  1 | SIMPLE      | 사원  | NULL       | range | PRIMARY       | PRIMARY |
|  1 | SIMPLE      | 직급  | NULL       | ref   | PRIMARY       | PRIMARY |
+----+-------------+-------+------------+-------+---------------+---------+

---------+--------------+------+----------+------------------------+
key_len | ref          | rows | filtered | Extra                  |
---------+--------------+------+----------+------------------------+
4        | NULL         | 100  | 100.00   | Using where; Using index |
4        | 사원.사원번호 | 1    | 100.00   | Using index            |
---------+--------------+------+----------+------------------------+
2 rows in set, 1 warning (0.00 sec)
```

rows

SQL 문을 수행하고자 접근하는 데이터의 모든 행^{row} 수를 나타내는 예측 항목입니다. 즉, 디스크에서 데이터 파일을 읽고 메모리에서 처리해야 할 행 수를 예상하는 값이고, 수시로 변동되는 MySQL의 통계정보를 참고하여 산출하는 값이므로 수치가 정확하진 않습니다. 그리고 최종 출력될 행 수가 아니라는 점에 유의해야 합니다.

한편 SQL 문의 최종 결과 건수와 비교해 rows 수가 크게 차이 날 때는 불필요하게 MySQL 엔진까지 데이터를 많이 가져왔다는 뜻이므로 SQL 튜닝의 대상이 될 수 있습니다.

filtered

SQL 문을 통해 DB 엔진으로 가져온 데이터 대상으로 필터 조건에 따라 어느 정도의 비율로 데이터를 제거했는지를 의미하는 항목입니다. 예를 들어 DB 엔진으로 100건의 데이터를 가져왔다고 가정한다면, 이후 WHERE 절의 사원번호 between 1 and 10 조건으로 100건의 데이터가 10건으로 필터링 됩니다. 이처럼 100건에서 10건으로 필터링 되었으므로 filtered에는 10이라는 정보가 출력될 것입니다. 이때 단위는 %입니다.

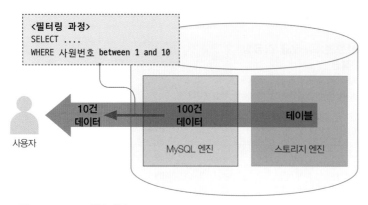

그림 3-40 filtered 항목 개념도

extra

SQL 문을 어떻게 수행할 것인지에 관한 추가 정보를 보여주는 항목입니다. 이러한 부가적인 정보들은 세미콜론(;)으로 구분하여 여러 가지 정보를 나열할 수 있으며 30여 가지 항목으로 정리할 수 있습니다.

지금부터 일반적인 예제에서 자주 발생하고, 현업에서도 자주 만나게 될 몇 가지 extra 정보만 설명합니다. 다만 MySQL에서는 extra에서 수행되는 정보가 모두 출력되지는 않으므로 어디까지나 참고하는 수준에서 해석하는 것이 좋습니다.

| Distinct |

중복이 제거되어 유일한 값을 찾을 때 출력되는 정보입니다. 중복 제거가 포함되는 distinct 키워드나 union 구문이 포함된 경우 출력됩니다.

| Using where |

실행 계획에서 자주 볼 수 있는 extra 정보입니다. WHERE 절의 필터 조건을 사용해 MySQL 엔진으로 가져온 데이터를 추출할 것이라는 의미로 이해할 수 있습니다.

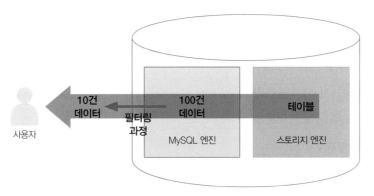

그림 3-41 Using where 항목의 개념도

| Using temporary |

데이터의 중간 결과를 저장하고자 임시 테이블을 생성하겠다는 의미입니다. 데이터를 가져와 저장한 뒤에 정렬 작업을 수행하거나 중복을 제거하는 작업 등을 수행합니다. 보통 DISTINCT, GROUP BY, ORDER BY 구문이 포함된 경우 Using temporary 정보가 출력됩니다.

임시 테이블을 메모리에 생성하거나, 메모리 영역을 초과하여 디스크에 임시 테이블을 생성하면 Using temporary는 성능 저하의 원인이 될 수 있습니다. 따라서 이 항목의 정보가 출력되는 쿼리는 SQL 튜닝의 대상이 될 수 있습니다.

| Using index |

물리적인 데이터 파일을 읽지 않고 인덱스만을 읽어서 SQL 문의 요청사항을 처리할 수 있는 경우를 의미합니다. 일명 커버링 인덱스^{covering index} 방식이라고 부르며, 인덱스로 구성된 열만 SQL 문에서 사용할 경우 이 방식을 활용합니다. 물리적으로도 테이블보다 인덱스가 작고 정렬되어 있으므로 적은 양의 데이터에 접근할 때 성능 측면에서 효율적입니다.

다음은 사원번호가 100,000인 직원의 직급명을 구하는 예제입니다. 직급 테이블의 기본 키는 **사원번호, 직급명, 시작일자** 순서로 구성되어 있습니다. WHERE 절에서는 사원번호를, SELECT 절에서는 직급명을 조회하므로 그 외의 다른 열은 필요하지 않습니다. 따라서 기본 키만 활용해서 원하는 정보를 모두 가져올 수 있는 커버링 인덱스 방식으로 데이터에 접근합니다.

```
mysql> EXPLAIN
    -> SELECT 직급명
    ->   FROM 직급
    -> WHERE 사원번호 = 100000;
+----+-------------+-------+------------+------+---------------+---------+
| id | select_type | table | partitions | type | possible_keys | key     |
+----+-------------+-------+------------+------+---------------+---------+
|  1 | SIMPLE      | 직급  | NULL       | ref  | PRIMARY       | PRIMARY |
+----+-------------+-------+------------+------+---------------+---------+

---------+-------+------+----------+-------------+
key_len  | ref   | rows | filtered | Extra       |
---------+-------+------+----------+-------------+
4        | const |    1 |   100.00 | Using index |
---------+-------+------+----------+-------------+
1 row in set, 1 warning (0.00 sec)
```

| Using filesort |

정렬이 필요한 데이터를 메모리에 올리고 정렬 작업을 수행한다는 의미입니다. 보통 이미 정렬된 인덱스를 사용하면 추가적인 정렬 작업이 필요 없지만, 인덱스를 사용하지 못할 때는 정렬을 위해 메모리 영역에 데이터를 올리게 됩니다. Using filesort는 추가적인 정렬 작업이므로 인덱스를 활용하도록 SQL 튜닝 검토대상이 될 수 있습니다.

| Using join buffer |

조인을 수행하기 위해 중간 데이터 결과를 저장하는 조인 버퍼를 사용한다는 의미입니다. 즉, 드라이빙 테이블의 데이터에 먼저 접근한 결과를 조인 버퍼에 담고 난 뒤, 조인 버퍼와 드리븐 테이블 간에 서로 일치하는 조인 키값을 찾는 과정을 수행합니다. 이러한 조인 버퍼를 활용하는 일련의 과정이 존재하면 Using join buffer 정보가 출력됩니다.

| Using union/ Using intersect/ Using sort_union |

앞서 실행 계획의 type 항목에서는 두 개 이상의 인덱스가 병합되어 데이터에 접근하는 경우를 나타내는 index_merge 유형을 설명했습니다. 이처럼 인덱스가 병합되어 실행되는 SQL문의 extra 항목에는 인덱스를 어떻게 병합했는지에 관한 상세 정보가 출력됩니다. 그 정보가 바로 Using union, Using intersect, Using sort_union입니다.

Using union은 인덱스들을 합집합처럼 모두 결합하여 데이터에 접근한다는 뜻입니다. 보통 SQL 문이 OR 구문으로 작성된 경우에 해당합니다.

Using intersect는 인덱스들을 교집합처럼 추출하는 방식으로, SQL 문이 AND 구문으로 작성된 경우에 확인할 수 있는 extra 정보입니다.

Using sort_union는 기본적으로 Using union과 유사하지만, WHERE 절의 OR 구문이 동등조건이 아닐 때 확인할 수 있는 extra 정보입니다.

| Using index condition |

Mysql 엔진에서 인덱스로 생성된 열의 필터 조건에 따라 요청된 데이터만 필터링하는 Using where 방식과 달리, 필터 조건을 스토리지 엔진으로 전달하여 필터링 작업에 대한 Mysql 엔진의 부하를 줄이는 방식이라고 이해하면 됩니다. 이는 스토리지 엔진의 데이터 결과를 Mysql 엔진으로 전송하는 데이터양을 줄여 성능 효율을 높일 수 있는 옵티마이저의 최적화 방식입니다.

| Using index condition(BKA) |

type 정보의 Using index condition 유형과 비슷하나, 데이터를 검색하기 위해 배치 키 액세스를 사용하는 방식입니다.

| Using index for group-by |

SQL 문에 Group by 구문이나 Distinct 구문이 포함될 때는 인덱스로 정렬 작업을 수행하여 최적화합니다. 이때 Using index for group-by는 인덱스로 정렬 작업을 수행하는 인덱스 루스 스캔일 때 출력되는 부가 정보입니다.

| Not exists |

하나의 일치하는 행을 찾으면 추가로 행을 더 검색하지 않아도 될 때 출력되는 유형입니다. 해당 메커니즘은 왼쪽 외부 조인 또는 오른쪽 외부 조인에서 테이블에 존재하지 않는 데이터를 명시적으로 검색할 때 발생합니다. 예를 들어 SELECT * FROM t1 LEFT JOIN t2 on (...) WHERE t2.not_null_column IS NULL; 이라는 SQL 문에서 t1과 t2 테이블의 조건에 일치하는 데이터가 없는 경우에는 그 값이 NULL이 될 수 있으므로, 일치하는 행을 하나 찾았으니 검색을 중지하게 됩니다. 이 상황에서 Not exists가 출력됩니다.

3.2.3 좋고 나쁨을 판단하는 기준

실행 계획을 수행하여 출력된 정보를 살펴보았을 때, SQL 튜닝 대상인 실행 계획과 튜닝이 필요하지 않은 실행 계획을 명확히 선을 그어 구분하기란 어려운 작업입니다. 하지만 그간의 SQL 튜닝 경험을 바탕으로 나름의 기준을 수립하고 각자의 상황에 맞게 검토 대상을 추출할 수는 있습니다. 어느 쪽이 좋다 또는 나쁘다고 늘 단언하기는 어렵지만, SQL 튜닝 대상을 검토할 때 다음과 같은 기준을 참조할 수는 있을 것입니다. 이때 검토 대상인 실행 계획 열은 select_type, type, extra입니다.

select_type 항목의 판단 기준

type 항목의 판단 기준

extra 항목의 판단 기준

3.2.4 확장된 실행 계획 수행

실행 계획을 확인하는 키워드로는 EXPLAIN을 사용하지만, 추가 정보를 확인하고자 한다면 DB에서 각각 지원하는 키워드를 입력할 수 있습니다. MySQL과 MariaDB이 수행하는 확장 실행 계획 명령어가 서로 다르므로 다음과 같이 구분해서 실행해봅니다.

MySQL의 확장된 실행 계획 수행

| EXPLAIN FORMAT = TRADITIONAL |

기본적인 실행 계획은 EXPLAIN 키워드로 입력하며 기본 포맷은 TRADITIONAL입니다. 따라서 명시하지 않아도 다음과 같이 기본적인 실행 계획 정보가 출력됩니다.

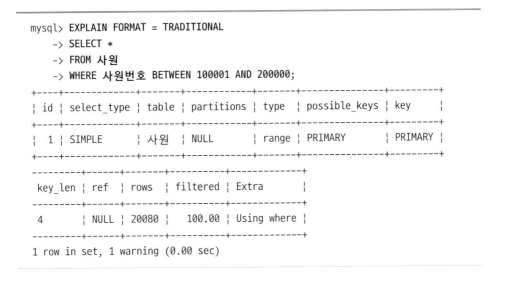

```
mysql> EXPLAIN FORMAT = TRADITIONAL
    -> SELECT *
    -> FROM 사원
    -> WHERE 사원번호 BETWEEN 100001 AND 200000;
+----+-------------+-------+------------+-------+---------------+---------+
| id | select_type | table | partitions | type  | possible_keys | key     |
+----+-------------+-------+------------+-------+---------------+---------+
|  1 | SIMPLE      | 사원  | NULL       | range | PRIMARY       | PRIMARY |
+----+-------------+-------+------------+-------+---------------+---------+

---------+------+-------+----------+-------------+
 key_len | ref  | rows  | filtered | Extra       |
---------+------+-------+----------+-------------+
 4       | NULL | 20080 |   100.00 | Using where |
---------+------+-------+----------+-------------+
1 row in set, 1 warning (0.00 sec)
```

| EXPLAIN FORMAT = TREE |

형식값에 TREE 옵션을 입력하면 트리 형태로 추가된 실행 계획 항목을 확인할 수 있습니다.

```
mysql> EXPLAIN FORMAT = TREE
    -> SELECT *
    -> FROM 사원
    -> WHERE 사원번호 BETWEEN 100001 AND 200000;
```

```
+-------------------------------------------------------------------------------+
| EXPLAIN                                                                       |
+-------------------------------------------------------------------------------+
| -> Filter: (`사원`.`사원번호` between 100001 and 200000)  (cost=4036.17 rows=20080)|
|     -> Index range scan on 사원 using PRIMARY  (cost=4036.17 rows=20080)        |
+-------------------------------------------------------------------------------+
1 row in set (0.00 sec)
```

| EXPLAIN FORMAT = JSON |

형식값에 JSON 옵션을 입력하면 JSON 형태로 추가된 실행 계획 항목을 확인할 수 있습니다.

```
mysql> EXPLAIN FORMAT = JSON
    -> SELECT *
    -> FROM 사원
    -> WHERE 사원번호 BETWEEN 100001 AND 200000;
+-------------------------------------------------------------------------------+
| EXPLAIN                                                                       |
+-------------------------------------------------------------------------------+
| {
  "query_block": {
    "select_id": 1,
    "cost_info": {
      "query_cost": "4036.17"
    },
    "table": {
      "table_name": "사원",
      "access_type": "range",
      "possible_keys": [
        "PRIMARY"
      ],
      "key": "PRIMARY",
      "used_key_parts": [
        "사원번호"
      ],
      "key_length": "4",
      "rows_examined_per_scan": 20080,
      "rows_produced_per_join": 20080,
      "filtered": "100.00",
      "cost_info": {
        "read_cost": "2028.17",
```

```
        "eval_cost": "2008.00",
        "prefix_cost": "4036.17",
        "data_read_per_join": "1M"
      },
      "used_columns": [
        "사원번호",
        "생년월일",
        "이름",
        "성",
        "성별",
        "입사일자"
      ],
      "attached_condition": "(`tuning`.`사원`.`사원번호` between 100001 and 200000)"
    }
  }
} |
+--------------------------------------------------------------------------------+
1 row in set, 1 warning (0.00 sec)
```

| EXPLAIN ANALYZE |

그동안 출력된 실행 계획은 예측된 실행 계획에 관한 정보입니다. 만약 실제 측정한 실행 계획 정보를 출력하고 싶다면 **ANALYZE** 키워드를 사용합니다. 실제 수행된 소요 시간과 비용을 측정하여 실측 실행 계획과 예측 실행 계획 모두를 확인하려면 **EXPLAIN ANALYZE** 키워드를 활용합니다. MySQL 8.0.18 이상 버전에서 **SELECT** 문 대상으로 수행할 수 있습니다.

```
mysql> EXPLAIN ANALYZE
    -> SELECT *
    -> FROM 사원
    -> WHERE 사원번호 BETWEEN 100001 AND 200000;
+--------------------------------------------------------------------------------+
| EXPLAIN                                                                         |
+--------------------------------------------------------------------------------+
| -> Filter: (`사원`.`사원번호` between 100001 and 200000) (cost=4036.17 rows=20080)
          (actual time=0.053..6.105 rows=10025 loops=1)
    -> Index range scan on 사원 using PRIMARY (cost=4036.17 rows=20080)
        (actual time=0.051..5.165 rows=10025 loops=1)
+--------------------------------------------------------------------------------+
1 row in set (0.01 sec)
```

MariaDB의 확장된 실행 계획 수행

| EXPLAIN PARTITIONS |

파티션으로 설정된 테이블에 대해 접근 대상인 파티션 정보를 출력합니다.

```
MariaDB> EXPLAIN PARTITIONS
    -> SELECT *
    -> FROM 사원
    -> WHERE 사원번호 BETWEEN 100001 AND 200000;
+----+-------------+-------+------------+-------+---------------+---------+
| id | select_type | table | partitions | type  | possible_keys | key     |
+----+-------------+-------+------------+-------+---------------+---------+
|  1 | SIMPLE      | 사원  | NULL       | range | PRIMARY       | PRIMARY |
+----+-------------+-------+------------+-------+---------------+---------+

---------+------+-------+-------------+
key_len  | ref  | rows  | Extra       |
---------+------+-------+-------------+
4        | NULL | 18826 | Using where |
---------+------+-------+-------------+
1 row in set (0.013 sec)
```

| EXPLAIN EXTENDED |

스토리지 엔진에서 가져온 데이터를 다시 MySQL 엔진에서 추출한 비율인 filtered 열의 값을
추가로 출력합니다.

```
MariaDB> EXPLAIN EXTENDED
    -> SELECT *
    -> FROM 사원
    -> WHERE 사원번호 BETWEEN 100001 AND 200000;
+----+-------------+-------+-------+---------------+---------+---------+------+
| id | select_type | table | type  | possible_keys | key     | key_len | ref  |
+----+-------------+-------+-------+---------------+---------+---------+------+
|  1 | SIMPLE      | 사원  | range | PRIMARY       | PRIMARY | 4       | NULL |
+----+-------------+-------+-------+---------------+---------+---------+------+

-------+----------+-------------+
rows   | filtered | Extra       |
-------+----------+-------------+
```

```
   18826 |    100.00 | Using where |
 -------+---------+-------------+
 1 row in set, 1 warning (0.000 sec)
```

| ANALYZE |

MariaDB 10.1 이상에서 **ANALYZE** 키워드만으로 실제 측정한 실행 계획 정보가 출력됩니다. 실제 액세스한 데이터 건수(r_rows)와 MySQL 엔진에서 가져온 데이터에서 추가로 추출한 데이터의 비율(r_filtered)을 확인할 수 있습니다.

```
MariaDB> ANALYZE
     -> SELECT *
     -> FROM 사원
     -> WHERE 사원번호 BETWEEN 100001 AND 200000;
+----+-------------+-------+-------+--------------+---------+---------+
| id | select_type | table | type  | possible_keys | key     | key_len |
+----+-------------+-------+-------+--------------+---------+---------+
|  1 | SIMPLE      | 사원  | range | PRIMARY       | PRIMARY | 4       |
+----+-------------+-------+-------+--------------+---------+---------+

------+-------+----------+----------+------------+-------------+
 ref  | rows  | r_rows   | filtered | r_filtered | Extra       |
------+-------+----------+----------+------------+-------------+
 NULL | 18826 | 10025.00 |   100.00 |     100.00 | Using where |
------+-------+----------+----------+------------+-------------+
1 row in set (0.012 sec)
```

3.3 프로파일링

프로파일링^{profiling}은 마치 범죄수사에서 실마리를 찾으려고 분석하는 수단처럼 SQL 문에서도 문제가 되는 병목 지점을 찾고자 사용하는 수단이나 툴을 가리킵니다. 느린 쿼리$^{slow\ query}$나 문제가 있다고 의심되는 SQL 문의 원인을 확인할 수 있습니다.

다음 프로파일을 확인하는 과정은 툴^{tool}이 아닌 명령줄$^{command\ line}$에서 수행합니다. 툴은 사용자의 의도와 무관하게 백그라운드에서 호출되는 SQL 문이 존재하므로, 예상치 않은 SQL 문이 프로파일링 되지 않도록 명령줄을 활용하겠습니다.

3.3.1 SQL 프로파일링 실행하기

실습 대상 DB에 접속한 뒤 프로파일링의 설정값을 확인합니다. MySQL은 기본적으로 비활성화(OFF)되어 있으므로, OFF로 되어 있다면 활성화 작업을 진행해야 합니다.

```
mysql> show variables like 'profiling%';
+------------------------+-------+
| Variable_name          | Value |
+------------------------+-------+
| profiling              | OFF   |
| profiling_history_size | 15    |
+------------------------+-------+
2 rows in set (0.001 sec)
```

SET 키워드로 프로파일링을 활성화(ON) 상태로 변경합니다. 접속한 세션에 한해서만 적용되므로 다른 접속 세션에는 영향을 미치지 않습니다.

```
mysql> set profiling = 'ON';
Query OK, 0 rows affected (0.004 sec)
```

프로파일링을 수행할 SQL 문을 출력해봅니다.

```
mysql> SELECT 사원번호
    ->   FROM 사원
    ->  WHERE 사원번호 = 100000;
+----------+
| 사원번호 |
+----------+
|   100000 |
+----------+
1 row in set (0.004 sec)
```

프로파일링을 활성화(ON)한 뒤 프로파일링된 쿼리 목록을 확인합니다. Query_ID 값이 2인 쿼리가 프로파일링으로 확인할 대상입니다.

```
mysql> show profiles;
+----------+------------+----------------------------------------------------------+
| Query_ID | Duration   | Query                                                    |
+----------+------------+----------------------------------------------------------+
|        1 | 0.00055779 | SELECT 사원번호 FROM 사원 WHERE 사원번호 = 100000        |
+----------+------------+----------------------------------------------------------+
1 rows in set (0.000 sec)
```

특정 쿼리 ID에 대해서만 프로파일링된 상세 내용을 확인하고자 한다면, 쿼리 ID를 입력하여
다음과 같은 문법으로 결과를 확인합니다.

```
show profile for query #
```

실습을 수행한 SQL 문은 간단하므로 문제의 소지가 보이지 않으나, 실제 특정 Status에 해당
되는 Duration 값이 높게 나타난다면 문제가 될 소지가 높은 구간으로 볼 수 있습니다.

```
mysql> show profile for query 1;
+----------------------+----------+
| Status               | Duration |
+----------------------+----------+
| Starting             | 0.000116 |
| checking permissions | 0.000009 |
| Opening tables       | 0.000039 |
| After opening tables | 0.000008 |
| System lock          | 0.000008 |
| table lock           | 0.000022 |
| init                 | 0.000037 |
| Optimizing           | 0.000029 |
| Statistics           | 0.000096 |
| Preparing            | 0.000006 |
| Unlocking tables     | 0.000020 |
| Preparing            | 0.000024 |
| Executing            | 0.000006 |
| Sending data         | 0.000020 |
| End of update loop   | 0.000013 |
| Query end            | 0.000005 |
| Commit               | 0.000006 |
| closing tables       | 0.000004 |
```

```
¦ Unlocking tables       ¦ 0.000003 ¦
¦ closing tables         ¦ 0.000008 ¦
¦ Starting cleanup       ¦ 0.000003 ¦
¦ Freeing items          ¦ 0.000007 ¦
¦ Updating status        ¦ 0.000064 ¦
¦ Reset for next command ¦ 0.000006 ¦
+------------------------+----------+
24 rows in set (0.005 sec)
```

3.3.2 프로파일링 결과 해석하기

프로파일링을 통해 출력된 결과에서 [표 3-1]과 같이 항목별 의미를 파악하고, 각 항목마다 원인과 해결책을 도출할 수 있습니다.

표 3-1 일반적인 프로파일링 항목

항목	설명
starting	SQL 문 시작
checking permissions	필요 권한 확인
Opening tables	테이블을 열기
After opening tables	테이블을 연 이후
System lock	시스템 잠금
Table lock	테이블 잠금
init	초기화
optimizing	최적화
statistics	통계
preparing	준비
executing	실행
Sending data	데이터 보내기
end	끝
query end	질의 끝
closing tables	테이블 닫기
Unlocking tables	잠금 해제 테이블
freeing items	항목 해방
updating status	상태 업데이트
cleaning up	청소

프로파일링의 추가 정보를 확인하고자 한다면 다음 [표 3-2]에 기재된 키워드를 작성하여 구체적으로 분석할 수 있습니다. show profile 구문 뒤에 해당 키워드를 작성하여 Block I/O나 CPU, SWAP 횟수 등에 대한 OS 수준의 확장된 정보를 제공받을 수 있습니다.

표 3-2 프로파일링의 선택 가능한 출력정보

옵션	설명
ALL	모든 정보를 표시
BLOCK IO	블록 입력 및 출력 작업의 횟수를 표시
CONTEXT SWITCHES	자발적 및 비자발적인 컨텍스트 스위치 수를 표시
CPU	사용자 및 시스템 CPU 사용 기간을 표시
IPC	보내고 받은 메시지의 수를 표시
PAGE FAULTS	주 페이지 오류 및 부 페이지 오류 수를 표시
SOURCE	함수가 발생하는 파일 이름과 행 번호와 함께 소스 코드의 함수 이름을 표시
SWAPS	스왑 카운트 표시

all 키워드는 제공할 수 있는 프로파일링 정보를 모두 출력합니다. 단계별로 CPU, Block I/O, 컨텍스트 스위칭, 페이지 폴트 등의 상세 정보를 제공합니다.

```
mysql> show profile all for query 1;
+------------------------------+----------+----------+------------+---------+...
| Status                       | Duration | CPU_user | CPU_system | Context_
voluntary |...
+------------------------------+----------+----------+------------+---------+...
| starting                     | 0.000093 | 0.000000 |   0.000000 |    NULL |...
| Executing hook on transaction| 0.000003 | 0.000000 |   0.000000 |    NULL |...
| starting                     | 0.000010 | 0.000000 |   0.000000 |    NULL |...
| checking permissions         | 0.000007 | 0.000000 |   0.000000 |    NULL |...
| Opening tables               | 0.000052 | 0.000000 |   0.000000 |    NULL |...
| init                         | 0.000011 | 0.015625 |   0.000000 |    NULL |...
| System lock                  | 0.000025 | 0.000000 |   0.000000 |    NULL |...
| optimizing                   | 0.000018 | 0.000000 |   0.000000 |    NULL |...
| statistics                   | 0.000118 | 0.000000 |   0.000000 |    NULL |...
| preparing                    | 0.000015 | 0.000000 |   0.000000 |    NULL |...
| executing                    | 0.000013 | 0.000000 |   0.000000 |    NULL |...
| end                          | 0.000003 | 0.000000 |   0.000000 |    NULL |...
| query end                    | 0.000002 | 0.000000 |   0.000000 |    NULL |...
| waiting for handler commit   | 0.000009 | 0.000000 |   0.000000 |    NULL |...
```

```
| closing tables              |  0.000008 | 0.000000 |     0.000000 |    NULL |...
| freeing items               |  0.000064 | 0.000000 |     0.000000 |    NULL |...
| cleaning up                 |  0.000018 | 0.000000 |     0.000000 |    NULL |...
+-----------------------------+-----------+----------+--------------+---------+...
17 rows in set, 1 warning (0.00 sec)
```

SQL 수행 단계별로 점유한 CPU 양을 출력합니다. 사용자 기준 CPU와 시스템 기준 CPU로 분리해서 상세 정보를 제공합니다.

```
mysql> show profile cpu for query 1;
+-----------------------------+-----------+----------+-------------+
| Status                      | Duration  | CPU_user | CPU_system  |
+-----------------------------+-----------+----------+-------------+
| starting                    | 0.000093  | 0.000000 |    0.000000 |
| Executing hook on transaction | 0.000003 | 0.000000 |    0.000000 |
| starting                    | 0.000010  | 0.000000 |    0.000000 |
| checking permissions        | 0.000007  | 0.000000 |    0.000000 |
| Opening tables              | 0.000052  | 0.000000 |    0.000000 |
| init                        | 0.000011  | 0.015625 |    0.000000 |
| System lock                 | 0.000025  | 0.000000 |    0.000000 |
| optimizing                  | 0.000018  | 0.000000 |    0.000000 |
| statistics                  | 0.000118  | 0.000000 |    0.000000 |
| preparing                   | 0.000015  | 0.000000 |    0.000000 |
| executing                   | 0.000013  | 0.000000 |    0.000000 |
| end                         | 0.000003  | 0.000000 |    0.000000 |
| query end                   | 0.000002  | 0.000000 |    0.000000 |
| waiting for handler commit  | 0.000009  | 0.000000 |    0.000000 |
| closing tables              | 0.000008  | 0.000000 |    0.000000 |
| freeing items               | 0.000064  | 0.000000 |    0.000000 |
| cleaning up                 | 0.000018  | 0.000000 |    0.000000 |
+-----------------------------+-----------+----------+-------------+
17 rows in set, 1 warning (0.00 sec)
```

데이터 접근 단위인 블록 수준의 입력과 출력에 관한 정보를 추가로 출력합니다.

```
mysql> show profile block io for query 1;
+-----------------------------+-----------+--------------+---------------+
| Status                      | Duration  | Block_ops_in | Block_ops_out |
+-----------------------------+-----------+--------------+---------------+
| starting                    | 0.000093  |         NULL |          NULL |
```

```
| Executing hook on transaction | 0.000003 |         NULL |         NULL |
| starting                      | 0.000010 |         NULL |         NULL |
| checking permissions          | 0.000007 |         NULL |         NULL |
| Opening tables                | 0.000052 |         NULL |         NULL |
| init                          | 0.000011 |         NULL |         NULL |
| System lock                   | 0.000025 |         NULL |         NULL |
| optimizing                    | 0.000018 |         NULL |         NULL |
| statistics                    | 0.000118 |         NULL |         NULL |
| preparing                     | 0.000015 |         NULL |         NULL |
| executing                     | 0.000013 |         NULL |         NULL |
| end                           | 0.000003 |         NULL |         NULL |
| query end                     | 0.000002 |         NULL |         NULL |
| waiting for handler commit    | 0.000009 |         NULL |         NULL |
| closing tables                | 0.000008 |         NULL |         NULL |
| freeing items                 | 0.000064 |         NULL |         NULL |
| cleaning up                   | 0.000018 |         NULL |         NULL |
+-------------------------------+----------+--------------+--------------+
17 rows in set, 1 warning (0.00 sec)
```

확장된 프로파일링 출력 항목에 관한 설명은 다음 [표 3-3]과 같습니다. 운영체제 관점에서 발생하는 지표를 상세한 수준으로 제공합니다.

표 3-3 확장된 프로파일링 항목

항목	설명
QUERY_ID	Query_ID
SEQ	동일한 QUERY_ID를 갖는 행의 표시 순서를 보여주는 일련번호
STATE	프로파일링 상태
DURATION	명령문이 현재 상태에 있었던 시간(초)
CPU_USER	사용자 CPU 사용량(초)
CPU_SYSTEM	시스템 CPU 사용량(초)
CONTEXT_VOLUNTARY	자발적 컨텍스트 전환의 수
CONTEXT_INVOLUNTARY	무의식적인 컨텍스트 전환의 수
BLOCK_OPS_IN	블록 입력 조작의 수
BLOCK_OPS_OUT	블록 출력 조작의 수
MESSAGES_SENT	전송된 통신 수

항목	설명
MESSAGES_RECEIVED	수신된 통신 수
PAGE_FAULTS_MAJOR	메이저 페이지 폴트의 수
PAGE_FAULTS_MINOR	마이너 페이지 폴트의 수
SWAPS	스왑 수
SOURCE_FUNCTION	프로파일링된 상태로 실행되는 소스 코드의 기능
SOURCE_FILE	프로파일링된 상태로 실행된 소스 코드의 파일
SOURCE_LINE	프로파일링된 상태로 실행된 소스 코드의 행

3.4 마치며

3장에서는 SQL 튜닝에 필요한 기본적인 실습 환경을 구축하고 실행 계획을 해석하는 방법을 살펴보았습니다. SQL 문의 수행을 분석할 수 있는 다양한 툴(예측된 실행 계획, 실측된 실행 계획, 프로파일링)들이 존재하지만, 보통 제한된 업무 조건에서 튜닝을 수행하므로 예측된 실행 계획 정보를 기준으로 튜닝을 진행할 예정입니다.

이어서 4장에서는 SQL 문에 EXPLAIN 키워드만으로 출력된 실행 계획으로 본격적인 SQL 튜닝을 수행해보겠습니다.

4장 악성 SQL 튜닝으로 초보자 탈출하기

이 책의 예제는 윈도우 환경의 MySQL 8.0.20 버전에서 실습합니다. 일부 MySQL 버전별 또는 DB 유형별로 SQL 문을 처리하는 옵티마이저 로직이 다를 수 있으므로, 이번 실습의 출력 결과와 여러분의 출력 결과가 일부 다르게 조회될 수 있음을 미리 알려드립니다. 그러나 SQL 튜닝에서 기본적인 문제점을 도출하는 방향과 해결하는 방식은 크게 다르지 않으므로 차례대로 함께 실습하면서 이해하면 될 것입니다.

SQL 튜닝 대상으로 언급한 쿼리 중 일부 구문은 여러분의 이해를 돕고자 가공하는 과정에서 다소 부자연스러운 예문처럼 느껴질 수 있습니다. 그리고 작은 규모의 데이터로 실습을 수행하므로 튜닝 전의 SQL 문 실행 시간이 매우 짧거나 문제의 소지가 없는 듯 보일 수도 있습니다. 그러나 실무에서 흔히 발생하는 비효율적인 SQL 문 기준으로 예제를 작성했으며, 대규모 데이터 환경에서라면 충분히 체감할 수 있는 방향으로 튜닝 방법을 안내합니다.

본격적인 실습을 진행하는 4장과 5장은 가독성을 높이고자 실행 계획의 출력 정보 중 일부 항목의 정보(partitions, possible_keys, key_len, filtered)를 선택적으로 제외했으며, 예측된 실행 계획 정보를 활용하여 SQL 튜닝(= 쿼리 튜닝)을 설명합니다.

4.1 SQL 튜닝 준비하기

SQL 튜닝을 실습하기에 앞서 3장에서 구성한 실습 환경의 데이터 현황을 알아보고 SQL 튜닝의 실무적 절차를 알아보겠습니다.

4.1.1 실습 데이터 이해하기

SQL 튜닝을 실습하려는 테이블은 총 7개로, 사원과 부서 중심의 테이블입니다. 각 테이블의 열의 의미를 살펴보고 향후 SQL 튜닝에 활용할 수 있는 데이터 특성을 이해하도록 합니다. 단, 데이터는 모두 영문으로 저장된다고 가정합니다.

실습 테이블과 열

| 사원 테이블 |

해당 기업에 소속된 직원들의 정보를 저장하는 테이블로서 총 6개의 열로 이루어집니다. 각 열의 의미는 다음과 같습니다.

- 사원번호: 사원이라는 오브젝트를 유일하게 구분할 수 있는 숫자
- 생년월일: 해당 사원이 태어난 년/월/일에 대한 정보로, 날짜 타입으로 구성
- 이름: 사원의 이름
- 성$^{last\ name}$: 사원의 가족 이름 정보
- 성별^{gender} : 사원의 성별 정보. M^{male} (남성)과 F^{female} (여성)이라는 데이터만 입력할 수 있음
- 입사일자: 사원이 해당 기업에 입사한 날짜로, 날짜 타입으로 구성

| 부서 테이블 |

조직에서 관리하는 업무 부서에 관한 정보를 저장하는 테이블로서 총 3개의 열로 이루어집니다. 각 열의 의미는 다음과 같습니다.

- 부서번호: 부서를 유일하게 식별할 수 있는 문자열
- 부서명: 부서 이름
- 비고: 해당 부서가 현재 유효한지를 나타내는 정보로 NULL 값이 포함될 수 있음

| 부서사원_매핑 테이블 |

부서 테이블과 사원 테이블 간의 매핑 정보를 담고 있습니다. 즉, 한 명의 사원은 특정 부서에 소속되므로 그에 해당하는 연결 정보를 저장합니다. 총 4개의 열로 구성되며 의미는 다음과 같습니다.

- 사원번호: 사원을 유일하게 식별할 수 있는 숫자
- 부서번호: 부서를 유일하게 식별할 수 있는 문자열
- 시작일자: 사원이 해당 부서에 소속된 일자
- 종료일자: 사원이 해당 부서에 소속 해지된 일자

| 부서관리자 테이블 |

부서를 대표하는 관리자 사원의 정보가 저장되는 테이블로서 총 4개의 열로 이루어져 있습니다.

- 사원번호: 관리자에 해당되는 사원번호
- 부서번호: 부서를 유일하게 식별할 수 있는 문자열
- 시작일자: 해당 부서에 사원이 관리자 역할로 임명된 일자
- 종료일자: 해당 부서에 사원이 관리자 역할에서 해지된 일자

| 직급 테이블 |

사원이 위치한 포지션을 나타내는 테이블로, 과거의 직급 정보부터 현재의 직급 정보까지 적재하고 있습니다. 총 4개의 열로 구성되며 의미는 다음과 같습니다.

- 사원번호: 사원을 유일하게 식별할 수 있는 숫자
- 직급명: 사원이 위치한 포지션
- 시작일자: 해당 직급이 부여된 일자
- 종료일자: 해당 직급이 만료된 일자로, NULL일 때는 종료일자가 정해지지 않았음을 의미

| 급여 테이블 |

사원별로 매년 계약한 연봉 정보가 저장되는 테이블로서, 과거 급여부터 현재 급여까지 매번 적재하고 있습니다. 총 5개의 열로 이루어지며 그 의미는 다음과 같습니다.

- 사원번호: 사원을 유일하게 식별하는 숫자
- 연봉: 계약된 연봉 숫자
- 시작일자: 해당 연봉 정보가 유효한 시작 일자
- 종료일자: 해당 연봉 정보가 만료되는 일자
- 사용여부: 해당 연봉정보의 활성화 여부를 나타내는 문자로서 NULL 값이 포함될 수 있음

| 사원출입기록 테이블 |

지역별, 출입문별로 출입한 이력에 관한 시간 정보를 적재하는 테이블입니다. 총 6개의 열로 구성되며 의미는 다음과 같습니다.

- 순번: 자동적으로 숫자가 증가하는 AUTO_INCREMENT로 설정된 숫자(시퀀스)
- 사원번호: 사원을 유일하게 식별할 수 있는 숫자

- 입출입시간: 출입한 시간정보로 **TIMESTAMP** 형식으로 적재됨
- 입출입구분: 출입의 구분자를 I와 O라는 문자로 저장하는 열
- 출입문: 출입문 코드로 NULL이 포함될 수 있음
- 지역: 지역 코드로 NULL이 포함될 수 있음

테이블의 데이터 건수

SQL 튜닝 실습을 위해 [표 4-1]과 같이 총 7개 테이블을 마련했습니다.

표 4-1 테이블 데이터 건수 요약

No.	테이블명	데이터 건수
1	급여	2,844,047
2	부서	9
3	부서관리자	24
4	부서사원_매핑	331,603
5	사원	300,024
6	사원출입기록	660,000
7	직급	443,308

각 테이블의 데이터 건수와 값을 확인할 때는 명령줄이나 툴을 이용하여 다음과 같이 수행할 수 있습니다.

```
mysql> SELECT COUNT(1)
    ->   FROM 급여;
+----------+
| COUNT(1) |
+----------+
|  2844047 |
+----------+
1 row in set (3.69 sec)

mysql> SELECT COUNT(1)
    ->   FROM 부서;
```

```
+----------+
| COUNT(1) |
+----------+
|        9 |
+----------+
1 row in set (0.00 sec)

mysql> SELECT COUNT(1)
    ->    FROM 부서관리자;
+----------+
| COUNT(1) |
+----------+
|       24 |
+----------+
1 row in set (0.01 sec)

mysql> SELECT COUNT(1)
    ->    FROM 부서사원_매핑;
+----------+
| COUNT(1) |
+----------+
|   331603 |
+----------+
1 row in set (1.89 sec)

mysql> SELECT COUNT(1)
    ->    FROM 사원;
+----------+
| COUNT(1) |
+----------+
|   300024 |
+----------+
1 row in set (2.47 sec)

mysql> SELECT COUNT(1)
    ->    FROM 사원출입기록;
+----------+
| COUNT(1) |
+----------+
|   660000 |
+----------+
1 row in set (1.78 sec)

mysql> SELECT COUNT(1)
    ->    FROM 직급;
```

```
+----------+
¦ COUNT(1) ¦
+----------+
¦   443308 ¦
+----------+
1 row in set (1.23 sec)
```

테이블별 인덱스 목록

각 테이블의 인덱스 목록은 다음 [표 4-2]와 같으며, 생성된 인덱스에 구성된 열은 키_구성열에서 확인할 수 있습니다.

기본 키는 PRIMARY KEY로 표시되며 고유 인덱스$^{unique\ index}$는 UI라는 접두사, 비고유 인덱스$^{non\ unique\ index}$는 I라는 접두사를 사용해서 인덱스명을 생성했음을 알 수 있습니다.

표 4-2 테이블의 인덱스 목록 요약

테이블명	키 유형	키명	키_구성열
급여	PK	PRIAMRY KEY	사원번호 + 시작일자
	INDEX	I_사용여부	사용여부
부서	PK	PRIAMRY KEY	부서번호
	UNIQUE INDEX	UI_부서명	부서명
부서관리자	PK	PRIAMRY KEY	사원번호 + 부서번호
	INDEX	I_부서번호	부서번호
부서사원_매핑	PK	PRIAMRY KEY	사원번호 + 부서번호
	INDEX	I_부서번호	부서번호
사원	PK	PRIAMRY KEY	사원번호
	INDEX	I_입사일자	입사일자
	INDEX	I_성별_성	성별 + 성
사원출입기록	PK	PRIAMRY KEY	순번 + 사원번호
	INDEX	I_출입문	출입문
	INDEX	I_지역	지역
	INDEX	I_시간	입출입시간
직급	PK	PRIAMRY KEY	사원번호 + 직급명 + 시작일자

테이블별 인덱스 현황은 명령줄이나 툴을 이용해 다음과 같이 확인할 수 있습니다. 가독성을 높이고자 Column_name 열 이후의 정보의 출력 결과는 생략했습니다.

```
mysql> show index from 급여;
+-------+-----------+-----------+--------------+-------------+ ..
| Table | Non_unique | Key_name | Seq_in_index | Column_name | ..
+-------+-----------+-----------+--------------+-------------+ ..
| 급여  |         0 | PRIMARY   |            1 | 사원번호    | ..
| 급여  |         0 | PRIMARY   |            2 | 시작일자    | ..
| 급여  |         1 | I_사용여부 |            1 | 사용여부    | ..
+-------+-----------+-----------+--------------+-------------+ ..
3 rows in set (0.01 sec)

mysql> show index from 부서;
+-------+-----------+-----------+--------------+-------------+ ..
| Table | Non_unique | Key_name | Seq_in_index | Column_name | ..
+-------+-----------+-----------+--------------+-------------+ ..
| 부서  |         0 | PRIMARY   |            1 | 부서번호    | ..
| 부서  |         0 | UI_부서명 |            1 | 부서명      | ..
+-------+-----------+-----------+--------------+-------------+ ..
2 rows in set (0.01 sec)

mysql> show index from 부서관리자;
+-----------+-----------+-----------+--------------+-------------+ ..
| Table     | Non_unique | Key_name | Seq_in_index | Column_name | ..
+-----------+-----------+-----------+--------------+-------------+ ..
| 부서관리자 |         0 | PRIMARY   |            1 | 사원번호    | ..
| 부서관리자 |         0 | PRIMARY   |            2 | 부서번호    | ..
| 부서관리자 |         1 | I_부서번호 |            1 | 부서번호    | ..
+-----------+-----------+-----------+--------------+-------------+ ..
3 rows in set (0.00 sec)

mysql> show index from 부서사원_매핑;
+--------------+-----------+-----------+--------------+-------------+ ..
| Table        | Non_unique | Key_name | Seq_in_index | Column_name | ..
+--------------+-----------+-----------+--------------+-------------+ ..
| 부서사원_매핑 |         0 | PRIMARY   |            1 | 사원번호    | ..
| 부서사원_매핑 |         0 | PRIMARY   |            2 | 부서번호    | ..
| 부서사원_매핑 |         1 | I_부서번호 |            1 | 부서번호    | ..
+--------------+-----------+-----------+--------------+-------------+ ..
3 rows in set (0.00 sec)
```

```
mysql> show index from 사원;
+-------+------------+----------+--------------+-------------+ ..
| Table | Non_unique | Key_name | Seq_in_index | Column_name | ..
+-------+------------+----------+--------------+-------------+ ..
| 사원  |          0 | PRIMARY  |            1 | 사원번호    | ..
| 사원  |          1 | I_입사일자 |            1 | 입사일자    | ..
| 사원  |          1 | I_성별_성 |            1 | 성별        | ..
| 사원  |          1 | I_성별_성 |            2 | 성          | ..
+-------+------------+----------+--------------+-------------+ ..
4 rows in set (0.00 sec)

mysql> show index from 사원출입기록;
+--------------+------------+----------+--------------+-------------+ ..
| Table        | Non_unique | Key_name | Seq_in_index | Column_name | ..
+--------------+------------+----------+--------------+-------------+ ..
| 사원출입기록 |          0 | PRIMARY  |            1 | 순번        | ..
| 사원출입기록 |          0 | PRIMARY  |            2 | 사원번호    | ..
| 사원출입기록 |          1 | I_지역   |            1 | 지역        | ..
| 사원출입기록 |          1 | I_시간   |            1 | 입출입시간  | ..
| 사원출입기록 |          1 | I_출입문 |            1 | 출입문      | ..
+--------------+------------+----------+--------------+-------------+ ..
5 rows in set (0.00 sec)

mysql> show index from 직급;
+-------+------------+----------+--------------+-------------+ ..
| Table | Non_unique | Key_name | Seq_in_index | Column_name | ..
+-------+------------+----------+--------------+-------------+ ..
| 직급  |          0 | PRIMARY  |            1 | 사원번호    | ..
| 직급  |          0 | PRIMARY  |            2 | 직급명      | ..
| 직급  |          0 | PRIMARY  |            3 | 시작일자    | ..
+-------+------------+----------+--------------+-------------+ ..
3 rows in set (0.00 sec)
```

4.1.2 실무적인 SQL 튜닝 절차 이해하기

실제 SQL 문이 주어진 상태에서 SQL 튜닝을 시작한다면 무엇부터 살펴봐야 할지 막막할 수 있습니다. 그럴 때는 앞서 살펴본 4.1.1절에서와 마찬가지로 튜닝 대상 SQL 문의 구성요소를 살펴보고 SQL 문 실행 결과와 구조도 함께 확인해봐야 합니다.

여기서 SQL 문의 구성요소는 크게 두 가지로 구분할 수 있습니다. 가시적으로는 테이블 현황과 조건절, 그루핑 열, 정렬되는 열, **SELECT** 절의 열이며, 비가시적으로는 실행 계획, 인덱스 현황, 조건절 열들의 데이터 분포, 데이터의 적재 속도, 업무 특성 등입니다. 즉, 다양한 항목을 분석한 뒤 SQL 문의 튜닝 방향을 잡을 수 있습니다.

SQL 튜닝의 방향성은 따로 정해져 있지 않으므로 다양한 SQL 튜닝 예제를 통해 SQL 문 구성요소들을 세밀하게 분석하는 힘을 기르고 튜닝 방향을 판단할 수 있는 시야를 넓혀야 할 것입니다.

그림 4-1 실무적인 SQL 튜닝 절차

4.2 SQL 문 단순 수정으로 착한 쿼리 만들기

이 절에서는 튜닝 대상의 SQL 문에서 일부만 변경하여 성능 향상을 확인하는 예제를 살펴봅니다. 우선 사용하지 않는 구문이나 불필요한 구문이 있는지 확인하고 SQL 튜닝을 수행합니다. 문제가 되는 쿼리는 현황 분석 단계에서 기본적인 실행 계획과 소요 시간을 확인한 후 튜닝 수행 단계에서 쿼리 튜닝의 방향성을 유추하거나 테스트를 수행합니다. 그리고 최종적으로 튜닝된 SQL 문을 튜닝 결과 단계에서 검증합니다.

4.2.1 기본 키를 변형하는 나쁜 SQL 문

현황 분석

| 튜닝 전 SQL 문 |

다음은 사원번호가 1100으로 시작하면서 사원번호가 5자리인 사원의 정보를 모두 출력하는 쿼리입니다.

```sql
SELECT *
  FROM 사원
 WHERE SUBSTRING(사원번호,1,4) = 1100
   AND LENGTH(사원번호) = 5
```

| 튜닝 전 수행 결과 |

튜닝 전의 SQL 문을 수행해보면 다음과 같이 총 10건의 결과가 출력됩니다. 실습 환경에서는 0.23초가 소요되었습니다.

```
mysql> SELECT *
    ->   FROM 사원
    ->  WHERE SUBSTRING(사원번호,1,4) = 1100
    ->    AND LENGTH(사원번호) = 5;
+----------+------------+------------+------------+------+------------+
| 사원번호 | 생년월일   | 이름       | 성         | 성별 | 입사일자   |
+----------+------------+------------+------------+------+------------+
|    11000 | 1960-09-12 | Alain      | Bonifati   | M    | 1988-08-20 |
|    11001 | 1956-04-16 | Baziley    | Buchter    | F    | 1987-02-23 |
|    11002 | 1952-02-26 | Bluma      | Ulupinar   | M    | 1996-12-23 |
|    11003 | 1960-11-13 | Mariangiola| Gulla      | M    | 1987-05-24 |
|    11004 | 1954-08-05 | JoAnna     | Decleir    | F    | 1992-01-19 |
|    11005 | 1958-03-12 | Byong      | Douceur    | F    | 1986-07-27 |
|    11006 | 1962-12-26 | Christoper | Butterworth | F   | 1989-08-02 |
|    11007 | 1962-03-16 | Olivera    | Maccarone  | M    | 1991-04-11 |
|    11008 | 1962-07-11 | Gennady    | Menhoudj   | M    | 1988-09-18 |
|    11009 | 1954-08-30 | Alper      | Axelband   | F    | 1986-09-09 |
+----------+------------+------------+------------+------+------------+
10 rows in set (0.23 sec)
```

| 튜닝 전 실행 계획 |

튜닝 전 SQL 문의 실행 계획을 살펴보면 다음과 같습니다. 사원 테이블 하나만 존재하므로 최종 결과는 1개 행으로 출력됩니다. Type 항목이 ALL로 나타나므로 테이블 풀 스캔 방식이며, 인덱스를 사용하지 않고 테이블에 바로 접근합니다. 필요한 범위에만 접근하는 대신 처음부터 끝까지 스캔하기 때문에 비효율적일 수 있습니다.

```
mysql> EXPLAIN
    -> SELECT *
    ->   FROM 사원
    ->  WHERE SUBSTRING(사원번호,1,4) = 1100
    ->    AND LENGTH(사원번호) = 5;
+----+-------------+-------+------+------+------+--------+-------------+
| id | select_type | table | type | key  | ref  | rows   | Extra       |
+----+-------------+-------+------+------+------+--------+-------------+
|  1 | SIMPLE      | 사원  | ALL  | NULL | NULL | 299157 | Using where |
+----+-------------+-------+------+------+------+--------+-------------+
1 row in set, 1 warning (0.00 sec)
```

튜닝 수행

튜닝 대상 SQL 문에 포함된 사원 테이블을 살펴봅니다. 다음과 같은 명령문으로 총 몇 건의 데이터가 있는지 확인해보니 약 30만 건의 데이터가 있음을 알 수 있습니다.

```
mysql> SELECT COUNT(1) FROM 사원;
+----------+
| COUNT(1) |
+----------+
|   300024 |
+----------+
1 row in set (2.37 sec)
```

이어서 다음 명령문으로 사원 테이블을 구성하는 기본 키와 인덱스 현황을 확인해봅니다. Key_name 열 정보에서 PRIMARY, I_입사일자, I_성별_성이라는 3개 인덱스를 확인합니다. 기본 키(PRIMARY)는 사원번호로 구성되며, I_입사일자 인덱스도 1개의 입사일자로 구성됩니다. 한편 I_성별_성 인덱스는 성별과 성의 순서대로 구성됨을 확인할 수 있습니다.

```
mysql> show index from 사원;
+-------+------------+------------+--------------+-------------+ ...
| Table | Non_unique | Key_name   | Seq_in_index | Column_name | ...
+-------+------------+------------+--------------+-------------+ ...
| 사원  |          0 | PRIMARY    |            1 | 사원번호    | ...
| 사원  |          1 | I_입사일자 |            1 | 입사일자    | ...
| 사원  |          1 | I_성별_성  |            1 | 성별        | ...
| 사원  |          1 | I_성별_성  |            2 | 성          | ...
+-------+------------+------------+--------------+-------------+ ...
4 rows in set (0.02 sec)
```

여기서 튜닝해야 할 SQL 문은 무엇일까요? 튜닝 전 SQL 문에서는 사원번호 열을 조건문
(WHERE 절)으로 작성했으므로 기본 키를 통해 데이터에 빠르게 접근할 수 있습니다. 그러나
사원번호를 그대로 쓰는 대신 SUBSTRING(사원번호,1,4)와 LENGTH(사원번호)와 같이 가공
하여 작성했으므로, 기본 키를 사용하지 않고 테이블 풀 스캔을 수행하게 된 것입니다. 따라서
가공된 사원번호 열을 변경하여 기본 키를 사용할 수 있도록 조정하면 되겠습니다.

튜닝 결과

| 튜닝 후 SQL 문 |

가공된 기본 키인 사원번호를 다음과 같이 조정하여 별다른 변형 없이 새로 작성했습니다. 5자
리이면서 1100으로 시작하는 사원번호를 찾는 것이므로 BETWEEN 구문으로 범위 검색을 수행
하는 한편 비교 연산자인 >=, <=, >, <를 활용합니다. 그 결과 사원번호가 변형되지 않아 기본
키나 인덱스를 활용할 수 있게 되었습니다.

```
SELECT *
  FROM 사원
 WHERE 사원번호 BETWEEN 11000 AND 11009
```

또는 다음과 같이 작성할 수도 있습니다.

```
SELECT *
  FROM 사원
 WHERE 사원번호 >= 11000 AND 사원번호 <= 11009
```

| 튜닝 후 수행 결과 |

앞에서 튜닝한 두 개의 SQL 문 수행 결과는 다음과 같이 동일합니다. 총 10건의 결과가 출력
되며, 소요 시간은 약 0.23초에서 약 0.00초로 줄어들었습니다.

```
mysql> SELECT *
    ->   FROM 사원
    ->  WHERE 사원번호 BETWEEN 11000 AND 11009;
+----------+------------+------------+------------+------+------------+
| 사원번호 | 생년월일   | 이름       | 성         | 성별 | 입사일자   |
+----------+------------+------------+------------+------+------------+
|    11000 | 1960-09-12 | Alain      | Bonifati   | M    | 1988-08-20 |
|    11001 | 1956-04-16 | Baziley    | Buchter    | F    | 1987-02-23 |
|    11002 | 1952-02-26 | Bluma      | Ulupinar   | M    | 1996-12-23 |
|    11003 | 1960-11-13 | Mariangiola| Gulla      | M    | 1987-05-24 |
|    11004 | 1954-08-05 | JoAnna     | Decleir    | F    | 1992-01-19 |
|    11005 | 1958-03-12 | Byong      | Douceur    | F    | 1986-07-27 |
|    11006 | 1962-12-26 | Christoper | Butterworth| F    | 1989-08-02 |
|    11007 | 1962-03-16 | Olivera    | Maccarone  | M    | 1991-04-11 |
|    11008 | 1962-07-11 | Gennady    | Menhoudj   | M    | 1988-09-18 |
|    11009 | 1954-08-30 | Alper      | Axelband   | F    | 1986-09-09 |
+----------+------------+------------+------------+------+------------+
10 rows in set (0.00 sec)
```

| 튜닝 후 실행 계획 |

다음과 같이 튜닝된 실행 계획은 사원 테이블에만 접근하면 되므로 1개 행으로 출력됩니다.
WHERE 절의 BETWEEN 구문에 의해 기본 키(key 항목: PRIMARY)의 특정 범위만 스캔(type
항목: range)한다는 걸 알 수 있으며, 출력하는 사원번호가 10개이므로 rows 항목에서도 10
이라는 값을 예측함을 알 수 있습니다.

```
mysql> EXPLAIN
    -> SELECT *
    ->   FROM 사원
    ->  WHERE 사원번호 BETWEEN 11000 AND 11009 ;
+----+-------------+-------+-------+---------+------+------+-------------+
| id | select_type | table | type  | key     | ref  | rows | Extra       |
+----+-------------+-------+-------+---------+------+------+-------------+
|  1 | SIMPLE      | 사원  | range | PRIMARY | NULL |   10 | Using where |
+----+-------------+-------+-------+---------+------+------+-------------+
1 row in set, 1 warning (0.00 sec)
```

4.2.2 사용하지 않는 함수를 포함하는 나쁜 SQL 문

현황 분석

| 튜닝 전 SQL 문 |

다음 SQL 문은 사원 테이블에서 성별 기준으로 몇 명의 사원이 있는지 출력하는 쿼리입니다. 이때 성별의 값이 NULL이라면 NO DATA라고 출력할 수 있도록 IFNULL( ) 함수로 작성했습니다. 이 단순한 SQL 문의 문제점은 과연 무엇일까요?

```
SELECT IFNULL(성별,'NO DATA') AS 성별, COUNT(1) 건수
  FROM 사원
 GROUP BY IFNULL(성별,'NO DATA')
```

| 튜닝 전 수행 결과 |

튜닝 전 SQL 문의 수행 결과 2개 행이 출력되었습니다. 다음과 같이 M(남)는 약 18만 건, F(여)는 약 12만 건이 집계되었고 소요 시간은 약 0.77초입니다.

```
mysql> SELECT IFNULL(성별,'NO DATA') AS 성별, COUNT(1) 건수
    ->   FROM 사원
    ->  GROUP BY IFNULL(성별,'NO DATA');
```

```
+------+--------+
| 성별 | 건수   |
+------+--------+
| M    | 179973 |
| F    | 120051 |
+------+--------+
2 rows in set (0.77 sec)
```

| 튜닝 전 실행 계획 |

튜닝하기 전 SQL 문의 실행 계획 결과는 다음과 같습니다. Key 항목이 I_성별_성 인덱스로
나타나므로 인덱스 풀 스캔 방식으로 수행되며, Extra 항목이 Using temporary이므로 임시
테이블을 생성한다는 걸 알 수 있습니다.

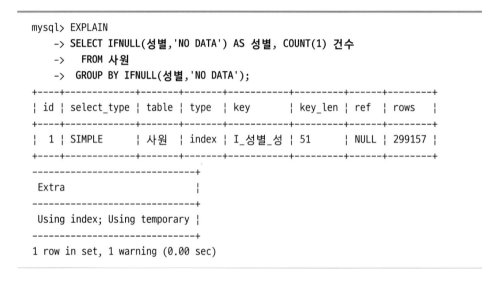

```
mysql> EXPLAIN
    -> SELECT IFNULL(성별,'NO DATA') AS 성별, COUNT(1) 건수
    ->   FROM 사원
    -> GROUP BY IFNULL(성별,'NO DATA');
+----+-------------+-------+-------+-----------+---------+------+--------+
| id | select_type | table | type  | key       | key_len | ref  | rows   |
+----+-------------+-------+-------+-----------+---------+------+--------+
|  1 | SIMPLE      | 사원  | index | I_성별_성 | 51      | NULL | 299157 |
+----+-------------+-------+-------+-----------+---------+------+--------+

------------------------------+
 Extra                        |
------------------------------+
 Using index; Using temporary |
------------------------------+
1 row in set, 1 warning (0.00 sec)
```

튜닝 수행

튜닝 전 단계의 SQL 문을 실행한 결과 사원 테이블의 성별 열에는 Null 값이 존재하지 않고
M(남)과 F(여)라는 데이터만 저장한다는 사실을 확인했습니다. 뿐만 아니라 다음 명령어를
통해 성별 열에는 NOT NULL 속성이 설정된 것을 알 수 있습니다. Null 열에 NO라고 명시
되어 있으므로 Null 값이 될 수 없다고 해석합니다.

```
mysql> desc 사원;
+----------+--------------+------+-----+---------+-------+
| Field    | Type         | Null | Key | Default | Extra |
+----------+--------------+------+-----+---------+-------+
| 사원번호 | int          | NO   | PRI | NULL    |       |
| 생년월일 | date         | NO   |     | NULL    |       |
| 이름     | varchar(14)  | NO   |     | NULL    |       |
| 성       | varchar(16)  | NO   |     | NULL    |       |
| 성별     | enum('M','F')| NO   | MUL | NULL    |       |
| 입사일자 | date         | NO   | MUL | NULL    |       |
+----------+--------------+------+-----+---------+-------+
6 rows in set (0.01 sec)
```

따라서 IFNULL( ) 함수를 처리하려고 DB 내부적으로 별도의 임시 테이블을 만들어서 Null 값의 여부를 검사할 필요가 없습니다. 즉, 성별 열에는 Null 값이 존재할 수 없으므로 Null 값의 입력을 방어하는 불필요한 로직은 튜닝 대상이 됩니다.

튜닝 결과

| 튜닝 후 SQL 문 |

다음 SQL 문은 IFNULL( ) 함수를 제거하고 성별 열만 그대로 사용하여 튜닝하는 쿼리입니다. 성별은 Null 없이 모두 F(여) 또는 M(남) 값으로만 존재하기 때문입니다.

```
SELECT 성별, COUNT(1) 건수
  FROM 사원
 GROUP BY 성별
```

| 튜닝 후 수행 결과 |

튜닝된 SQL 문의 수행 결과는 튜닝 전과 동일하게 2개의 행이 출력되며 M(남)는 약 18만 건, F(여)는 약 12만 건이 집계됩니다. 이때 소요 시간은 약 0.77초에서 약 0.10초로 줄었습니다.

```
mysql> SELECT 성별, COUNT(1) 건수
    ->   FROM 사원
    ->  GROUP BY 성별;
+------+--------+
| 성별 | 건수   |
+------+--------+
| M    | 179973 |
| F    | 120051 |
+------+--------+
2 rows in set (0.10 sec)
```

| 튜닝 후 실행 계획 |

다음과 같이 튜닝된 SQL 문의 실행 계획 결과를 확인합니다. key 항목이 I_성별_성 인덱스로
나타나므로 인덱스 풀 스캔 방식으로 수행되며, Extra 항목이 Using index이므로 임시 테이
블 없이 인덱스만 사용하여 데이터를 추출함을 알 수 있습니다.

```
mysql> EXPLAIN
    -> SELECT 성별, COUNT(1) 건수
    ->   FROM 사원
    ->  GROUP BY 성별;
+----+-------------+-------+-------+-----------+------+--------+-------------+
| id | select_type | table | type  | key       | ref  | rows   | Extra       |
+----+-------------+-------+-------+-----------+------+--------+-------------+
|  1 | SIMPLE      | 사원  | index | I_성별_성 | NULL | 299157 | Using index |
+----+-------------+-------+-------+-----------+------+--------+-------------+
1 row in set, 1 warning (0.00 sec)
```

4.2.3 형변환으로 인덱스를 활용하지 못하는 나쁜 SQL 문

현황 분석

| 튜닝 전 SQL 문 |

다음은 급여 테이블에서 현재 유효한 급여 정보만 조회하고자 사용여부 열의 값이 1인 데이터
를 출력하는 쿼리입니다.

```
SELECT COUNT(1)
  FROM 급여
 WHERE 사용여부 = 1
```

| 튜닝 전 수행 결과 |

튜닝 전 SQL 문의 수행 결과는 1건이며 조건에 해당하는 데이터 건수가 총 42,842건임을 알수 있습니다. SQL 문의 소요 시간은 약 0.15초로 나타났습니다.

```
mysql> SELECT COUNT(1)
    ->    FROM 급여
    ->  WHERE 사용여부 = 1;
+----------+
| COUNT(1) |
+----------+
|    42842 |
+----------+
1 row in set (0.15 sec)
```

| 튜닝 전 실행 계획 |

다음과 같은 명령문으로 튜닝할 SQL 문의 실행 계획 결과를 확인합니다. key 항목이 I_사용여부로 출력되므로 I_사용여부 인덱스를 사용하며, type 항목이 index이므로 인덱스 풀 스캔방식으로 수행된다고 해석할 수 있습니다. 또한 filtered 항목이 10.00이므로 MySQL 엔진으로 가져온 데이터 중 10%를 추출해서 최종 데이터를 출력할 것임을 알 수 있습니다. 즉, rows 항목에 표시된 506,454건의 데이터를 스토리지 엔진에서 MySQL 엔진으로 가져온 뒤 그중약 10%에 해당하는 5만 건의 데이터가 최종 출력되리라고 예측할 수 있습니다.

```
mysql> EXPLAIN
    -> SELECT COUNT(1)
    ->    FROM 급여
    ->  WHERE 사용여부 = 1;
+----+-------------+-------+-------+-----------+------+---------+----------+
| id | select_type | table | type  | key       | ref  | rows    | filtered |
+----+-------------+-------+-------+-----------+------+---------+----------+
```

```
|   1 | SIMPLE       | 급여  | index | I_사용여부 | NULL | 2838731 |     10.00 |
+-----+-------------+-------+-------+------------+------+---------+-----------+
------------------------+
 Extra                  |
------------------------+
 Using where; Using index |
------------------------+
1 row in set, 3 warnings (0.00 sec)
```

튜닝 수행

먼저 다음과 같은 SQL 문을 실행하여 급여 테이블의 조건절로 작성된 사용여부 열의 데이터 건수를 확인합니다. 그 결과 총 50만 건에 가까운 데이터가 있고 사용여부 열에는 0, 1, 공백 space 데이터가 저장되어 있음을 확인할 수 있습니다. 또한 튜닝 대상인 SQL 문의 조건절에 작성된 사용여부 열의 값이 1인 데이터 건수는 전체 데이터 건수 대비 10% 이하임을 확인할 수 있습니다.

```
mysql> SELECT 사용여부, COUNT(1)
    ->   FROM 급여
    -> GROUP BY 사용여부;
+----------+----------+
| 사용여부 | COUNT(1) |
+----------+----------+
| 0        |  2801205 |
| 1        |    42842 |
+----------+----------+
2 rows in set (0.15 sec)
```

이어서 다음 명령어로 급여 테이블에 구성된 인덱스 현황을 확인해보면 Key_name 항목에 PRIMARY와 I_사용여부가 표시됨을 알 수 있습니다. 이때 기본 키(PRIMARY)는 사원번호와 시작일자 순으로 구성되며 I_사용여부 인덱스는 사용여부 열로 구성됩니다.

```
mysql> show index from 급여;
+-------+------------+----------+--------------+-------------+-----------+-------------+...
| Table | Non_unique | Key_name | Seq_in_index | Column_name | Collation | Cardinality |...
+-------+------------+----------+--------------+-------------+-----------+-------------+...
```

```
| 급여 |        0 | PRIMARY    |         1 | 사원번호 | A |   |    53216 |...
| 급여 |        0 | PRIMARY    |         2 | 시작일자 | A |   |   506454 |...
| 급여 |        1 | I_사용여부 |         1 | 사용여부 | A |   |        1 |...
+------+----------+------------+-----------+----------+-----+---+----------+...
3 rows in set (0.01 sec)
```

이처럼 튜닝 대상인 SQL 문에서 사용여부 열이 인덱스로 구성되었고 WHERE 절의 조건문으로 작성되었음에도 실행 계획에서는 인덱스 풀 스캔으로 수행되므로, 테이블 구조를 다시 살펴봐야 합니다.

다음 명령어로 급여 테이블의 사용여부 열을 살펴봅니다. 사용여부 열은 문자형인 char(1) 데이터 유형으로 구성됩니다. 이처럼 문자 유형인 사용여부 열을 튜닝 전 SQL 문에서는 **WHERE 사원번호 = 1**과 같이 숫자 유형으로 써서 데이터에 접근했으므로 DBMS 내부의 묵시적 형변환이 발생했던 것입니다. 그 결과 I_사용여부 인덱스를 제대로 활용하지 못하고 전체 데이터를 스캔한 것이므로, 형변환이 발생하지 않도록 SQL 문을 조정해야 합니다.

```
mysql> desc 급여;
+----------+---------+------+-----+---------+-------+
| Field    | Type    | Null | Key | Default | Extra |
+----------+---------+------+-----+---------+-------+
| 사원번호 | int     | NO   | PRI | NULL    |       |
| 연봉     | int     | NO   |     | NULL    |       |
| 시작일자 | date    | NO   | PRI | NULL    |       |
| 종료일자 | date    | NO   |     | NULL    |       |
| 사용여부 | char(1) | YES  | MUL | NULL    |       |
+----------+---------+------+-----+---------+-------+
5 rows in set (0.00 sec)
```

튜닝 결과

| 튜닝 후 SQL 문 |

튜닝된 SQL 문은 다음과 같습니다. 현재 유효한 급여 정보만 조회하고자 사용여부 열의 값이 문자 '1'인 경우만 조회하는 쿼리입니다.

```
SELECT COUNT(1)
  FROM 급여
 WHERE 사용여부 = '1'
```

| 튜닝 후 수행 결과 |

튜닝된 SQL 문을 수행하면 1개 행이 출력되며 조건에 해당되는 결과가 총 42,842건임을 알
수 있습니다. 이는 튜닝 전의 결과와 동일합니다. 한편 SQL 문 소요 시간을 비교해보면 기존의
약 0.15초에서 약 0.01초로 개선되었음을 확인할 수 있습니다.

```
mysql> SELECT COUNT(1)
    ->   FROM 급여
    ->  WHERE 사용여부 = '1';
+----------+
| COUNT(1) |
+----------+
|    42842 |
+----------+
1 row in set (0.01 sec)
```

| 튜닝 후 실행 계획 |

튜닝된 SQL 문의 실행 계획은 다음과 같습니다. key 항목에서 I_사용여부 인덱스를 사용하여
데이터에 접근한다는 걸 알 수 있습니다. 한편 튜닝 전과 달리 **사용여부 = '1'** 조건절이 스토리
지 엔진에서 전달되어 필요한 데이터만 가져왔음을 알 수 있습니다.

```
mysql> EXPLAIN
    -> SELECT COUNT(1)
    ->   FROM 급여
    ->  WHERE 사용여부 = '1';
+----+-------------+-------+------+-----------+-------+-------+----------+-------------+
| id | select_type | table | type | key       | ref   | rows  | filtered | Extra       |
+----+-------------+-------+------+-----------+-------+-------+----------+-------------+
|  1 | SIMPLE      | 급여  | ref  | I_사용여부 | const | 82824 |   100.00 | Using index |
+----+-------------+-------+------+-----------+-------+-------+----------+-------------+
1 row in set, 1 warning (0.00 sec)
```

사용여부 열을 문자 유형인 CHAR(1)에서 숫자 유형인 INT로 변경할 때도 튜닝 대상 SQL 문을 수정하지 않고 I_사용여부 인덱스를 사용할 수 있습니다. 그러나 테이블의 DDL 문을 수행해야 하는 부담과 DDL 수행 시의 데이터 잠김[data lock] 현상으로 동시성 저하 문제가 발생할 수 있습니다.

TIP_ 데이터 유형의 중요성

데이터 유형에 맞게 열을 활용해야 내부적인 형변환이 발생되지 않습니다. 형변환의 영향으로 의도한 인덱스를 제대로 사용하지 못하는 경우가 있으니 주의해야 합니다.

4.2.4 열을 결합하여 사용하는 나쁜 SQL 문

현황 분석

| 튜닝 전 SQL 문 |

다음은 사원 테이블에서 성별의 값과 1칸의 공백[space], 성의 값을 모두 결합한 결과가 'M Radwan'인 데이터를 조회하는 쿼리입니다.

```
SELECT *
  FROM 사원
 WHERE CONCAT(성별,' ',성) = 'M Radwan'
```

| 튜닝 전 수행 결과 |

튜닝 전의 SQL 문 수행 결과는 총 102건이며 소요 시간은 약 0.25초입니다.

```
mysql> SELECT *
    ->    FROM 사원
    ->  WHERE CONCAT(성별,' ',성) = 'M Radwan';
```

```
+----------+------------+----------+--------+------+------------+
| 사원번호 | 생년월일   | 이름     | 성     | 성별 | 입사일자   |
+----------+------------+----------+--------+------+------------+
|    10346 | 1963-01-29 | Aamod    | Radwan | M    | 1987-01-27 |
|    16491 | 1952-12-03 | Emdad    | Radwan | M    | 1988-05-28 |
|    18169 | 1954-09-21 | Nathalie | Radwan | M    | 1998-03-04 |
|    18921 | 1952-10-07 | Maren    | Radwan | M    | 1987-02-28 |
|    25209 | 1955-10-16 | Danny    | Radwan | M    | 1992-03-28 |
                              ...
|   478171 | 1960-09-05 | Shen     | Radwan | M    | 1989-03-11 |
|   484196 | 1956-04-17 | Isaac    | Radwan | M    | 1985-02-10 |
|   485129 | 1963-03-23 | Jouni    | Radwan | M    | 1990-08-31 |
|   491504 | 1954-12-27 | Zeydy    | Radwan | M    | 1998-03-08 |
|   498822 | 1955-06-15 | Boutros  | Radwan | M    | 1989-06-13 |
+----------+------------+----------+--------+------+------------+
102 rows in set (0.25 sec)
```

| 튜닝 전 실행 계획 |

튜닝 전 실행 계획을 살펴보면 사원 테이블에만 접근하여 데이터를 가져오므로 하나의 행에 대해서만 실행 계획이 출력됩니다. 사원 테이블은 CONCAT(성별,' ',성) = 'M Radwan' 조건절로 데이터에 접근하지만, 테이블 풀 스캔(type 항목: ALL)으로 데이터를 처음부터 끝까지 스캔하므로 비효율적입니다.

```
mysql> EXPLAIN
    -> SELECT *
    ->   FROM 사원
    -> WHERE CONCAT(성별,' ',성) = 'M Radwan';
+----+-------------+-------+------+------+------+--------+----------+-------------+
| id | select_type | table | type | key  | ref  | rows   | filtered | Extra       |
+----+-------------+-------+------+------+------+--------+----------+-------------+
|  1 | SIMPLE      | 사원  | ALL  | NULL | NULL | 299157 |   100.00 | Using where |
+----+-------------+-------+------+------+------+--------+----------+-------------+
1 row in set, 1 warning (0.00 sec)
```

튜닝 수행

튜닝 대상 SQL 문에서 조회하려는 데이터와 전체 데이터 건수의 결과를 다음과 같은 명령어로 확인해보겠습니다. 그 결과 전체 데이터는 300,024건이고 그중 102건의 데이터를 조회하려는 SQL 문임을 알 수 있습니다.

```
mysql> SELECT CONCAT(성별,' ',성) '성별_성', COUNT(1)
    ->     FROM 사원
    ->  WHERE CONCAT(성별,' ',성) = 'M Radwan'
    ->
    ->  UNION ALL
    ->
    ->  SELECT '전체 데이터', COUNT(1)
    ->  FROM 사원;
+------------+----------+
| 성별_성     | COUNT(1) |
+------------+----------+
| M Radwan   |      102 |
| 전체 데이터 |   300024 |
+------------+----------+
2 rows in set (2.50 sec)
```

사원 테이블의 기본 키는 사원번호 열이며 I_입사일자 인덱스는 입사일자 열, I_성별_성 인덱스는 성별 열+성 열입니다. 따라서 WHERE 절에서 성별 열과 성 열로 구성된 I_성별_성 인덱스를 사용할 수 있고, 조건문도 동등 조건(=)이므로 인덱스를 활용하여 데이터를 빠르게 조회할 수 있을 것입니다.

튜닝 결과

| 튜닝 후 SQL 문 |

다음과 같이 튜닝된 SQL 문은 튜닝 전과 마찬가지로 사원 테이블에서 성별이 M(남)이고 성이 'Radwan인' 사원 정보를 조회합니다. 튜닝 전에는 concat( ) 함수로 인덱스 열들을 가공했지만 튜닝된 SQL 문에서는 각 열을 분리하고 열의 변형을 제거했습니다.

```
SELECT *
  FROM 사원
 WHERE 성별 = 'M'
   AND 성 = 'Radwan'
```

| 튜닝 후 수행 결과 |

이렇게 튜닝된 SQL 문 수행 결과는 총 102건으로 튜닝 전 SQL 문의 수행 결과와 동일합니다. 또한 소요 시간은 0.25초에서 0.01초로 줄어들었습니다.

```
mysql> SELECT *
    ->    FROM 사원
    ->   WHERE 성별 = 'M'
    ->     AND 성 =  'Radwan';
+----------+------------+-----------+--------+------+------------+
| 사원번호 | 생년월일   | 이름      | 성     | 성별 | 입사일자   |
+----------+------------+-----------+--------+------+------------+
|    10346 | 1963-01-29 | Aamod     | Radwan | M    | 1987-01-27 |
|    16491 | 1952-12-03 | Emdad     | Radwan | M    | 1988-05-28 |
|    18169 | 1954-09-21 | Nathalie  | Radwan | M    | 1998-03-04 |
|    18921 | 1952-10-07 | Maren     | Radwan | M    | 1987-02-28 |
|    25209 | 1955-10-16 | Danny     | Radwan | M    | 1992-03-28 |
                            ...
|   478171 | 1960-09-05 | Shen      | Radwan | M    | 1989-03-11 |
|   484196 | 1956-04-17 | Isaac     | Radwan | M    | 1985-02-10 |
|   485129 | 1963-03-23 | Jouni     | Radwan | M    | 1990-08-31 |
|   491504 | 1954-12-27 | Zeydy     | Radwan | M    | 1998-03-08 |
|   498822 | 1955-06-15 | Boutros   | Radwan | M    | 1989-06-13 |
+----------+------------+-----------+--------+------+------------+
102 rows in set (0.01 sec)
```

| 튜닝 후 실행 계획 |

튜닝된 실행 계획은 다음과 같습니다. 먼저 I_성별_성 인덱스를 사용해서 사원 테이블에 접근합니다. 그 결과 튜닝 전에는 약 30만 건의 데이터에 접근했다면, 튜닝 후에는 102건의 데이터에만 접근하므로 액세스 범위가 줄었다는 걸 알 수 있습니다.

```
mysql> EXPLAIN
    -> SELECT *
    ->    FROM 사원
    ->   WHERE 성별 = 'M'
    ->     AND 성 =  'Radwan';
```

```
+----+-------------+-------+------+-----------+-------------+------+----------+-------+
| id | select_type | table | type | key       | ref         | rows | filtered | Extra |
+----+-------------+-------+------+-----------+-------------+------+----------+-------+
|  1 | SIMPLE      | 사원  | ref  | I_성별_성 | const,const | 102  |   100.00 | NULL  |
+----+-------------+-------+------+-----------+-------------+------+----------+-------+
1 row in set, 1 warning (0.00 sec)
```

4.2.5 습관적으로 중복을 제거하는 나쁜 SQL 문

현황 분석

| 튜닝 전 SQL 문 |

다음은 부서 관리자의 사원번호와 이름, 성, 부서번호 데이터를 중복 제거하여 조회하는 쿼리입니다. DISTINCT 연산으로 SELECT 절에 작성된 사원번호, 이름, 성, 부서번호 순으로 정렬한 뒤 중복된 데이터를 제외하고 출력할 것입니다.

```
SELECT DISTINCT 사원.사원번호, 사원.이름, 사원.성, 부서관리자.부서번호
  FROM 사원
  JOIN 부서관리자
    ON (사원.사원번호 = 부서관리자. 사원번호)
```

| 튜닝 전 수행 결과 |

튜닝 전 SQL 문의 수행 결과는 총 24건이며 소요 시간은 0초에 가깝게 나타났습니다.

```
mysql> SELECT DISTINCT 사원.사원번호, 이름, 성, 부서번호
    ->  FROM 사원
    ->  JOIN 부서관리자
    ->    ON (사원.사원번호 = 부서관리자. 사원번호);
+----------+------------+--------------+----------+
| 사원번호 | 이름       | 성           | 부서번호 |
+----------+------------+--------------+----------+
|   110022 | Margareta  | Markovitch   | d001     |
|   110039 | Vishwani   | Minakawa     | d001     |
```

```
  |    110085 | Ebru        | Alpin         | d002      |
  |    110114 | Isamu       | Legleitner    | d002      |
  |    110183 | Shirish     | Ossenbruggen  | d003      |
  |    110228 | Karsten     | Sigstam       | d003      |
  |    110303 | Krassimir   | Wegerle       | d004      |
  |    110344 | Rosine      | Cools         | d004      |
  |    110386 | Shem        | Kieras        | d004      |
  |    110420 | Oscar       | Ghazalie      | d004      |
  |    110511 | DeForest    | Hagimont      | d005      |
  |    110567 | Leon        | DasSarma      | d005      |
  |    110725 | Peternela   | Onuegbe       | d006      |
  |    110765 | Rutger      | Hofmeyr       | d006      |
  |    110800 | Sanjoy      | Quadeer       | d006      |
  |    110854 | Dung        | Pesch         | d006      |
  |    111035 | Przemyslawa | Kaelbling     | d007      |
  |    111133 | Hauke       | Zhang         | d007      |
  |    111400 | Arie        | Staelin       | d008      |
  |    111534 | Hilary      | Kambil        | d008      |
  |    111692 | Tonny       | Butterworth   | d009      |
  |    111784 | Marjo       | Giarratana    | d009      |
  |    111877 | Xiaobin     | Spinelli      | d009      |
  |    111939 | Yuchang     | Weedman       | d009      |
  +-----------+-------------+---------------+-----------+
  24 rows in set (0.00 sec)
```

| 튜닝 전 실행 계획 |

튜닝 전 SQL 문의 실행 계획은 다음과 같습니다. 드라이빙 테이블인 부서관리자 테이블과 드리븐 테이블인 사원 테이블의 id 값이 둘 다 1로 동일하게 나타나므로 서로 조인한다고 해석할 수 있습니다. 부서관리자 테이블의 type 항목이 index이므로 인덱스 풀 스캔 방식으로 수행됨을 알 수 있습니다. 한편 사원 테이블의 type 항목이 eq_ref이므로 사원번호라는 기본 키를 사용해서 단 1건의 데이터를 조회하는 방식으로 조인됨을 확인할 수 있습니다. 또한 DISTINCT를 수행하고자 별도의 임시 테이블(Extra 항목: Using temporary)을 만들고 있음을 알 수 있습니다.

```
mysql> EXPLAIN
    -> SELECT DISTINCT 사원.사원번호, 이름, 성, 부서번호
    -> FROM 사원
    -> JOIN 부서관리자
    ->   ON (사원.사원번호 = 부서관리자.사원번호);
```

```
+----+-------------+-------------+---------+-------------+-------------------+
| id | select_type | table       | type    | key         | ref               |
+----+-------------+-------------+---------+-------------+-------------------+
|  1 | SIMPLE      | 부서관리자  | index   | I_부서번호  | NULL              |
|  1 | SIMPLE      | 사원        | eq_ref  | PRIMARY     | 부서관리자.사원번호 |
+----+-------------+-------------+---------+-------------+-------------------+

------+----------------------------+
 rows | Extra                      |
------+----------------------------+
  24  | Using index; Using temporary |
  1   | NULL                       |
------+----------------------------+
2 rows in set, 1 warning (0.00 sec)
```

튜닝 수행

사원 테이블의 기본 키는 사원번호입니다. 즉, **SELECT** 절에 작성된 **사원.사원번호**에는 중복된 데이터가 없습니다. 따라서 굳이 DISTINCT라는 키워드로 정렬 작업을 하고 중복을 제거하는 작업이 필요할지 고민해봐야 합니다.

> **TIP_ DISTINCT 구문 안의 숨은 작업**
>
> DISTINCT 키워드는 나열된 열들을 정렬한 뒤 중복된 데이터는 삭제합니다. 따라서 DISTINCT를 쿼리에 작성하는 것만으로도 정렬 작업이 포함됨을 인지해야 합니다. 물론 이미 정렬된 기본 키나 인덱스를 활용하는 경우라면 정렬 작업의 부담은 덜 수 있습니다.

튜닝 결과

| 튜닝 후 SQL 문 |

다음은 튜닝 전 SQL 문에서 DISTINCT 키워드만 제거한 쿼리입니다. 사원 테이블의 사원번호 열이 기본 키라서 중복된 데이터가 출력될 수 없으므로 DISTINCT 키워드를 제거해도 무방합니다.

```
SELECT 사원.사원번호, 이름, 성, 부서번호
  FROM 사원
 JOIN 부서관리자
   ON (사원.사원번호 = 부서관리자. 사원번호)
```

| 튜닝 후 수행 결과 |

다음과 같이 튜닝된 SQL 문의 수행 결과는 총 24건으로 튜닝 전 SQL 문의 수행 결과와 동일
합니다. 단, 실제 소요 시간은 0.00초에서 0.00초로 변화가 없으므로 소요 시간을 기준으로 튜
닝여부를 판단하기는 어렵습니다. 데이터 처리량이 고작 수십 건에 불과하다 보니 시간에 대한
지표가 체감할 수준이 되지 못하는 것입니다. 따라서 이후 실행 계획의 출력 결과를 통해 튜닝
여부를 판단해봅니다.

```
mysql> SELECT 사원.사원번호, 이름, 성, 부서번호
    ->    FROM 사원
    ->   JOIN 부서관리자
    ->     ON (사원.사원번호 = 부서관리자. 사원번호);
+----------+-------------+--------------+----------+
| 사원번호 | 이름        | 성           | 부서번호 |
+----------+-------------+--------------+----------+
|   110022 | Margareta   | Markovitch   | d001     |
|   110039 | Vishwani    | Minakawa     | d001     |
|   110085 | Ebru        | Alpin        | d002     |
|   110114 | Isamu       | Legleitner   | d002     |
|   110183 | Shirish     | Ossenbruggen | d003     |
|   110228 | Karsten     | Sigstam      | d003     |
|   110303 | Krassimir   | Wegerle      | d004     |
|   110344 | Rosine      | Cools        | d004     |
|   110386 | Shem        | Kieras       | d004     |
|   110420 | Oscar       | Ghazalie     | d004     |
|   110511 | DeForest    | Hagimont     | d005     |
|   110567 | Leon        | DasSarma     | d005     |
|   110725 | Peternela   | Onuegbe      | d006     |
|   110765 | Rutger      | Hofmeyr      | d006     |
|   110800 | Sanjoy      | Quadeer      | d006     |
|   110854 | Dung        | Pesch        | d006     |
|   111035 | Przemyslawa | Kaelbling    | d007     |
|   111133 | Hauke       | Zhang        | d007     |
|   111400 | Arie        | Staelin      | d008     |
```

```
|   111534 | Hilary      | Kambil       | d008     |
|   111692 | Tonny       | Butterworth  | d009     |
|   111784 | Marjo       | Giarratana   | d009     |
|   111877 | Xiaobin     | Spinelli     | d009     |
|   111939 | Yuchang     | Weedman      | d009     |
+----------+-------------+--------------+----------+
24 rows in set (0.00 sec)
```

| 튜닝 후 실행 계획 |

튜닝 전 실행 계획과 달리 id가 1인 행에서 extra 항목의 Using temporary가 삭제되었는데, 이는 SQL 문에서 DISTINCT 키워드를 제거하여 튜닝한 것과 연관이 있습니다. 즉, 임시 테이블에서 정렬과 중복 제거를 수행하지 않아도 되므로 불필요한 작업을 제거하여 튜닝한 것입니다.

```
mysql> EXPLAIN
    -> SELECT 사원.사원번호, 이름, 성, 부서번호
    ->   FROM 사원
    ->   JOIN 부서관리자
    ->     ON (사원.사원번호 = 부서관리자. 사원번호);
+----+-------------+-------------+--------+------------+--------------------+
| id | select_type | table       | type   | key        | ref                |
+----+-------------+-------------+--------+------------+--------------------+
|  1 | SIMPLE      | 부서관리자   | index  | I_부서번호  | NULL               |
|  1 | SIMPLE      | 사원        | eq_ref | PRIMARY    | 부서관리자.사원번호 |
+----+-------------+-------------+--------+------------+--------------------+

------+-------------+
 rows | Extra       |
------+-------------+
 24   | Using index |
 1    | NULL        |
------+-------------+
2 rows in set, 1 warning (0.00 sec)
```

4.2.6 다수 쿼리를 UNION 연산자로만 합치는 나쁜 SQL 문

현황 분석

| 튜닝 전 SQL 문 |

다음 SQL 문에서는 두 개의 **SELECT** 문을 **UNION** 연산자로 합치고 있습니다. 첫 번째 SELECT 문은 성$^{family\ name}$이 Baba이면서 성별^{gender}이 M(남)인 사원 데이터를 조회하며, 두 번째 SELECT 문은 성이 Baba이면서 성별이 F(여)인 데이터를 조회하는 구문입니다.

```
SELECT 'M' AS 성별, 사원번호
  FROM 사원
 WHERE 성별 = 'M'
   AND 성 ='Baba'

 UNION

SELECT 'F', 사원번호
  FROM 사원
 WHERE 성별 = 'F'
   AND 성 = 'Baba'
```

| 튜닝 전 수행 결과 |

튜닝 전 SQL 문을 수행한 결과는 총 226건입니다. 작은 데이터로 실습하므로 SQL 수행 시간은 매우 짧습니다. 그러나 튜닝 결과의 지표가 단순히 소요 시간만을 기준으로 삼지는 않으므로 SQL 문과 실행 계획을 포함해서 종합적으로 판단해야 합니다.

```
mysql> SELECT 'M' AS 성별, 사원번호
    ->   FROM 사원
    ->  WHERE 성별 = 'M'
    ->    AND 성 ='Baba'
    ->
    ->  UNION
    ->
    -> SELECT 'F', 사원번호
    ->   FROM 사원
```

```
     ->   WHERE 성별 = 'F'
     ->     AND 성 = 'Baba';
+------+----------+
| 성별 | 사원번호 |
+------+----------+
| M    |    11937 |
| M    |    12245 |
| M    |    15596 |
         ...
| F    |   496003 |
| F    |   498356 |
| F    |   499779 |
+------+----------+
226 rows in set (0.01 sec)
```

| 튜닝 전 실행 계획 |

다음과 같은 명령문으로 튜닝 전 실행 계획을 확인해보겠습니다. id 값이 1인 행은 첫 번째 SELECT 문의 실행 계획을 보여줍니다. 여기서 사원 테이블에 대해 I_성별_성 인덱스를 사용함을 알 수 있습니다. id가 2인 행에서는 두 번째 SELECT 문의 실행 계획을 보여주며 마찬가지로 I_성별_성 인덱스를 사용함을 알 수 있습니다. 마지막으로 id가 NULL인 세 번째 행에서는 id id가 1인 행과 id가 2인 행의 결과를 통합하여 중복을 제거하는 작업을 처리합니다.

이때 메모리에 임시 테이블을 생성(Extra 항목의 Using temporary)하고 그 내부에서 각 결과의 UNION 연산 작업을 수행하리라 예측할 수 있습니다. 만약 메모리에 상주하기 어려울 만큼 id가 1인 행과 id가 2인 행의 결과량이 많다면, 메모리가 아닌 디스크에 임시 파일을 생성하여 UNION 작업을 수행하게 됩니다.

```
mysql> EXPLAIN
    -> SELECT 'M' as 성별, 사원번호
    ->   FROM 사원
    ->  WHERE 성별 = 'M'
    ->    AND 성 ='Baba'
    ->
    ->  UNION
    ->
    -> SELECT 'F' as 성별, 사원번호
    ->   FROM 사원
```

```
    ->  WHERE 성별 = 'F'
    ->    AND 성 ='Baba';
+------+-------------+-----------+------+-----------+-------------+------+
| id   | select_type | table     | type | key       | ref         | rows |
+------+-------------+-----------+------+-----------+-------------+------+
|    1 | PRIMARY     | 사원      | ref  | I_성별_성 | const,const | 135  |
|    2 | UNION       | 사원      | ref  | I_성별_성 | const,const | 91   |
| NULL | UNION RESULT| <union1,2>| ALL  | NULL      | NULL        | NULL |
+------+-------------+-----------+------+-----------+-------------+------+

-----------------+
 Extra           |
-----------------+
 Using index     |
 Using index     |
 Using temporary |
-----------------+
3 rows in set, 1 warning (0.00 sec)
```

튜닝 수행

튜닝 전 SQL 문을 살펴보면 **WHERE** 절에 성별 열과 성 열이 동등(=) 조건으로 작성되어 있습니다. 성별 열과 성 열로 정의된 I_성별_성 인덱스를 활용하여 데이터를 빠르게 조회할 것입니다. 이때 두 개의 **SELECT** 문이 **UNION** 연산자로 통합되는 과정에서 각 **SELECT** 문의 결과를 합친 뒤 중복을 제거하고 그 결과를 출력합니다. 하지만 이미 사원번호라는 기본 키가 출력되는 SQL 문에서 이처럼 중복을 제거하는 과정이 과연 필요한지 고민해봐야 합니다.

참고로 사원 테이블의 인덱스 구성은 다음과 같습니다. 기본 키는 사원번호 열, I_입사일자 인덱스는 입사일자 열, I_성별_성 인덱스는 '성별 + 성' 열로 이루어집니다.

```
mysql> show index from 사원;
+--------+------------+------------+--------------+-------------+-----------+-------------+...
| Table  | Non_unique | Key_name   | Seq_in_index | Column_name | Collation | Cardinality |...
+--------+------------+------------+--------------+-------------+-----------+-------------+...
| 사원   |          0 | PRIMARY    |            1 | 사원번호    | A         |      299202 |...
| 사원   |          1 | I_입사일자 |            1 | 입사일자    | A         |        5139 |...
| 사원   |          1 | I_성별_성  |            1 | 성별        | A         |           1 |...
| 사원   |          1 | I_성별_성  |            2 | 성          | A         |        3225 |...
+--------+------------+------------+--------------+-------------+-----------+-------------+...
4 rows in set (0.02 sec)
```

튜닝 결과

| 튜닝 후 SQL 문 |

튜닝 전 SQL 문에서는 첫 번째 SELECT 문과 두 번째 SELECT 문의 결과 데이터가 중복되지 않으므로 중복을 제거하는 작업이 필요하지 않습니다. 따라서 임시 테이블을 만들고 정렬한 뒤, 중복을 제거하는 UNION 연산자 대신 결괏값을 단순히 합치는 UNION ALL 연산자로 변경해주어야 합니다.

```sql
SELECT 'M' as 성별, 사원번호
  FROM 사원
 WHERE 성별 = 'M'
   AND 성 ='Baba'

 UNION ALL

SELECT 'F' as 성별, 사원번호
  FROM 사원
 WHERE 성별 = 'F'
   AND 성 ='Baba'
```

| 튜닝 후 수행 결과 |

튜닝된 SQL 문 수행 결과는 총 226건으로 튜닝 전 SQL 문의 수행 결과와 동일합니다. 이때 실제 소요 시간은 0.01초에서 0.00초로 그 차이가 매우 근소하다 보니 소요 시간 기준으로 튜닝 성공 여부를 판단하기는 어렵습니다. 데이터 처리량이 고작 수백 건에 불과하므로 소요 시간에 기준을 둔 지표가 몸으로 체감할 만큼 큰 수준은 아닌 것입니다. 여기서는 그 이후 실행 계획의 출력 결과를 통해 튜닝 성공 여부를 판단해봅니다.

```sql
mysql> SELECT 'M' as 성별, 사원번호
    ->    FROM 사원
    ->  WHERE 성별 = 'M'
    ->    AND 성 ='Baba'
    ->
    -> UNION ALL
    ->
    -> SELECT 'F' as 성별, 사원번호
```

```
    ->    FROM 사원
    ->   WHERE 성별 = 'F'
    ->     AND 성 ='Baba';
+------+----------+
| 성별 | 사원번호 |
+------+----------+
| M    |    11937 |
| M    |    12245 |
| M    |    15596 |
         ...
| F    |   496003 |
| F    |   498356 |
| F    |   499779 |
+------+----------+
226 rows in set (0.00 sec)
```

| 튜닝 후 실행 계획 |

id가 1인 행에서는 첫 번째 SELECT 문의 실행 계획을 보여줍니다. 사원 테이블에 I_성별_성 인덱스를 사용함을 알 수 있습니다. id가 2인 행에서는 두 번째 SELECT 문의 실행 계획을 보여주며 마찬가지로 I_성별_성 인덱스를 사용함을 알 수 있습니다. 이때 튜닝 전 실행 계획과는 달리 id가 1, 2인 결과를 단순히 합칠 뿐이므로 세 번째 추가 행은 필요하지 않습니다. 즉, id가 1, 2인 행의 실행 계획까지는 튜닝 전 실행 계획과 동일하지만, 정렬하여 중복을 제거하는 작업이 제외되면서 불필요한 리소스 낭비를 방지한 것입니다.

```
mysql> EXPLAIN
    -> SELECT 'M' as 성별, 사원번호
    ->    FROM 사원
    ->   WHERE 성별 = 'M'
    ->     AND 성 ='Baba'
    ->
    -> UNION ALL
    ->
    -> SELECT 'F' as 성별, 사원번호
    ->    FROM 사원
    ->   WHERE 성별 = 'F'
    ->     AND 성 ='Baba';
```

```
+----+------------+-------+------+------------+-------------+------+-------------+
| id | select_type | table | type | key        | ref         | rows | Extra       |
+----+------------+-------+------+------------+-------------+------+-------------+
|  1 | PRIMARY    | 사원  | ref  | I_성별_성  | const,const | 135  | Using index |
|  2 | UNION      | 사원  | ref  | I_성별_성  | const,const |  91  | Using index |
+----+------------+-------+------+------------+-------------+------+-------------+
2 rows in set, 1 warning (0.00 sec)
```

> **TIP_ UNION ALL과 UNION의 차이**
>
> UNION ALL은 여러 개의 SELECT 문을 실행하는 결과를 단순히 합치는 것에 그치지만, UNION은 여러 개의 SELECT 문 실행 결과를 합친 뒤 중복된 데이터를 제거하는 작업까지 포함합니다.

4.2.7 인덱스 고려 없이 열을 사용하는 나쁜 SQL 문

현황 분석

| 튜닝 전 SQL 문 |

다음은 성$^{family\ name}$과 성별 순서로 그루핑하여 몇 건의 데이터가 있는지를 구하는 쿼리입니다. 예를 들어 성이 김씨인 여자는 몇 명이고 이씨인 남자는 몇 명인지 확인할 수 있습니다.

```
SELECT 성, 성별, COUNT(1) as 카운트
  FROM 사원
 GROUP BY 성, 성별
```

| 튜닝 전 수행 결과 |

튜닝 전의 SQL 문을 실행하면 총 3,274개 행이 출력되고 소요 시간은 약 0.32초로 나타납니다.

```
mysql> SELECT 성, 성별, COUNT(1) as 카운트
    ->    FROM 사원
    -> GROUP BY 성, 성별;
```

```
+------------------+------+--------+
| 성               | 성별 | 카운트 |
+------------------+------+--------+
| Aamodt           | M    |    120 |
| Acton            | M    |    108 |
| Adachi           | M    |    140 |
          ...
| Zwicker          | F    |     65 |
| Zyda             | F    |     72 |
| Zykh             | F    |     61 |
+------------------+------+--------+
3274 rows in set (0.43 sec)
```

| 튜닝 전 실행 계획 |

사원 테이블의 I_성별_성 인덱스를 활용하고, 임시 테이블(Extra 항목: Using temporary)
을 생성하여 성과 성별을 그루핑해 카운트 연산을 수행합니다. 특히 I_성별_성 인덱스의 구성
열이 GROUP BY 절에 포함되므로, 테이블 접근 없이 인덱스만 사용하는 커버링 인덱스(Extra
항목: Using index)로 수행됩니다.

참고로 MariaDB에서는 Extra 항목에 Using index; Using temporary; Using filesort
이라고 출력됩니다. I_성별_성 인덱스의 결과를 다시 성 열과 성별 열 순으로 재정렬하고자
Using temporary를 명시한 것으로 해석할 수 있습니다. 이처럼 내부적으로는 동일한 작업을
수행하지만 실제 Extra 항목에는 모든 작업 내용을 출력하지 않습니다.

```
mysql> EXPLAIN
    -> SELECT 성, 성별, COUNT(1) as 카운트
    ->   FROM 사원
    -> GROUP BY 성, 성별;
+----+-------------+-------+-------+-----------+------+--------+
| id | select_type | table | type  | key       | ref  | rows   |
+----+-------------+-------+-------+-----------+------+--------+
|  1 | SIMPLE      | 사원  | index | I_성별_성 | NULL | 299157 |
+----+-------------+-------+-------+-----------+------+--------+

---------------------------+
 Extra                     |
---------------------------+
 Using index; Using temporary |
```

```
----------------------------+

1 row in set, 1 warning (0.00 sec)
```

튜닝 수행

튜닝 전 SQL 문에서는 사원 테이블의 I_성별_성 인덱스를 활용하는데도 메모리나 디스크에 임시 테이블을 꼭 생성해야 할지 고민해봐야 합니다. 인덱스만으로 카운트 연산을 수행할 수는 없는지 확인하기 위해 인덱스 목록을 자세히 살펴보겠습니다.

I_성별_성 인덱스는 성별 열과 성 열 순으로 생성된 오브젝트입니다. 즉, 해당 인덱스는 성별 열 기준으로 정렬된 뒤 성 열 기준으로 정렬되었다는 뜻입니다. 이러한 인덱스 순서를 활용할 수는 없을까요?

```
mysql> show index from 사원;
+-------+------------+-----------+--------------+-------------+-----------+-------------+ ..
| Table | Non_unique | Key_name  | Seq_in_index | Column_name | Collation | Cardinality | ..
+-------+------------+-----------+--------------+-------------+-----------+-------------+ ..
| 사원  |          0 | PRIMARY   |            1 | 사원번호    | A         |      299778 | ..
| 사원  |          1 | I_입사일자 |            1 | 입사일자    | A         |        4966 | ..
| 사원  |          1 | I_성별_성  |            1 | 성별        | A         |           1 | ..
| 사원  |          1 | I_성별_성  |            2 | 성          | A         |        3294 | ..
+-------+------------+-----------+--------------+-------------+-----------+-------------+ ..

4 rows in set (0.00 sec)
```

튜닝 결과

| 튜닝 후 SQL 문 |

그루핑을 성 + 성별 순으로 수행할 때와 성별 + 성 순으로 수행할 때의 결과는 동일합니다. 따라서 이미 존재하는 I_성별_성 인덱스를 최대한 활용하려면 인덱스 순서대로 그루핑하면 됩니다. 그러면 별도의 임시 테이블을 생성하지 않고도 그루핑과 카운트 연산을 수행할 수 있습니다.

```
SELECT 성, 성별, COUNT(1) as 카운트
  FROM 사원
 GROUP BY 성별, 성
```

| 튜닝 후 수행 결과 |

다음과 같이 튜닝된 SQL 문을 실행하면 튜닝 전 SQL 문과 마찬가지로 총 3,274건의 데이터
가 출력됩니다. 이때 튜닝된 SQL 문의 소요 시간은 0.32초에서 0.04초로 개선되었습니다.

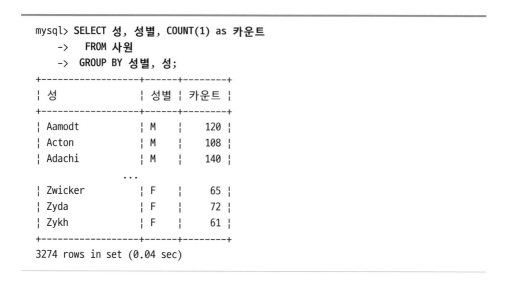

```
mysql> SELECT 성, 성별, COUNT(1) as 카운트
    ->   FROM 사원
    -> GROUP BY 성별, 성;
+-----------------+------+--------+
| 성              | 성별 | 카운트 |
+-----------------+------+--------+
| Aamodt          | M    |    120 |
| Acton           | M    |    108 |
| Adachi          | M    |    140 |
                ...
| Zwicker         | F    |     65 |
| Zyda            | F    |     72 |
| Zykh            | F    |     61 |
+-----------------+------+--------+
3274 rows in set (0.04 sec)
```

| 튜닝 후 실행 계획 |

튜닝된 SQL 문의 실행 계획에서는 별도로 임시 테이블을 생성하지 않고도 I_성별_성 인덱스
만으로 그루핑 이후의 정렬 작업까지 수행됩니다. 즉, Extra 항목에서 Using temporary가
사라졌다는 걸 확인할 수 있습니다.

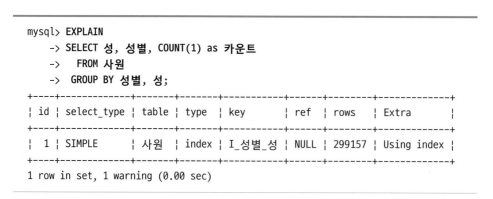

```
mysql> EXPLAIN
    -> SELECT 성, 성별, COUNT(1) as 카운트
    ->   FROM 사원
    -> GROUP BY 성별, 성;
+----+-------------+-------+-------+-----------+------+--------+-------------+
| id | select_type | table | type  | key       | ref  | rows   | Extra       |
+----+-------------+-------+-------+-----------+------+--------+-------------+
|  1 | SIMPLE      | 사원  | index | I_성별_성 | NULL | 299157 | Using index |
+----+-------------+-------+-------+-----------+------+--------+-------------+
1 row in set, 1 warning (0.00 sec)
```

4.2.8 엉뚱한 인덱스를 사용하는 나쁜 SQL 문

현황 분석

| 튜닝 전 SQL 문 |

다음은 사원 테이블에서 입사일자 열의 값이 '1989'로 시작하면서 사원번호가 100000를 초과하는 데이터를 조회하는 쿼리입니다. 즉, 입사일자가 1989년이면서 사원번호가 100,000번을 넘어가는 사원번호 정보를 조회합니다.

```
SELECT 사원번호
  FROM 사원
 WHERE 입사일자 LIKE '1989%'
   AND 사원번호 > 100000
```

| 튜닝 전 수행 결과 |

튜닝 전 SQL 문의 수행 결과는 20,001건이 출력되며 소요 시간은 약 0.13초입니다.

```
mysql> SELECT 사원번호
    ->   FROM 사원
    ->  WHERE 입사일자 LIKE '1989%'
    ->    AND 사원번호 > 100000;
+----------+
| 사원번호 |
+----------+
|    10011 |
|    10028 |
|    10041 |
|      ... |
|   499974 |
|   499983 |
|   499991 |
+----------+
20001 rows in set (0.13 sec)
```

| 튜닝 전 실행 계획 |

튜닝 전 실행 계획을 살펴보면 사원 테이블의 기본 키(key 항목: PRIMARY)로 범위 스캔(type 항목: range)을 수행함을 알 수 있습니다. 스토리지 엔진으로부터 기본 키를 구성하는 사원번호를 조건으로 데이터를 가져온 뒤, MySQL 엔진에서 남은 필터 조건(입사일자 LIKE '1989%')으로 추출하여 filtered 항목에 11.11%라는 예측값을 출력합니다.

```
mysql> EXPLAIN
    -> SELECT 사원번호
    ->   FROM 사원
    ->  WHERE 입사일자 LIKE '1989%'
    ->    AND 사원번호 > 100000;
+----+-------------+-------+-------+---------+--------+----------+-------------+
| id | select_type | table | type  | key     | rows   | filtered | Extra       |
+----+-------------+-------+-------+---------+--------+----------+-------------+
|  1 | SIMPLE      | 사원  | range | PRIMARY | 149601 |    11.11 | Using where |
+----+-------------+-------+-------+---------+--------+----------+-------------+
1 row in set, 1 warning (0.00 sec)
```

튜닝 수행

튜닝 전 SQL 문의 테이블과 인덱스 현황, WHERE 절의 조건문 열을 다시 살펴보겠습니다. 우선 실행 계획의 type 항목에 명시된 범위 스캔$^{\text{range scan}}$은 사원번호 열로 구성된 기본 키(key: PRIMARY)라는 것을 확인할 수 있었습니다.

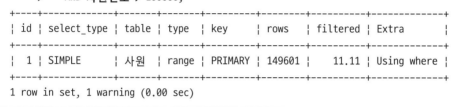

```
mysql> show index from 사원;
+-------+------------+-----------+--------------+-------------+-------------+-----------+...
| Table | Non_unique | Key_name  | Seq_in_index | Column_name | Collation |...
+-------+------------+-----------+--------------+-------------+-------------+-----------+...
| 사원  |          0 | PRIMARY   |            1 | 사원번호    | A         |...
| 사원  |          1 | I_입사일자 |            1 | 입사일자    | A         |...
| 사원  |          1 | I_성별_성 |            1 | 성별        | A         |...
| 사원  |          1 | I_성별_성 |            2 | 성          | A         |...
+-------+------------+-----------+--------------+-------------+-------------+-----------+...
4 rows in set (0.01 sec)
```

이어서 다음과 같이 첫 번째 SQL 문을 실행한 결과 사원 테이블의 데이터가 총 300,024건임을 알 수 있습니다. 두 번째 SQL 문으로는 입사일자가 1989년도인 데이터 건수가 총 28,394 건임을 확인할 수 있습니다. 마지막 SQL 문으로는 사원번호가 100000보다 큰 데이터 건수가 210,024건임을 확인합니다.

이처럼 사원번호가 100,000번을 초과하는 데이터가 전체 데이터 건수 대비 약 70%나 차지하는 만큼, 스토리지 엔진에서 데이터에 접근할 때 사원번호 열로 구성된 기본 키(key: PRIMARY)로 액세스하는 게 과연 효율적일지 고민해봐야 합니다.

한편 입사일자가 1989년인 사원 수 데이터는 전체 데이터 대비 약 10%를 차지하므로, 입사일자 열을 데이터 액세스 조건으로 활용하는 것도 검토해봅니다.

```
mysql> SELECT COUNT(1) FROM 사원;
+----------+
| COUNT(1) |
+----------+
|   300024 |
+----------+
1 row in set (2.58 sec)

mysql> SELECT COUNT(1) FROM 사원 WHERE 입사일자 LIKE '1989%';
+----------+
| COUNT(1) |
+----------+
|    28394 |
+----------+
1 row in set (0.16 sec)


mysql> SELECT COUNT(1) FROM 사원 WHERE 사원번호 > 100000;
+----------+
| count(1) |
+----------+
|   210024 |
+----------+
1 row in set (0.12 sec)
```

이후 I_입사일자 인덱스를 강제로 타도록 USE INDEX 힌트를 설정한 뒤 실행 계획을 출력해보면 다음과 같습니다(힌트를 추가하지 않으면 기본 키를 사용하는 인덱스 스캔으로 수행). I_입사일자 인덱스로 테이블을 스캔하지만, 인덱스 루스 스캔(Extra 항목: Using index for skip scan) 방식에 의해 인덱스를 스킵^{skip}하는 오버헤드가 발생할 수 있습니다.

```
mysql> EXPLAIN
    -> SELECT 사원번호
    ->   FROM 사원 USE INDEX(I_입사일자)
    ->  WHERE 입사일자 LIKE '1989%'
    ->    AND 사원번호 > 100000;
+----+-------------+-------+-------+------------+-------+----------+
| id | select_type | table | type  | key        | rows  | filtered |
+----+-------------+-------+-------+------------+-------+----------+
|  1 | SIMPLE      | 사원  | range | I_입사일자 | 99709 |   100.00 |
+----+-------------+-------+-------+------------+-------+----------+

----------------------------------------+
 Extra                                  |
----------------------------------------+
 Using where; Using index for skip scan |
----------------------------------------+
1 row in set, 1 warning (0.00 sec)
```

이때 해당 SQL 문의 소요 시간을 확인해보면 튜닝 전 SQL 문과 마찬가지로 약 0.11초대에 출력됨을 확인할 수 있습니다. 참고로 MariaDB에서는 힌트 추가만으로 Extra 항목이 Using where; Using index로 출력되며, 커버링 인덱스로 정상 수행됩니다.

```
mysql> SELECT 사원번호
    ->   FROM 사원 USE INDEX(I_입사일자)
    ->  WHERE 입사일자 LIKE '1989%'
    ->    AND 사원번호 > 100000;
+----------+
| 사원번호 |
+----------+
|   100526 |
|   200020 |
|   200234 |
|   ...    |
|   485104 |
|   485464 |
|   495190 |
+----------+
20001 rows in set (0.11 sec)
```

입사일자 열의 데이터 유형은 당연히 **date** 타입입니다. 이때 조건문에서 입사일자 열에 대해 부분검색이 목적인 **LIKE** 절을 사용한 게 과연 최선이었을까요? 튜닝 전 쿼리를 잘 살펴보면 연속된 일자의 데이터만 필요한 만큼, 다른 묘책은 없을지 고민해봅니다.

```
mysql> DESC 사원;
+----------+--------------+------+-----+---------+-------+
| Field    | Type         | Null | Key | Default | Extra |
+----------+--------------+------+-----+---------+-------+
| 사원번호 | int          | NO   | PRI | NULL    |       |
| 생년월일 | date         | NO   |     | NULL    |       |
| 이름     | varchar(14)  | NO   |     | NULL    |       |
| 성       | varchar(16)  | NO   |     | NULL    |       |
| 성별     | enum('M','F')| NO   | MUL | NULL    |       |
| 입사일자 | date         | NO   | MUL | NULL    |       |
+----------+--------------+------+-----+---------+-------+
6 rows in set (0.01 sec)
```

튜닝 결과

| 튜닝 후 SQL 문 |

다음은 입사일자 열의 조건문을 변경한 쿼리입니다. 기존의 **입사일자 LIKE '1989%'** 라는 조건절을 **입사일자 >= '1989-01-01' AND 입사일자 < '1990-01-01'** 와 같이 변경했습니다. LIKE 절보다 부등호(<, >, ≤. ≥) 조건절이 우선하여 인덱스를 사용하므로 데이터 접근 범위를 줄일 수 있습니다.

```
SELECT 사원번호
  FROM 사원
 WHERE 입사일자 >= '1989-01-01' AND 입사일자 < '1990-01-01'
   AND 사원번호 > 100000;
```

| 튜닝 후 수행 결과 |

튜닝된 SQL 문의 수행 결과는 총 20,001건으로 튜닝 전과 동일한 결과를 출력합니다. 소요 시간은 0.13초에서 0.02초로 줄었습니다.

```
mysql> SELECT 사원번호
    ->   FROM 사원
    -> WHERE 입사일자 >= '1989-01-01' AND 입사일자 < '1990-01-01'
    ->   AND 사원번호 > 100000;
+----------+
| 사원번호 |
+----------+
|   100526 |
|   200020 |
|   200234 |
|    ...   |
|   485104 |
|   485464 |
|   495190 |
+----------+
20001 rows in set (0.01 sec)
```

| 튜닝 후 실행 계획 |

사원 테이블에서 I_입사일자 인덱스를 활용하여 범위 스캔(type 항목: range)을 수행합니다.
그리고 테이블에 접근하지 않고 I_입사일자 인덱스만 사용하여 최종 결과를 출력합니다. 이를
커버링 인덱스 스캔(Extra 항목: Using index)이라고 부릅니다.

스토리지 엔진으로부터 I_입사일자 인덱스에 있는 데이터를 가져온 뒤 MySQL 엔진에서 사원
번호에 대한 필터 조건으로 데이터를 추출함을 확인할 수 있습니다.

```
mysql> EXPLAIN
    -> SELECT 사원번호
    ->   FROM 사원
    -> WHERE 입사일자 >= '1989-01-01' AND 입사일자 < '1990-01-01'
    ->   AND 사원번호 > 100000;
```

id	select_type	table	type	key	rows	filtered	Extra
1	SIMPLE	사원	range	I_입사일자	49820	50.00	Using where; Using index

```
1 row in set, 1 warning (0.00 sec)
```

4.2.9 동등 조건으로 인덱스를 사용하는 나쁜 SQL 문

현황 분석

| 튜닝 전 SQL 문 |

다음은 B 출입문으로 출입한 이력이 있는 정보를 모두 조회하는 쿼리입니다. 단순히 WHERE 절
에 출입문 열에 관한 조건절만 작성하는 매우 단순한 쿼리입니다.

```
SELECT *
  FROM 사원출입기록
 WHERE 출입문 = 'B'
```

| 튜닝 전 수행 결과 |

튜닝 전 수행 결과는 총 30만 건이며 약 3.7초의 시간이 소요되었습니다.

```
mysql> SELECT *
    ->   FROM 사원출입기록
    ->  WHERE 출입문 = 'B';
+--------+----------+---------------------+------------+--------+------+
| 순번   | 사원번호 | 입출입시간          | 입출입구분 | 출입문 | 지역 |
+--------+----------+---------------------+------------+--------+------+
                              ...
| 983031 |   110725 | 2020-02-23 02:37:12 | I          | B      | b    |
| 983032 |   111035 | 2020-10-21 12:54:34 | I          | B      | b    |
| 983033 |   111400 | 2020-08-03 08:41:13 | I          | B      | b    |
| 983034 |   111692 | 2020-07-12 04:42:28 | I          | B      | b    |
| 983035 |   110114 | 2020-11-15 21:28:40 | I          | B      | b    |
+--------+----------+---------------------+------------+--------+------+
300000 rows in set (3.70 sec)
```

| 튜닝 전 실행 계획 |

사원출입기록 테이블은 I_출입문 인덱스를 사용하여 데이터에 접근합니다. 이때 출입문 B에
대한 명확한 상수화 조건으로 데이터 접근 범위를 줄였으므로 ref 항목이 const로 출력됩니다.

```
mysql> EXPLAIN
    -> SELECT *
    ->   FROM 사원출입기록
    -> WHERE 출입문 = 'B';
+----+-------------+-------------+------+----------+-------+--------+-------+
| id | select_type | table       | type | key      | ref   | rows   | Extra |
+----+-------------+-------------+------+----------+-------+--------+-------+
|  1 | SIMPLE      | 사원출입기록 | ref  | I_출입문  | const | 329467 | NULL  |
+----+-------------+-------------+------+----------+-------+--------+-------+
1 row in set, 1 warning (0.00 sec)
```

튜닝 수행

튜닝 전 SQL 문에서 작성된 조건절 열을 살펴보겠습니다. 출입문 B는 총 66만 건의 전체 데이터 중 30만 건을 차지하고 있습니다. 이때 앞에서 살펴본 실행 계획에 따르면 I_출입문 인덱스로 인덱스 스캔을 수행합니다. 이는 인덱스에 접근한 뒤 테이블에 랜덤 액세스하는 방식이지만, 전체 데이터의 약 50%에 달하는 데이터를 조회하려고 인덱스를 활용하는 게 과연 효율적일지 고민해봐야 합니다.

```
mysql> SELECT 출입문, COUNT(1)
    ->   FROM 사원출입기록
    -> GROUP BY 출입문;
+--------+----------+
| 출입문 | COUNT(1) |
+--------+----------+
| A      |   250000 |
| B      |   300000 |
| C      |    10030 |
| D      |   100000 |
+--------+----------+
4 rows in set (0.24 sec)
```

튜닝 결과

| 튜닝 후 SQL 문 |

사원출입기록 테이블은 전체 데이터 대비 약 50%에 달하는 양을 조회하지만, 옵티마이저 로직에 따라 인덱스를 활용하는 방식으로 수행합니다.

사실 MySQL의 옵티마이저 내부 알고리즘은 완벽하지 않습니다. 따라서 처음 의도한 대로 SQL 문이 수행되지 않는다면 강제로 힌트를 추가하여 의도한 바를 유도할 수 있습니다.

예를 들어 대량의 데이터를 인덱스 스캔으로 조회하는 튜닝 전 쿼리에 대해, 내부 실행되는 인덱스를 무시할 수 있도록 IGNORE INDEX라는 힌트를 사용할 수 있습니다. 이때 I_출입문 인덱스를 무시하도록 괄호 안에 직접 작성하면 됩니다.

```
SELECT *
  FROM 사원출입기록 IGNORE INDEX(I_출입문)
 WHERE 출입문 = 'B'
```

| 튜닝 후 수행 결과 |

튜닝 후 SQL 문 수행 결과는 총 30만 건으로 튜닝 전의 수행 결과와 동일합니다. 소요 시간은 3.7초에서 0.85초로 대폭 줄어들었습니다.

```
mysql> SELECT *
    ->   FROM 사원출입기록 IGNORE INDEX(I_출입문)
    ->  WHERE 출입문 = 'B';
+--------+----------+---------------------+------------+--------+------+
| 순번   | 사원번호 | 입출입시간          | 입출입구분 | 출입문 | 지역 |
+--------+----------+---------------------+------------+--------+------+
                              ...
| 983031 |   110725 | 2020-02-23 02:37:12 | I          | B      | b    |
| 983032 |   111035 | 2020-10-21 12:54:34 | I          | B      | b    |
| 983033 |   111400 | 2020-08-03 08:41:13 | I          | B      | b    |
| 983034 |   111692 | 2020-07-12 04:42:28 | I          | B      | b    |
| 983035 |   110114 | 2020-11-15 21:28:40 | I          | B      | b    |
+--------+----------+---------------------+------------+--------+------+
300000 rows in set (0.85 sec)
```

| 튜닝 후 실행 계획 |

튜닝 후 실행 계획을 살펴보면 사원출입기록 테이블이 테이블 풀 스캔 방식(type 항목: ALL)으로 수행됨을 확인할 수 있습니다. 즉, 인덱스를 사용하지 않은 채 약 66만 건의 전체 데이터를 가져와 WHERE 출입문 = 'B' 조건절로 필요한 데이터를 추출하는 방식입니다. 그러면 랜덤 액세스가 발생하지 않고, 한 번에 다수의 페이지에 접근하는 테이블 풀 스캔 방식으로 수행됩니다. 따라서 더 효율적인 방식으로 SQL 문이 튜닝됩니다.

```
mysql> EXPLAIN
    -> SELECT *
    ->   FROM 사원출입기록 IGNORE INDEX(I_출입문)
    ->  WHERE 출입문 = 'B';
+----+-------------+--------------+------+------+------+--------+-------------+
| id | select_type | table        | type | key  | ref  | rows   | Extra       |
+----+-------------+--------------+------+------+------+--------+-------------+
|  1 | SIMPLE      | 사원출입기록  | ALL  | NULL | NULL | 658935 | Using where |
+----+-------------+--------------+------+------+------+--------+-------------+
1 row in set, 1 warning (0.00 sec)
```

4.2.10 범위 조건으로 인덱스를 사용하는 나쁜 SQL 문

현황 분석

| 튜닝 전 SQL 문 |

다음은 입사일자가 1994년 1월 1일부터 2000년 12월 31일까지인 사원들의 이름과 성을 출력하는 쿼리입니다.

```
SELECT 이름, 성
  FROM 사원
 WHERE 입사일자 BETWEEN STR_TO_DATE('1994-01-01', '%Y-%m-%d')
                   AND STR_TO_DATE('2000-12-31', '%Y-%m-%d')
```

| 튜닝 전 수행 결과 |

튜닝 전 수행 결과는 총 48,875건이고 1.21초의 시간이 소요됩니다.

```
mysql> SELECT 이름, 성
    ->   FROM 사원
    ->  WHERE 입사일자 BETWEEN STR_TO_DATE('1994-01-01', '%Y-%m-%d')
    ->                    AND STR_TO_DATE('2000-12-31', '%Y-%m-%d');
+------------+--------------+
| 이름        | 성           |
+------------+--------------+
| Saniya     | Kalloufi     |
| Kazuhito   | Cappelletti  |
| Lillian    | Haddadi      |
              ...
| Rimli      | Dusink       |
| DeForest   | Mullainathan |
| Sachin     | Tsukuda      |
+------------+--------------+
48875 rows in set (1.21 sec)
```

| 튜닝 전 실행 계획 |

사원 테이블에서 I_입사일자 인덱스로 범위 스캔을 수행합니다. Extra 항목의 Using index condition를 통해 스토리지 엔진에서 입사일자의 조건절로 인덱스 스캔을 수행함을 알 수 있습니다. 또한 Using MRR을 통해 인덱스가 랜덤 액세스가 아닌 순차 스캔으로 최적화하여 처리됨을 확인할 수 있습니다.

```
mysql> EXPLAIN
    -> SELECT 이름, 성
    ->   FROM 사원
    ->  WHERE 입사일자 BETWEEN STR_TO_DATE('1994-01-01', '%Y-%m-%d')
    ->                    AND STR_TO_DATE('2000-12-31', '%Y-%m-%d');
+----+-------------+-------+-------+-----------+--------+----------------------+
| id | select_type | table | type  | key       | rows   | Extra                |
+----+-------------+-------+-------+-----------+--------+----------------------+
|  1 | SIMPLE      | 사원  | range | I_입사일자 | 112160 | Using index condition; |
|    |             |       |       |           |        | Using MRR            |
+----+-------------+-------+-------+-----------+--------+----------------------+
1 row in set, 1 warning (0.00 sec)
```

튜닝 수행

다음 SQL 문을 실행해보면 사원 테이블의 데이터는 총 300,024건으로 나타납니다. 튜닝 전 SQL 문의 결과 건수는 48,875건이었으므로 전체 데이터의 약 17%에 해당되는 데이터를 가져오는 셈입니다. 이때 인덱스를 사용하는 것이 효율적일지, 아니면 인덱스 없이 테이블에 바로 접근하는 방식이 효율적일지 확인해봐야 합니다.

또한 입사일자 열 기준으로 매번 수 년에 걸친 데이터를 조회하는 경우가 잦다면, 사실상 인덱스 스캔으로 랜덤 액세스의 부하가 발생하도록 하기보다는 테이블 풀 스캔 방식을 고정적으로 설정하는 게 나을 것입니다.

```
mysql> select count(1) from 사원;
+----------+
| count(1) |
+----------+
|   300024 |
+----------+
1 row in set (2.30 sec)
```

튜닝 결과

| 튜닝 후 SQL 문 |

다음은 입사일자 열로 생성한 인덱스를 사용하지 않게 의도적으로 인덱스 열을 변형한 쿼리입니다. WHERE 조건절을 다음과 같이 가공하여 I_입사일자 인덱스를 사용하지 못하도록 했습니다.

```
SELECT 이름, 성
  FROM 사원
 WHERE YEAR(입사일자) BETWEEN '1994' AND '2000'
```

| 튜닝 후 수행 결과 |

튜닝 후의 수행 결과는 튜닝 전 결과와 동일한 48,875건입니다. 이때 소요 시간은 1.21초에서 0.2초로 줄어든 것을 확인할 수 있습니다.

```
mysql> SELECT 이름, 성
    ->    FROM 사원
    -> WHERE YEAR(입사일자) BETWEEN '1994' AND '2000';
+------------+--------------+
| 이름       | 성           |
+------------+--------------+
| Saniya     | Kalloufi     |
| Kazuhito   | Cappelletti  |
| Lillian    | Haddadi      |
              ...
| Rimli      | Dusink       |
| DeForest   | Mullainathan |
| Sachin     | Tsukuda      |
+------------+--------------+
48875 rows in set (0.20 sec)
```

| 튜닝 후 실행 계획 |

튜닝된 SQL 문에서 사원 테이블은 테이블 풀 스캔(type 항목: ALL) 방식으로 데이터에 접근
합니다. 즉, 인덱스 없이 테이블에 직접 접근하며 한 번에 다수의 페이지에 접근하므로 더 효율
적으로 SQL 문이 수행됩니다.

```
mysql> EXPLAIN
    -> SELECT 이름, 성
    ->    FROM 사원
    -> WHERE YEAR(입사일자) BETWEEN '1994' AND '2000';
+----+-------------+-------+------+------+--------+-------------+
| id | select_type | table | type | key  | rows   | Extra       |
+----+-------------+-------+------+------+--------+-------------+
|  1 | SIMPLE      | 사원  | ALL  | NULL | 299157 | Using where |
+----+-------------+-------+------+------+--------+-------------+
1 row in set, 1 warning (0.00 sec)
```

4.3 테이블 조인 설정 변경으로 착한 쿼리 만들기

MySQL과 MariaDB에서 두 개 테이블의 데이터를 결합하는 조인 알고리즘은 대부분 중첩 루

프 조인으로 풀립니다. 물론 성능 최적화를 위해 다른 조인 알고리즘을 제공하기는 하지만, 상당수의 조인 방식은 여전히 중첩 루프 조인에 기반을 두므로 튜닝 분석 시 실행 계획을 주의 깊게 살펴봅니다.

4.3.1 작은 테이블이 먼저 조인에 참여하는 나쁜 SQL 문

현황 분석

| 튜닝 전 SQL 문 |

다음은 부서사원_매핑 테이블과 부서 테이블을 조인하여 부서 시작일자가 '2002-03-01'이후인 사원의 데이터를 조회하는 쿼리입니다. 즉, 사원이 부서에 처음 소속된 날짜가 2002년 3월 1일 이후인 사원의 사원번호와 부서번호를 출력하는 쿼리입니다.

```sql
SELECT  매핑.사원번호,
        부서.부서번호
  FROM  부서사원_매핑 매핑,
        부서
 WHERE  매핑.부서번호 = 부서.부서번호
   AND  매핑.시작일자 >= '2002-03-01';
```

| 튜닝 전 수행 결과 |

튜닝 전 SQL 문의 수행 결과 총 1,341개의 행이 출력되며 약 13.2초의 시간이 소요됩니다. SQL 문의 소요 시간이 수 초 이상 걸리는 만큼 어느 부분이 문제인지 고민해봐야 합니다.

```sql
mysql> SELECT 매핑.사원번호,
    ->        부서.부서번호
    ->   FROM 부서사원_매핑 매핑,
    ->        부서
    ->  WHERE 매핑.부서번호 = 부서.부서번호
    ->    AND 매핑.시작일자 >= '2002-03-01';
```

```
+----------+----------+
| 사원번호 | 부서번호 |
+----------+----------+
|    11732 | d009     |
|    14179 | d009     |
|    16989 | d009     |
            ...
|   483592 | d007     |
|   487945 | d007     |
|   488117 | d007     |
+----------+----------+
1341 rows in set (13.27 sec)
```

| 튜닝 전 실행 계획 |

드라이빙 테이블인 부서 테이블과 드리븐 테이블인 부서사원_매핑 테이블은 중첩 루프 조인을 수행합니다. 작은 크기의 부서 테이블에서 **부서.부서번호** 열만 SELECT 절과 WHERE 절에 필요하므로, UI_부서명 인덱스를 활용해 인덱스 풀 스캔을 합니다.

이때 만약 부서번호 열로 구성된 기본 키(key 항목: PRIMARY)를 사용하도록 USE INDEX(PRIMARY) 힌트를 추가하더라도 튜닝 전 SQL 문은 개선되지 않습니다. 이는 여러분이 직접 쿼리를 작성해 확인해보시기 바랍니다.

한편 상대적으로 큰 크기의 부서사원_매핑 테이블은 I_부서번호 인덱스로 인덱스 스캔을 수행합니다. 이때 rows 항목의 41392라는 수치는 SQL 문을 수행하고자 조사한 행의 예측 건수로, 인덱스 스캔을 하고 랜덤 액세스로 테이블에 접근하게 됩니다. 이처럼 드리븐 테이블에서 대량의 데이터에 대해 랜덤 액세스하면 비효율적입니다.

또한 부서사원_매핑 테이블에는 30만 건 이상의 데이터가 있으나, MySQL 엔진으로 가져온 모든 데이터에 대해 WHERE 절의 필터 조건(매핑.시작일자 >= '2002-03-01')을 수행합니다.

```
mysql> EXPLAIN
    -> SELECT 매핑.사원번호,
    ->        부서.부서번호
    ->   FROM 부서사원_매핑 매핑, 부서
    ->  WHERE 매핑.부서번호 = 부서.부서번호
    ->    AND 매핑.시작일자 >= '2002-03-01';
```

```
+----+-------------+-------+-------+------------+--------------+-------+
| id | select_type | table | type  | key        | ref          | rows  |
+----+-------------+-------+-------+------------+--------------+-------+
|  1 | SIMPLE      | 부서  | index | UI_부서명  | NULL         |     9 |
|  1 | SIMPLE      | 매핑  | ref   | I_부서번호 | 부서.부서번호 | 41392 |
+----+-------------+-------+-------+------------+--------------+-------+

----------+-------------+
 filtered | Extra       |
----------+-------------+
   100.00 | Using index |
    33.33 | Using where |
----------+-------------+
2 rows in set, 1 warning (0.00 sec)
```

튜닝 수행

다음 쿼리를 이용하여 튜닝 전 SQL 문에 포함된 테이블부터 확인해봅니다. 드라이빙 테이블인 부서 테이블에는 9건의 데이터가 있고, 드리븐 테이블인 부서사원_매핑 테이블에는 약 33만 건의 데이터가 있습니다. 그리고 앞에서 이미 확인했듯이 SQL 문에 작성된 조건절(**매핑.시작일자 >= '2002-03-01'**)로 추출한 부서사원_매핑 테이블의 데이터 건수는 약 1,341건입니다. 이는 전체 데이터 건수 대비 약 0.4% 수준에 불과합니다.

이렇게 작성된 SQL 문에서 상대적으로 규모가 큰 부서사원_매핑 테이블의 **매핑.시작일자 >= '2002-03-01'** 조건절을 먼저 적용할 수 있다면 조인할 때 비교 대상이 줄어들 것입니다.

```
mysql> SELECT COUNT(1) FROM 부서사원_매핑;
+----------+
| COUNT(1) |
+----------+
|   331603 |
+----------+
1 row in set (1.94 sec)

mysql> SELECT COUNT(1) FROM 부서;
+----------+
| COUNT(1) |
+----------+
|        9 |
+----------+
```

```
1 row in set (0.01 sec)

mysql> SELECT COUNT(1) FROM 부서사원_매핑 WHERE 시작일자 >= '2002-03-01';
+----------+
| COUNT(1) |
+----------+
|     1341 |
+----------+
1 row in set (0.27 sec)
```

덧붙이자면, 부서사원_매핑 테이블에 대해 **시작일자** 열이 범위 조건으로 작성되는지, 그 범위에 해당하는 데이터가 5% 이하(혹은 10% 또는 1% 등 명확한 기준은 없음)에 불과한 소량의 데이터를 조회하는지를 함께 분석해봐야 합니다. 그러한 경우 부서사원_매핑 테이블에 시작일자 열 기준으로 인덱스를 생성한다면 인덱스 스캔을 통해 더 효율적으로 데이터를 조회할 수 있을 것입니다. 다만 4장에서는 인덱스의 구조 변화(DDL)를 다루지 않으므로 이번 튜닝 과정에서는 제외하고 5장에서 다룰 예정입니다.

튜닝 결과

| 튜닝 후 SQL 문 |

앞에서 확인했듯이 부서사원_매핑 테이블에 필요한 데이터 건수를 0.4%로 줄일 수 있는 조건절(매핑.시작일자 >= '2002-03-01')이 이미 있으므로, 해당 조건절을 적절히 활용하여 드라이빙 테이블에서의 조인 비교 건수를 줄이도록 SQL 튜닝을 수행합니다. 그러려면 STRAIGHT_JOIN 힌트를 사용하여 FROM 절에 작성된 테이블 순서대로 조인에 참여할 수 있도록 고정해야 합니다.

즉 부서사원_매핑 테이블에 먼저 접근하고, 이후 부서 테이블에 반복하여 접근하면서 최종 결과를 추출합니다.

```
SELECT STRAIGHT_JOIN
       매핑.사원번호,
       부서.부서번호
  FROM 부서사원_매핑 매핑,
       부서
```

```
WHERE 매핑.부서번호 = 부서.부서번호
  AND 매핑.시작일자 >= '2002-03-01'
```

| 튜닝 후 수행 결과 |

튜닝된 SQL 문을 수행한 결과 튜닝 전과 동일하게 총 1,341개의 행이 출력되며, 소요 시간은
약 13.2초에서 0.17초로 크게 줄어든 것을 확인할 수 있습니다.

```
mysql> SELECT STRAIGHT_JOIN
    ->         매핑.사원번호,
    ->         부서.부서번호
    ->   FROM 부서사원_매핑 매핑, 부서
    ->  WHERE 매핑.부서번호 = 부서.부서번호
    ->    AND 매핑.시작일자 >= '2002-03-01' ;
+----------+----------+
| 사원번호  | 부서번호  |
+----------+----------+
|    10298 | d004     |
|    10604 | d004     |
|    11004 | d006     |
         ...
|   499098 | d008     |
|   499604 | d008     |
|   499715 | d005     |
+----------+----------+
1341 rows in set (0.17 sec)
```

| 튜닝 후 실행 계획 |

튜닝된 실행 계획은 다음과 같습니다. id가 1인 부서사원_매핑 테이블과 부서 테이블은 각각
중첩 루프 조인으로 처리됩니다. 먼저 접근하는 드라이빙 테이블은 부서사원_매핑 테이블로,
테이블의 랜덤 액세스 없이 테이블 풀 스캔(type 항목: ALL)으로 한 번에 다수의 페이지(데
이터가 저장되는 최소 단위)에 접근합니다. 그리고 드라이빙 테이블에서 추출된 데이터만큼
반복하여 접근하게 되는 드리븐 테이블은 부서 테이블이 됩니다.

즉, 상대적으로 대용량인 부서사원_매핑 테이블을 테이블 풀 스캔으로 처리하고, 부서 테이블

에는 기본 키(key 항목: PRIAMRY)로 반복 접근하여 1개의 데이터에만 접근하는 식으로 수행됩니다.

```
mysql> EXPLAIN
    -> SELECT STRAIGHT_JOIN
    ->        매핑.사원번호,
    ->        부서.부서번호
    ->   FROM 부서사원_매핑 매핑, 부서
    ->  WHERE 매핑.부서번호 = 부서.부서번호
    ->    AND 매핑.시작일자 >= '2002-03-01';
+----+-------------+-------+--------+---------+---------------+--------+
| id | select_type | table | type   | key     | ref           | rows   |
+----+-------------+-------+--------+---------+---------------+--------+
|  1 | SIMPLE      | 매핑  | ALL    | NULL    | NULL          | 331143 |
|  1 | SIMPLE      | 부서  | eq_ref | PRIMARY | 매핑.부서번호 |      1 |
+----+-------------+-------+--------+---------+---------------+--------+

---------+-------------+
filtered | Extra       |
---------+-------------+
   33.33 | Using where |
  100.00 | Using index |
---------+-------------+
2 rows in set, 1 warning (0.00 sec)
```

4.3.2 메인 테이블에 계속 의존하는 나쁜 SQL 문

현황 분석

| 튜닝 전 SQL 문 |

다음 SQL 문은 사원번호가 450,000보다 크고 최대 연봉이 100,000보다 큰 데이터를 찾아 출력하는 쿼리입니다. 즉, 사원번호가 450,000번을 초과하면서 그동안 받은 연봉 중 한 번이라도 100,000달러를 초과한 적이 있는 사원의 정보를 출력합니다. 이때 메인쿼리인 사원 테이블에서는 **WHERE** 조건절에서 사원번호 추출 대상을 정의하고, 중첩 서브쿼리의 급여 테이블에서는 메인 테이블의 사원번호를 매번 받아와 해당 사원의 최대 연봉 데이터를 확인합니다.

```
SELECT 사원.사원번호, 사원.이름, 사원.성
  FROM 사원
 WHERE 사원번호 > 450000
   AND ( SELECT MAX(연봉)
           FROM 급여
          WHERE 사원번호 = 사원.사원번호
       ) > 100000
```

| 튜닝 전 수행 결과 |

튜닝 전 SQL 문을 수행한 결과는 총 3,155건이며 약 0.57초의 시간이 소요되었습니다.

```
mysql> SELECT 사원.사원번호, 사원.이름, 사원.성
    ->   FROM 사원
    ->  WHERE 사원번호 > 450000
    ->    AND ( SELECT MAX(연봉)
    ->            FROM 급여
    ->           WHERE 사원번호 = 사원.사원번호
    ->        ) > 100000;
+----------+------------+----------+
| 사원번호 | 이름       | 성       |
+----------+------------+----------+
|   450025 | Dharmaraja | Marrevee |
|   450040 | Iara       | Falby    |
|   450044 | Steen      | Broder   |
|            ...                    |
|   499980 | Gino       | Usery    |
|   499986 | Nathan     | Ranta    |
|   499988 | Bangqing   | Kleiser  |
+----------+------------+----------+
3155 rows in set (0.57 sec)
```

| 튜닝 전 실행 계획 |

튜닝 전 실행 계획을 살펴보면 다음과 같습니다. SQL 문은 먼저 FROM 절의 메인 테이블인 사원 테이블에 접근합니다. 즉, id가 1인 사원 테이블이 기본 키(key: PRIMARY)를 활용해서 범위 스캔(type 항목: range)을 수행합니다. 다음으로 id가 2인 급여 테이블에 접근합니다. 해당 쿼리는 외부의 사원 테이블로부터 조건절을 전달받아 수행해야 하는 의존성을 가진 서브

쿼리(select_type 항목: DEPENDENT SUBQUERY)입니다. 그리고 급여 테이블은 기본키(key: PRIMARY)를 활용함을 확인할 수 있습니다.

```
mysql> EXPLAIN
    -> SELECT 사원.사원번호, 사원.이름, 사원.성
    ->   FROM 사원
    ->  WHERE 사원번호 > 450000
    ->    AND ( SELECT MAX(연봉)
    ->            FROM 급여
    ->           WHERE 사원번호 = 사원.사원번호
    ->        ) > 100000;
+----+-------------------+-------+-------+---------+---------------+--------+
| id | select_type       | table | type  | key     | ref           | rows   |
+----+-------------------+-------+-------+---------+---------------+--------+
|  1 | PRIMARY           | 사원  | range | PRIMARY | NULL          | 104330 |
|  2 | DEPENDENT SUBQUERY | 급여  | ref   | PRIMARY | 사원.사원번호 |      9 |
+----+-------------------+-------+-------+---------+---------------+--------+

-------------+
Extra        |
-------------+
Using where  |
NULL         |
-------------+
2 rows in set, 2 warnings (0.00 sec)
```

튜닝 수행

SQL 튜닝을 수행하기 전에 다음과 같이 해당 테이블들의 현황부터 살펴봅니다. 사원 테이블에는 약 30만 건의 데이터가 있고 급여 테이블에는 약 50만 건의 데이터가 있습니다. 이때 사원번호가 450000를 초과하는 데이터는 49,999건으로 전체 데이터 건수의 약 15% 수준입니다.

```
mysql> SELECT COUNT(1) FROM 사원;
+----------+
| COUNT(1) |
+----------+
|   300024 |
+----------+
1 row in set (2.28 sec)
```

```
mysql> SELECT COUNT(1) FROM 급여;
+----------+
| COUNT(1) |
+----------+
|  2844047 |
+----------+
1 row in set (1.32 sec)

mysql> SELECT COUNT(1)
    ->    FROM 사원
    ->  WHERE 사원번호 > 450000;
+----------+
| COUNT(1) |
+----------+
|    49999 |
+----------+
1 row in set (0.03 sec)
```

튜닝 대상 SQL 문에서 활용하는 인덱스는 모두 기본 키입니다. 사원 테이블은 사원번호 열로 구성된 기본 키를 사용하고, 급여 테이블은 사원번호와 시작일자로 구성된 기본 키를 사용합니다.

```
mmysql> show index from 사원;
+--------+------------+------------+--------------+-------------+ ...
| Table  | Non_unique | Key_name   | Seq_in_index | Column_name | ...
+--------+------------+------------+--------------+-------------+ ...
| 사원   |          0 | PRIMARY    |            1 | 사원번호    | ...
| 사원   |          1 | I_입사일자 |            1 | 입사일자    | ...
| 사원   |          1 | I_성별_성  |            1 | 성별        | ...
| 사원   |          1 | I_성별_성  |            2 | 성          | ...
+--------+------------+------------+--------------+-------------+ ...
4 rows in set (0.00 sec)

mysql> show index from 급여;
+--------+------------+------------+--------------+-------------+ ...
| Table  | Non_unique | Key_name   | Seq_in_index | Column_name | ...
+--------+------------+------------+--------------+-------------+ ...
| 급여   |          0 | PRIMARY    |            1 | 사원번호    | ...
| 급여   |          0 | PRIMARY    |            2 | 시작일자    | ...
| 급여   |          1 | I_사용여부 |            1 | 사용여부    | ...
+--------+------------+------------+--------------+-------------+ ...
3 rows in set (0.01 sec)ec)
```

보통 실행 계획의 select_type 항목에 DEPENDENT라는 키워드가 있으면, 외부 테이블에서 조건절을 받은 뒤 처리되어야 하므로 튜닝 대상으로 고려할 수 있습니다. 앞서 살펴본 실행 계획에서는 id가 2인 행의 급여 테이블에 해당 키워드인 DEPENDENT가 출력됨을 확인할 수 있습니다.

따라서 **WHERE** 절의 서브쿼리에서 외부 테이블인 **사원** 테이블의 사원정보를 조건절(**WHERE 사원번호 = 사원.사원번호**)로 받아야 할지 고민해봐야 합니다. 사원번호가 450,000번을 초과하면서 사원번호별로 최대 연봉이 100,000달러를 초과하는 쿼리를 서브쿼리 대신 조인으로 변경해 수행할 방법이 없을까요?

TIP_ 서브쿼리 vs 조인

필자 경험상 서브쿼리보다는 조인으로 수행하는 편이 성능 측면에서 유리할 가능성이 높습니다.

튜닝 결과

| 튜닝 후 SQL 문 |

튜닝된 SQL 문은 다음과 같습니다. 먼저 **WHERE** 절의 서브쿼리를 조인으로 변경하면서 GROUP BY 절과 HAVING 절을 이용하여 튜닝 전의 그룹별 최댓값을 계산하도록 개선합니다. 즉, GROUP BY 절에서는 사원번호별 그루핑을 수행하고, **HAVING** 절에서는 연봉의 최댓값으로 조건을 설정하여 원하는 데이터를 조회합니다.

```
SELECT 사원.사원번호,
       사원.이름,
       사원.성
  FROM 사원,
       급여
 WHERE 사원.사원번호 > 450000
   AND 사원.사원번호 = 급여.사원번호
 GROUP BY 사원.사원번호
HAVING MAX(급여.연봉) > 100000
```

| 튜닝 후 수행 결과 |

튜닝된 SQL 수행 결과는 튜닝 전과 동일하게 총 3,155건이 출력되며, 소요 시간은 약 0.57초에서 0.11초로 줄어들었음을 확인할 수 있습니다.

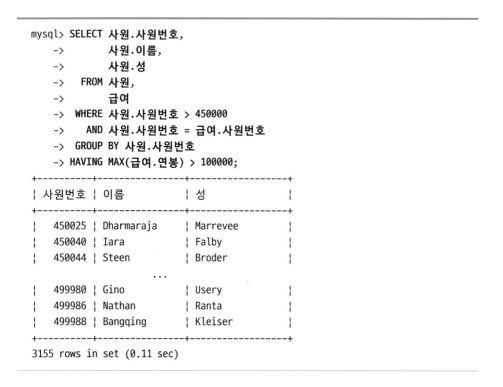

```
mysql> SELECT 사원.사원번호,
    ->        사원.이름,
    ->        사원.성
    ->   FROM 사원,
    ->        급여
    ->  WHERE 사원.사원번호 > 450000
    ->    AND 사원.사원번호 = 급여.사원번호
    ->  GROUP BY 사원.사원번호
    -> HAVING MAX(급여.연봉) > 100000;
+----------+----------------+------------------+
| 사원번호  | 이름            | 성               |
+----------+----------------+------------------+
|   450025 | Dharmaraja     | Marrevee         |
|   450040 | Iara           | Falby            |
|   450044 | Steen          | Broder           |
                       ...
|   499980 | Gino           | Usery            |
|   499986 | Nathan         | Ranta            |
|   499988 | Bangqing       | Kleiser          |
+----------+----------------+------------------+
3155 rows in set (0.11 sec)
```

| 튜닝 후 실행 계획 |

튜닝이 끝난 실행 계획은 다음과 같습니다. id가 1인 두 개 행에서 먼저 접근하는 드라이빙 테이블은 급여 테이블이고, 그 다음으로 접근하는 드리븐 테이블은 사원 테이블입니다. 또한 급여 테이블에 먼저 접근하기 위한 범위 축소 조건은 WHERE 사원.사원번호 > 450000 절을 통한 급여.사원번호 > 450000 조건절로 변형되어 적용됩니다. 이는 옵티마이저에 의해 SQL 문이 재작성^{rewrite}된 부분으로 수행됩니다.

튜닝 전의 실행 계획에서 수행된 급여 테이블의 DEPENDENT SUBQUERY 방식은 제거되고, 사원 테이블과 급여 테이블이 단순히 조인하는 방식으로 변경되어 수행 효율이 향상됨을 확인할 수 있습니다.

참고로 실행 계획의 rows 항목 정보는 SQL 수행을 위해 조사하는 행 수의 예측값이므로 단순하게 rows 수치의 많고 적음으로 튜닝 성공 여부를 판단하기는 어렵습니다.

```
mysql> EXPLAIN
    -> SELECT 사원.사원번호,
    ->        사원.이름,
    ->        사원.성
    ->   FROM 사원,
    ->        급여
    ->  WHERE 사원.사원번호 > 450000
    ->    AND 사원.사원번호 = 급여.사원번호
    ->  GROUP BY 사원.사원번호
    -> HAVING MAX(급여.연봉) > 100000;
+----+-------------+--------+--------+---------+--------------+--------+-------------+
| id | select_type | table  | type   | key     | ref          | rows   | Extra       |
+----+-------------+--------+--------+---------+--------------+--------+-------------+
|  1 | SIMPLE      | 사원   | range  | PRIMARY | NULL         | 104330 | Using where |
|  1 | SIMPLE      | 급여   | ref    | PRIMARY | 사원.사원번호 |      9 | NULL        |
+----+-------------+--------+--------+---------+--------------+--------+-------------+
2 rows in set, 1 warning (0.00 sec)
```

4.3.3 불필요한 조인을 수행하는 나쁜 SQL 문

현황 분석

| 튜닝 전 SQL 문 |

다음 SQL 문은 FROM 절에서 사원 테이블과 사원출입기록 테이블로 작성한 인라인 뷰를 사원번호 열로 내부 조인하는 쿼리입니다. 즉, A 출입문으로 출입한 사원이 총 몇 명인지 구하는 쿼리입니다.

```
SELECT COUNT(DISTINCT 사원.사원번호) as 데이터건수
  FROM 사원,
     ( SELECT 사원번호
         FROM 사원출입기록 기록
```

```
        WHERE 출입문 = 'A'
    ) 기록
WHERE 사원.사원번호 = 기록.사원번호
```

| 튜닝 전 수행 결과 |

튜닝 전 SQL 문의 수행 결과는 1건이며 약 22.5초가 소요되었습니다.

```
mysql> SELECT COUNT(DISTINCT  사원.사원번호) as 데이터건수
    ->    FROM 사원,
    ->     ( SELECT 사원번호
    ->        FROM 사원출입기록 기록
    ->       WHERE 출입문 = 'A'
    ->     ) 기록
    ->  WHERE 사원.사원번호 = 기록.사원번호;
+------------+
| 데이터건수 |
+------------+
|     150000 |
+------------+
1 row in set (22.50 sec)
```

| 튜닝 전 실행 계획 |

사원출입기록 테이블과 사원 테이블의 id는 둘 다 1이므로 조인 수행됨을 알 수 있습니다. 드라이빙 테이블인 사원출입기록 테이블은 I_출입문 인덱스를 활용하여 A 출입문에 관한 기록이 있는 사원번호를 구합니다. WHERE 절에서는 값이 'A'인 상수와 직접 비교하므로 ref 항목이 const로 출력되고, 인덱스를 사용한 동등(=) 비교를 수행하므로 type 항목이 ref로 표시됩니다.

드리븐 테이블인 사원 테이블은 기본 키(key 항목: PRIMARY)를 사용해서 조인 조건절인 사원번호 열로 데이터를 비교합니다. type 항목의 eq_ref는 드리븐 테이블에서 기본 키를 사용하므로 표시되는 유형입니다.

```
mysql> EXPLAIN
    -> SELECT COUNT(DISTINCT  사원.사원번호) as 데이터건수
    ->   FROM 사원,
    ->      ( SELECT 사원번호
    ->          FROM 사원출입기록 기록
    ->         WHERE 출입문 = 'A'
    ->      ) 기록
    ->  WHERE 사원.사원번호 = 기록.사원번호;
+----+-------------+-------+--------+----------+---------------+--------+-------------+
| id | select_type | table | type   | key      | ref           | rows   | Extra       |
+----+-------------+-------+--------+----------+---------------+--------+-------------+
|  1 | SIMPLE      | 기록  | ref    | I_출입문 | const         | 329467 | Using index |
|  1 | SIMPLE      | 사원  | eq_ref | PRIMARY  | 기록.사원번호 |      1 | Using index |
+----+-------------+-------+--------+----------+---------------+--------+-------------+
2 rows in set, 1 warning (0.01 sec)
```

튜닝 수행

FROM 절의 인라인 뷰는 사실상 옵티마이저에 의해 조인 방식이 뷰 병합[view merging]으로 최적화되어 다음 SQL 문처럼 수행됩니다.

```
SELECT COUNT(DISTINCT 기록.사원번호) as 데이터건수
  FROM 사원,
       사원출입기록 기록
 WHERE 사원.사원번호 = 기록.사원번호
   AND 출입문 = 'A';
```

앞에서 살펴본 튜닝 전 실행 계획에 따르면, 드라이빙 테이블인 사원출입기록 테이블에 접근할 때 I_출입문 인덱스를 활용하여 데이터에 접근하는 것을 확인할 수 있습니다. SELECT 절의 최종 결과는 사원 테이블의 사원번호에서 중복 제거한 건수를 구한 것입니다.

이때 실제로는 66만여 건에 달하는 사원출입기록 테이블의 데이터 결과가 최종 결과에 어떻게 활용되는지를 확인해봐야 합니다. 왜냐하면 사원출입기록 테이블의 사원번호는 사원 테이블과 조인을 수행하는 과정 중에 값의 존재 여부만 알면 되기 때문입니다.

```
mysql> DESC 사원;
+----------+---------------+------+-----+---------+-------+
| Field    | Type          | Null | Key | Default | Extra |
+----------+---------------+------+-----+---------+-------+
| 사원번호  | int           | NO   | PRI | NULL    |       |
| 생년월일  | date          | NO   |     | NULL    |       |
| 이름     | varchar(14)   | NO   |     | NULL    |       |
| 성       | varchar(16)   | NO   |     | NULL    |       |
| 성별     | enum('M','F') | NO   | MUL | NULL    |       |
| 입사일자  | date          | NO   | MUL | NULL    |       |
+----------+---------------+------+-----+---------+-------+
6 rows in set (0.01 sec)
```

튜닝 결과

| 튜닝 후 SQL 문 |

사원출입기록 테이블의 데이터는 최종 결과에 사용하지 않고 단지 존재 여부만 파악하면 되므로 EXISTS 구문으로 변경합니다. 출입문 A에 관한 기록이 있는 사원번호에 대해 조인을 수행한 뒤, 해당하는 데이터만 집계하는 방식으로 튜닝합니다.

```
SELECT COUNT(1) as 데이터건수
  FROM 사원
 WHERE EXISTS (SELECT 1
                 FROM 사원출입기록 기록
                WHERE 출입문 = 'A'
                  AND 기록.사원번호 = 사원.사원번호)
```

| 튜닝 후 수행 결과 |

튜닝된 SQL 문을 실행한 결과는 다음과 같습니다. 먼저 15만 건의 데이터 집계 결과가 1행으로 출력됩니다. 튜닝 전의 SQL 문과 동일한 건수의 결과가 출력되며, 튜닝된 SQL 문의 소요 시간은 약 23초에서 약 0.5초로 개선되었습니다.

```
mysql> SELECT COUNT(1) as 데이터건수
    ->    FROM 사원
    ->  WHERE EXISTS (SELECT 1
    ->                  FROM 사원출입기록 기록
    ->                 WHERE 출입문 = 'A'
    ->                   AND 기록.사원번호 = 사원.사원번호);
+------------+
| 데이터건수 |
+------------+
|     150000 |
+------------+
1 row in set (0.45 sec)
```

| 튜닝 후 실행 계획 |

id가 1인 table 항목에 먼저 출력된 사원 테이블은 드라이빙 테이블이고, 다음으로 출력된
〈subquery2〉는 드리븐 테이블입니다. 여기서 〈subquery2〉는 id가 2인 사원출력기록 테이
블로서, 사원출력기록 테이블은 EXISTS 연산자로 데이터 존재 여부를 파악하기 위해 임시 테
이블을 생성하는 MATERIALIZED로 표기됩니다.

```
mysql> EXPLAIN
    -> SELECT COUNT(1) as 데이터건수
    ->    FROM 사원
    ->  WHERE EXISTS (SELECT 1
    ->                  FROM 사원출입기록 기록
    ->                 WHERE 출입문 = 'A'
    ->                   AND 기록.사원번호 = 사원.사원번호);
+----+--------------+-------------+--------+---------------------+--------------+
| id | select_type  | table       | type   | key                 | ref          |
+----+--------------+-------------+--------+---------------------+--------------+
|  1 | SIMPLE       | 사원        | index  | I_입사일자          | NULL         |
|  1 | SIMPLE       | <subquery2> | eq_ref | <auto_distinct_key> | 사원.사원번호 |
|  2 | MATERIALIZED | 기록        | ref    | I_출입문            | const        |
+----+--------------+-------------+--------+---------------------+--------------+

--------+------------------------+
  rows  | Extra                  |
--------+------------------------+
 299157 | Using where; Using index |
      1 | NULL                   |
--------+------------------------+
```

```
   329467 ¦ Using index              ¦
  --------+--------------------------+
3 rows in set, 2 warnings (0.00 sec)
```

4.4 마치며

4장에서는 간단한 방법으로 SQL 튜닝을 수행하는 실습을 진행했습니다. SQL 문을 간단히 수정하거나 조인 방식을 변경하여 튜닝하기 전 SQL 문의 수행 방식보다 더 개선된 방향으로 튜닝을 수행했습니다. 물론 다른 방향으로 튜닝을 진행할 수도 있지만, 쿼리 튜닝을 처음 접해본 독자 여러분이 대상이므로 최대한 쉽게 설명하고자 했습니다.

다음 5장에서는 더 실무적이면서 복잡한 SQL 문을 활용해 전문적인 쿼리 튜닝을 수행해보겠습니다.

5장 악성 SQL 튜닝으로 전문가 되기

5장에서는 더 복잡한 쿼리를 토대로 직접적인 인덱스 변경, 테이블 속성 및 구조 변경, SQL 문 자체의 재작성으로 쿼리 튜닝을 수행할 예정입니다.

SQL 튜닝 대상으로 소개하는 예제 중 일부 쿼리는 독자 여러분의 이해를 돕고자 가공하는 과정에서 부자연스럽게 느껴질 수 있습니다. 또한 작은 규모의 데이터에서 실습을 수행하므로 튜닝하기 전의 SQL 문 실행 시간이 매우 짧아 문제의 소지가 없는 듯 보일 수도 있습니다. 그러나 실무에서 흔히 발생하는 비효율적인 SQL 문 기준으로 작성하였으므로, 대규모 데이터 환경에서는 충분히 체감할 수 있는 튜닝 방향으로 가이드했습니다.

5.1 SQL 문 재작성으로 착한 쿼리 만들기

기존에 작성한 쿼리의 조인 방식, 서브쿼리 형태, 조인 조건절 등을 변경하여 SQL 문을 튜닝하는 예제입니다.

5.1.1 처음부터 모든 데이터를 가져오는 나쁜 SQL 문

현황 분석

| 튜닝 전 SQL 문 |

다음은 사원번호가 10,001번부터 10,100번까지인 사원들의 평균연봉과 최고연봉, 최저연봉을 구하는 쿼리입니다. FROM 절의 급여 테이블에 사원별 평균/최고/최저 연봉을 조회하는 인라인 뷰가 있고, 사원 테이블의 사원번호 열과 내부 조인하여 최종 통계 결과를 출력합니다.

```
SELECT 사원.사원번호,
       급여.평균연봉,
       급여.최고연봉,
       급여.최저연봉
  FROM 사원,
       ( SELECT 사원번호,
                ROUND(AVG(연봉),0) 평균연봉,
```

```
                      ROUND(MAX(연봉),0) 최고연봉,
                      ROUND(MIN(연봉),0) 최저연봉
               FROM 급여
               GROUP BY 사원번호
           ) 급여
     WHERE 사원.사원번호 = 급여.사원번호
       AND 사원.사원번호 BETWEEN 10001 AND 10100
```

| 튜닝 전 수행 결과 |

다음은 튜닝 전 SQL 문의 수행 결과입니다. 10,001 사번부터 10,100 사번까지 해당하는 사원 100명의 사원번호, 평균연봉, 최고연봉, 최저연봉이 출력됨을 확인할 수 있습니다. 튜닝 전 SQL 문의 소요 시간은 약 2.36초로 나타났습니다.

```
mysql> SELECT 사원.사원번호,
    ->        급여.평균연봉,
    ->        급여.최고연봉,
    ->        급여.최저연봉
    ->   FROM 사원,
    ->      ( SELECT 사원번호,
    ->               ROUND(AVG(연봉),0) 평균연봉,
    ->               ROUND(MAX(연봉),0) 최고연봉,
    ->               ROUND(MIN(연봉),0) 최저연봉
    ->          FROM 급여
    ->          GROUP BY 사원번호
    ->      ) 급여
    ->  WHERE 사원.사원번호 = 급여.사원번호
    ->    AND 사원.사원번호 BETWEEN 10001 AND 10100;
+----------+----------+----------+----------+
| 사원번호 | 평균연봉 | 최고연봉 | 최저연봉 |
+----------+----------+----------+----------+
|    10001 |    75389 |    88958 |    60117 |
|    10002 |    68855 |    72527 |    65828 |
|    10003 |    43030 |    43699 |    40006 |
|    10004 |    56512 |    74057 |    40054 |
|    10005 |    87276 |    94692 |    78228 |
                     . . .
|    10096 |    64945 |    68612 |    61395 |
|    10097 |    57068 |    70161 |    44886 |
|    10098 |    48210 |    56202 |    40000 |
```

```
|     10099 |     83902 |     98538 |     68781 |
|     10100 |     64537 |     74957 |     54398 |
+----------+----------+----------+----------+
100 rows in set (2.36 sec)
```

| 튜닝 전 실행 계획 |

튜닝 전 실행 계획을 살펴보면 다음과 같습니다. 크게 3개의 행으로 이루어지며, id가 1인 두 개 행에 먼저 접근합니다. 중첩 루프 조인을 하는 두 개 테이블은 사원 테이블과 〈derived2〉 테이블로, 먼저 출력된 사원 테이블이 드라이빙 테이블이고 나중에 출력된 〈derived2〉 테이블이 드리븐 테이블입니다.

〈derived2〉 테이블은 id가 2이고 select_type 항목이 DERIVED로 작성된 세 번째 행의 인라인 뷰를 가리키는 것으로, FROM 절에서 급여 테이블로 수행한 그루핑 결과를 새로 생성한 임시 테이블의 메모리나 디스크에 올려놓습니다. 이후 WHERE 절의 사원.사원번호 = 급여.사원번호 구문으로 데이터를 추출하고 조인을 수행합니다.

```
mysql> EXPLAIN
    -> SELECT 사원.사원번호,
    ->        급여.평균연봉,
    ->        급여.최고연봉,
    ->        급여.최저연봉
    ->   FROM 사원,
    ->      ( SELECT 사원번호,
    ->               ROUND(AVG(연봉),0) 평균연봉,
    ->               ROUND(MAX(연봉),0) 최고연봉,
    ->               ROUND(MIN(연봉),0) 최저연봉
    ->          FROM 급여
    ->         GROUP BY 사원번호
    ->      ) 급여
    ->  WHERE 사원.사원번호 = 급여.사원번호
    ->    AND 사원.사원번호 BETWEEN 10001 AND 10100;
+----+-------------+-------------+-------+-----------+-------------+---------+
| id | select_type | table       | type  | key       | ref         | rows    |
+----+-------------+-------------+-------+-----------+-------------+---------+
|  1 | PRIMARY     | 사원        | range | PRIMARY   | NULL        |     100 |
|  1 | PRIMARY     | <derived2>  | ref   | <auto_key0> | 사원.사원번호 |      10 |
|  2 | DERIVED     | 급여        | index | PRIMARY   | NULL        | 2838731 |
+----+-------------+-------------+-------+-----------+-------------+---------+
```

```
------------------------+
 Extra                  ¦
------------------------+
 Using where; Using index ¦
 NULL                   ¦
 NULL                   ¦
------------------------+
3 rows in set, 1 warning (0.00 sec)
```

| 튜닝 수행 |

이렇게 실행 계획을 확인한 뒤, 성능에 영향을 끼치는 요인은 무엇이 있을지 고민해봅니다.

먼저 type 항목의 index 유형은 인덱스 풀 스캔을 수행하는 방식으로, **FROM** 절의 급여 테이블을 그루핑하면서 수행됩니다. 이때 조건절 없이 그루핑을 수행하므로 지나치게 많은 데이터에 접근하지는 않는지 의심해볼 수 있습니다. 실제로 rows 항목의 2838731라는 수치는 급여 테이블의 전체 데이터 건수(2,844,047건)와 유사한 값으로, 모든 데이터에 접근하리라 예측할 수 있습니다. 그 외에도 사원 테이블에서 **BETWEEN** 구문으로 데이터에 접근하므로 type 항목의 range 유형을 통해 범위 검색을 수행할 것임을 알 수 있습니다.

다음 쿼리로 사원 테이블의 전체 데이터 대비 필요한 사원정보 데이터의 건수를 비교해보겠습니다. 사원 테이블의 전체 데이터는 약 30만 건 수준인 데 비해 **BETWEEN** 구문으로 추출하는 데이터는 10건뿐입니다.

```
mysql> SELECT COUNT(1) FROM 사원;
+----------+
¦ COUNT(1) ¦
+----------+
¦   300024 ¦
+----------+
1 row in set (18.43 sec)

mysql> SELECT COUNT (1) FROM 사원 WHERE 사원번호 BETWEEN 10001 AND 10100;
+----------+
¦ COUNT(1) ¦
+----------+
¦      100 ¦
+----------+
1 row in set (0.00 sec)
```

튜닝 결과

| 튜닝 후 SQL 문 |

튜닝 후 SQL 문은 다음과 같습니다. 사원 테이블에서 WHERE 절의 BETWEEN 구문으로 100건의 데이터만 가져옵니다. 전체 사원 데이터가 아닌 필요한 사원정보에만 접근한 뒤, 급여 테이블에서 각 사원번호별 평균연봉, 최고연봉, 최저연봉을 구합니다.

튜닝 전 SQL 문에 비해 SELECT 절에서 급여 테이블에 3번이나 접근하므로 혹시 비효율적인 방식은 아닌지 의문이 들 수 있습니다. 그러나 WHERE 절에서 추출하려는 사원 테이블의 데이터가 사원 테이블의 전체 데이터 대비 극히 소량(약 0.0003%)에 불과하므로, 인덱스를 활용해서 수행하는 3번의 스칼라 서브쿼리는 많은 리소스를 소모하지 않습니다.

```sql
SELECT 사원.사원번호,
       ( SELECT ROUND(AVG(연봉),0)
           FROM 급여 as 급여1
          WHERE 사원번호 = 사원.사원번호
       ) AS 평균연봉,
       ( SELECT ROUND(MAX(연봉),0)
           FROM 급여 as 급여2
          WHERE 사원번호 = 사원.사원번호
       ) AS 최고연봉,
       ( SELECT ROUND(MIN(연봉),0)
           FROM 급여 as 급여3
          WHERE 사원번호 = 사원.사원번호
       ) AS 최저연봉
  FROM 사원
 WHERE 사원.사원번호 BETWEEN 10001 AND 10100;
```

| 튜닝 후 수행 결과 |

다음 튜닝된 SQL 문은 BETWEEN 구문에 의해 100건만 출력되며, 튜닝 전 SQL 문의 결과와 동일한 데이터임을 알 수 있습니다. 튜닝된 SQL 문의 소요 시간은 2.36초에서 0.00초로 개선되었습니다.

```
mysql> SELECT 사원.사원번호,
    ->          ( SELECT ROUND(AVG(연봉),0)
    ->            FROM 급여 as 급여1
    ->            WHERE 사원번호 = 사원.사원번호
    ->          ) AS 평균연봉,
    ->          ( SELECT ROUND(MAX(연봉),0)
    ->            FROM 급여 as 급여2
    ->            WHERE 사원번호 = 사원.사원번호
    ->          ) AS 최고연봉,
    ->          ( SELECT ROUND(MIN(연봉),0)
    ->            FROM 급여 as 급여3
    ->            WHERE 사원번호 = 사원.사원번호
    ->          ) AS 최저연봉
    ->   FROM 사원
    ->   WHERE 사원.사원번호 BETWEEN 10001 AND 10100;
+----------+----------+----------+----------+
| 사원번호 | 평균연봉 | 최고연봉 | 최저연봉 |
+----------+----------+----------+----------+
|    10001 |    75389 |    88958 |    60117 |
|    10002 |    68855 |    72527 |    65828 |
|    10003 |    43030 |    43699 |    40006 |
|    10004 |    56512 |    74057 |    40054 |
|    10005 |    87276 |    94692 |    78228 |
                      ...
|    10096 |    64945 |    68612 |    61395 |
|    10097 |    57068 |    70161 |    44886 |
|    10098 |    48210 |    56202 |    40000 |
|    10099 |    83902 |    98538 |    68781 |
|    10100 |    64537 |    74957 |    54398 |
+----------+----------+----------+----------+
100 rows in set (0.00 sec)
```

| 튜닝 후 실행 계획 |

튜닝 후 실행 계획을 살펴보면 다음과 같습니다. 가장 먼저 접근하는 테이블은 id가 가장 작은 1인 사원 테이블입니다. 다음으로 id가 2인 급여 테이블(별칭: 급여1)에 접근하고, 다음으로 id가 3인 급여 테이블(별칭: 급여2), 다음으로 id가 4인 급여 테이블(별칭: 급여3) 순으로 접근합니다.

이때 사원 테이블의 사원번호 조건을 SELECT 절의 3개 스칼라 서브쿼리에서 매번 받으므로

select_type 항목은 DEPENDENT SUBQUERY라고 출력됩니다. 이는 호출을 반복해 일으키므로 지나치게 자주 반복 호출될 경우에는 지양해야 할 유형입니다. 하지만 다음과 같이 100건의 데이터가 추출되는 사원 테이블 기준에서는 3개의 스칼라 서브쿼리를 갖는 급여 테이블에 100번만 접근하므로, 성능 측면에서 비효율적인 부분은 거의 없습니다.

```
mysql> EXPLAIN
    -> SELECT 사원.사원번호,
    ->      ( SELECT ROUND(AVG(연봉),0)
    ->         FROM 급여 as 급여1
    ->        WHERE 사원번호 = 사원.사원번호
    ->      ) AS 평균연봉,
    ->      ( SELECT ROUND(MAX(연봉) ,0)
    ->         FROM 급여 as 급여2
    ->        WHERE 사원번호 = 사원.사원번호
    ->      ) AS 최고연봉,
    ->      ( SELECT ROUND(MIN(연봉) ,0)
    ->         FROM 급여 as 급여3
    ->        WHERE 사원번호 = 사원.사원번호
    ->      ) AS 최저연봉
    ->   FROM 사원
    ->  WHERE 사원.사원번호 BETWEEN 10001 AND 10100;
+----+--------------------+-------+-------+--------+---------------+------+
| id | select_type        | table | type  | key    | ref           | rows |
+----+--------------------+-------+-------+--------+---------------+------+
|  1 | PRIMARY            | 사원  | range | PRIMARY| NULL          |  100 |
|  4 | DEPENDENT SUBQUERY | 급여3 | ref   | PRIMARY| 사원.사원번호 |    9 |
|  3 | DEPENDENT SUBQUERY | 급여2 | ref   | PRIMARY| 사원.사원번호 |    9 |
|  2 | DEPENDENT SUBQUERY | 급여1 | ref   | PRIMARY| 사원.사원번호 |    9 |
+----+--------------------+-------+-------+--------+---------------+------+

------------------------+
 Extra                  |
------------------------+
 Using where; Using index |
 NULL                   |
 NULL                   |
 NULL                   |
------------------------+
4 rows in set, 4 warnings (0.00 sec)
```

5.1.2 비효율적인 페이징을 수행하는 나쁜 SQL 문

현황 분석

| 튜닝 전 SQL 문 |

다음은 사원 테이블과 급여 테이블의 내부 조인을 수행하는 쿼리입니다. 사원번호가 10,001번 부터 50,000번 사이에 해당하는 데이터들을 사원번호 기준으로 그루핑한 뒤 연봉 합계 기준으로 내림차순합니다. 이때 **LIMIT** 연산자를 사용하여 150번째 데이터부터 10건의 데이터만 가져오도록 제한합니다.

```
SELECT 사원.사원번호, 사원.이름, 사원.성, 사원.입사일자
  FROM 사원,
       급여
 WHERE 사원.사원번호 = 급여.사원번호
   AND 사원.사원번호 BETWEEN 10001 AND 50000
 GROUP BY 사원.사원번호
 ORDER BY SUM(급여.연봉) DESC
 LIMIT 150,10
```

| 튜닝 전 수행 결과 |

다음은 튜닝 전의 SQL 문을 수행한 결과입니다. **LIMIT** 연산자로 출력 결과를 10개로 제한했으므로 총 10건의 데이터만 출력됩니다. 소요 시간은 0.41초입니다.

```
mysql> SELECT 사원.사원번호, 사원.이름, 사원.성, 사원.입사일자
    ->   FROM 사원,
    ->        급여
    ->  WHERE 사원.사원번호 = 급여.사원번호
    ->    AND 사원.사원번호 BETWEEN 10001 AND 50000
    ->  GROUP BY 사원.사원번호
    ->  ORDER BY SUM(급여.연봉) DESC
    ->  LIMIT 150,10;
+----------+----------+-------------+------------+
| 사원번호 | 이름     | 성          | 입사일자   |
+----------+----------+-------------+------------+
|    34821 | Gila     | Suomi       | 1985-02-20 |
```

```
|    30351 | Djenana  | Blokdijk      | 1985-07-15 |
|    15598 | Kristinn | Kemmerer      | 1986-10-07 |
|    20817 | Yucai    | Albarhamtoshy | 1986-12-27 |
|    30249 | Aran     | Bridgland     | 1985-03-31 |
|    21465 | Shalesh  | Terwilliger   | 1985-03-05 |
|    13916 | Vidya    | Wynblatt      | 1986-06-06 |
|    49465 | Chenyi   | Schusler      | 1989-02-15 |
|    33197 | Dmitry   | Riefers       | 1985-04-07 |
|    43888 | Sushant  | Baalen        | 1985-12-24 |
+----------+----------+---------------+------------+
10 rows in set (0.41 sec)
```

| 튜닝 전 실행 계획 |

튜닝 전 실행 계획을 확인하면 다음과 같습니다. 먼저 id가 1인 두 개의 행이 출력됩니다. 드라이빙 테이블인 사원 테이블과 드리븐 테이블인 급여 테이블을 조인합니다. 사원 테이블과 급여 테이블은 각각 기본 키(key 항목: PRIMARY)로 데이터에 접근합니다. 이때 드라이빙 테이블인 사원 테이블은 그루핑과 정렬 연산을 위해 임시 테이블(Extra 항목: Using temporary)을 생성한 뒤 정렬 작업(Extra 항목: Using filesort)을 수행함을 알 수 있습니다.

```
mysql> EXPLAIN
    -> SELECT 사원.사원번호, 사원.이름, 사원.성, 사원.입사일자
    ->   FROM 사원,
    ->        급여
    ->  WHERE 사원.사원번호 = 급여.사원번호
    ->    AND 사원.사원번호 BETWEEN 10001 AND 50000
    ->  GROUP BY 사원.사원번호
    ->  ORDER BY SUM(급여.연봉) DESC
    ->  LIMIT 150,10;
```

id	select_type	table	type	key	key_len	ref	rows
1	SIMPLE	사원	range	PRIMARY	4	NULL	79652
1	SIMPLE	급여	ref	PRIMARY	4	사원.사원번호	9

Extra
Using where; Using temporary; Using filesort
NULL

```
2 rows in set, 1 warning (0.01 sec)
```

튜닝 수행

튜닝 전 SQL 문은 LIMIT 연산으로 10건의 데이터를 가져오기 위해 수십만 건의 데이터 대상으로 조인을 수행한 뒤 그루핑과 정렬 작업을 수행합니다. 하지만, 이처럼 전체 데이터를 가져온 뒤 마지막으로 10건의 데이터만 조회하는 게 과연 효율적인 방식일지 고민해봐야 합니다.

튜닝 결과

| 튜닝 후 SQL 문 |

튜닝을 마친 SQL 문은 다음과 같습니다. 급여 테이블에서는 GROUP BY 절을 통한 그루핑과 ORDER BY 절을 통한 정렬 작업을 FROM 절의 인라인 뷰로 작성했습니다. 그리고 인라인 뷰에 필요한 데이터 건수만큼 LIMIT 절로 제약을 설정하여 사원 테이블과 조인할 수 있는 데이터 건수를 줄일 수 있습니다.

```
mysql> SELECT 사원.사원번호, 사원.이름, 사원.성, 사원.입사일자
    ->   FROM (SELECT 사원번호
    ->           FROM 급여
    ->          WHERE 사원번호 BETWEEN 10001 AND 50000
    ->          GROUP BY 사원번호
    ->          ORDER BY SUM(급여.연봉) DESC
    ->          LIMIT 150,10) 급여,
    ->        사원
    ->  WHERE 사원.사원번호 = 급여.사원번호;
```

| 튜닝 후 수행 결과 |

다음은 튜닝된 SQL 문의 수행 결과입니다. LIMIT 구문에 따라 총 10건의 데이터만 출력되는데, 튜닝하기 전 SQL 문의 결과와 동일한 건수임을 알 수 있습니다. 한편 튜닝 후 SQL 문의 소요 시간은 0.41초에서 0.21초로 개선되었습니다.

```
mysql> SELECT 사원.사원번호, 사원.이름, 사원.성, 사원.입사일자
    ->    FROM (SELECT 사원번호
    ->            FROM 급여
    ->           WHERE 사원번호 BETWEEN 10001 AND 50000
    ->           GROUP BY 사원번호
    ->           ORDER BY SUM(급여.연봉) DESC
    ->           LIMIT 150,10) 급여,
    ->         사원
    ->   WHERE 사원.사원번호 = 급여.사원번호;
+----------+----------+---------------+------------+
| 사원번호  | 이름      | 성             | 입사일자    |
+----------+----------+---------------+------------+
|    34821 | Gila     | Suomi         | 1985-02-20 |
|    30351 | Djenana  | Blokdijk      | 1985-07-15 |
|    15598 | Kristinn | Kemmerer      | 1986-10-07 |
|    20817 | Yucai    | Albarhamtoshy | 1986-12-27 |
|    30249 | Aran     | Bridgland     | 1985-03-31 |
|    21465 | Shalesh  | Terwilliger   | 1985-03-05 |
|    13916 | Vidya    | Wynblatt      | 1986-06-06 |
|    49465 | Chenyi   | Schusler      | 1989-02-15 |
|    33197 | Dmitry   | Riefers       | 1985-04-07 |
|    43888 | Sushant  | Baalen        | 1985-12-24 |
+----------+----------+---------------+------------+
10 rows in set (0.21 sec)
```

| 튜닝 후 실행 계획 |

튜닝 전 SQL 문의 실행 계획과 마찬가지로 크게 3개 행으로 출력됩니다. 우선 id가 1인 〈derived2〉 테이블과 사원 테이블 대상으로 중첩 루프 조인을 수행합니다. 이때 드라이빙 테이블인 〈derived2〉 테이블은 id가 2에 해당되는 급여 테이블이며, 드리븐 테이블은 사원 테이블입니다. 〈derived2〉 테이블은 WHERE 절의 사원번호 BETWEEN 10001 AND 50000 조건절에 따라 범위 스캔(type 항목: range)을 수행하는 인라인 뷰로, 스토리지 엔진에서 가져온 데이터를 임시 테이블(extra 항목: Using temporary)에 상주시켜 정렬(extra 항목: Using filesort) 작업을 수행하게 됩니다.

인라인 뷰인 급여 테이블 기준으로 사원 테이블에 반복해 접근하고 WHERE 절의 사원.사원번호 = 급여.사원번호 조건절로 조인을 수행합니다. 이때 드라이빙 테이블은 테이블 풀 스캔(type 항목: ALL)합니다. 드리븐 테이블은 기본 키를 활용하여 데이터를 추출(type 항목: eq_ref)

하며, 중첩 루프 조인에 따라 기본 키를 매번 가져오므로 rows 항목에는 1개 데이터에만 접근한 것으로 출력됩니다.

```
mysql> EXPLAIN
    -> SELECT 사원.사원번호, 사원.이름, 사원.성, 사원.입사일자
    ->   FROM (SELECT 사원번호
    ->          FROM 급여
    ->         WHERE 사원번호 BETWEEN 10001 AND 50000
    ->         GROUP BY 사원번호
    ->         ORDER BY SUM(급여.연봉) DESC
    ->         LIMIT 150,10) 급여,
    ->        사원
    ->  WHERE 사원.사원번호 = 급여.사원번호;
+----+-------------+-------------+--------+---------+---------+---------------+
| id | select_type | table       | type   | key     | key_len | ref           |
+----+-------------+-------------+--------+---------+---------+---------------+
|  1 | PRIMARY     | <derived2>  | ALL    | NULL    | NULL    | NULL          |
|  1 | PRIMARY     | 사원        | eq_ref | PRIMARY | 4       | 급여.사원번호 |
|  2 | DERIVED     | 급여        | range  | PRIMARY | 4       | NULL          |
+----+-------------+-------------+--------+---------+---------+---------------+

--------+-----------------------------------------------+
 rows   | Extra                                         |
--------+-----------------------------------------------+
    160 | NULL                                          |
      1 | NULL                                          |
 779148 | Using where; Using temporary; Using filesort  |
--------+-----------------------------------------------+
3 rows in set, 1 warning (0.01 sec)
```

5.1.3 필요 이상으로 많은 정보를 가져오는 나쁜 SQL 문

현황 분석

| 튜닝 전 SQL 문 |

다음은 사원 테이블에서 성별이 M(남)이고 사원번호가 300,000을 초과하는 사원 대상으로 부서관리자 테이블과 외부 조인을 수행한 뒤, 해당하는 사원번호의 개수를 출력하는 쿼리입니다.

```
mysql> SELECT COUNT(사원번호) AS 카운트
    ->    FROM (
    ->          SELECT 사원.사원번호, 부서관리자.부서번호
    ->            FROM (SELECT *
    ->                    FROM 사원
    ->                   WHERE 성별= 'M'
    ->                     AND 사원번호 > 300000
    ->                 ) 사원
    ->            LEFT JOIN 부서관리자
    ->              ON 사원.사원번호 = 부서관리자.사원번호
    ->         ) 서브쿼리 ;
```

| 튜닝 전 수행 결과 |

튜닝 전의 SQL 문을 실행한 결과는 1건이며 카운트 결과로는 60,108이 출력됩니다. 소요 시
간은 약 0.15초로 나타납니다.

```
mysql> SELECT COUNT(사원번호) AS 카운트
    ->    FROM (
    ->          SELECT 사원.사원번호, 부서관리자.부서번호
    ->            FROM (SELECT *
    ->                    FROM 사원
    ->                   WHERE 성별= 'M'
    ->                     AND 사원번호 > 300000
    ->                 ) 사원
    ->            LEFT JOIN 부서관리자
    ->              ON 사원.사원번호 = 부서관리자.사원번호
    ->         ) 서브쿼리 ;
+--------+
| 카운트 |
+--------+
|  60108 |
+--------+
1 row in set (0.15 sec)
```

| 튜닝 전 실행 계획 |

id가 1인 행만 있으므로 먼저 출력된 사원 테이블이 데이터에 접근하는 드라이빙 테이블이

고 나중에 출력된 부서관리자 테이블이 드리븐 테이블임을 알 수 있습니다. 사원 테이블은 사원번호>300000 조건 때문에 범위 스캔(type 항목: range)을 수행하며, 기본 키(key 항목: PRIMARY)를 활용해 데이터에 접근할 것임을 알 수 있습니다. 또한 부서관리자 테이블은 사원.사원번호 = 관리자.사원번호의 외부 조인에 따라 기본 키를 활용하여 중첩 루프 조인할 때마다 1건의 데이터(rows 항목: 1)에 접근하는 걸 확인할 수 있습니다.

```
mysql> EXPLAIN
    -> SELECT COUNT(사원번호) AS 카운트
    ->    FROM (
    ->           SELECT 사원.사원번호, 관리자.부서번호
    ->             FROM ( SELECT *
    ->                      FROM 사원
    ->                     WHERE 사원번호 > 300000
    ->                  ) 사원
    ->             LEFT JOIN 부서관리자 관리자
    ->                ON 사원.사원번호 = 관리자.사원번호
    ->         ) 서브쿼리;
+----+-------------+--------+-------+---------+--------------+--------+
| id | select_type | table  | type  | key     | ref          | rows   |
+----+-------------+--------+-------+---------+--------------+--------+
|  1 | SIMPLE      | 사원   | range | PRIMARY | const        | 149578 |
|  1 | SIMPLE      | 관리자 | ref   | PRIMARY | 사원.사원번호 |      1 |
+----+-------------+--------+-------+---------+--------------+--------+

------------------------+
 Extra                  |
------------------------+
 Using where; Using index |
 Using index            |
------------------------+
2 rows in set, 1 warning (0.00 sec)
```

튜닝 수행

최종 결과로 사원 테이블의 사원번호 데이터 건수를 집계한다는 건 이미 알고 있습니다. 이때 부서관리자 테이블과 외부 조인하는 사원.사원번호 = 관리자.사원번호 조건이 꼭 필요한 내용일지 고민해봐야 합니다.

튜닝 결과

| 튜닝 후 SQL 문 |

최종적으로 필요한 사원번호의 건수를 구하는 과정에서 부서관리자 테이블은 필요하지 않습니다. 외부 조인의 경우 드리븐 테이블인 부서관리자 테이블은 있어도 되고 없어도 되는 역할을 수행하기 때문입니다. 따라서 부서관리자 테이블과 관련된 부분을 제거하고 사원 테이블의 데이터에만 접근하도록 SQL 문을 간소화하면 다음과 같은 SQL 문이 만들어집니다.

```
SELECT COUNT(사원번호) as 카운트
  FROM 사원
 WHERE 성별 = 'M'
   AND 사원번호 > 300000
```

| 튜닝 후 수행 결과 |

다음은 튜닝된 SQL 문의 수행 결과입니다. 60,108건의 집계 결과를 보여주는 데이터 1행이 출력됩니다. 튜닝 전의 SQL 문과 동일한 건수의 결과가 출력되었으며, 튜닝된 SQL 문의 소요 시간은 기존의 0.15초에서 0.05초로 개선되었습니다.

사실 소요 시간 측면에서는 크게 개선되었다고 체감하지 못할 수도 있지만, 튜닝 후 실행 계획을 살펴보면 불필요한 연산이 제거되었음을 확인할 수 있을 것입니다.

```
mysql> SELECT COUNT(사원번호) as 카운트
    ->    FROM 사원
    -> WHERE 성별 = 'M'
    ->    AND 사원번호 > 300000;
+--------+
| 카운트 |
+--------+
|  60108 |
+--------+
1 row in set (0.05 sec)
```

튜닝 전 쿼리에 있었던 부서관리자 테이블의 연산 작업이 제거되고, 사원 테이블에 대한 실행 계획만 존재합니다. 또한 외부 조인을 이용한 데이터 접근이 불필요하므로 이전에는 사원 테이블의 rows 항목이 약 15만 건이었던 데 비해 이번에는 5만 건의 데이터에만 접근함을 알 수 있습니다. 즉, 튜닝 전과 비교해 1/3 분량의 데이터에만 접근하리라 예측할 수 있습니다.

```
mysql> EXPLAIN
    -> SELECT COUNT(사원번호) as 카운트
    ->    FROM 사원
    -> WHERE 성별 = 'M'
    ->    AND 사원번호 > 300000;
+----+-------------+-------+-------+---------+------+-------+------------------------+
| id | select_type | table | type  | key     | ref  | rows  | Extra                  |
+----+-------------+-------+-------+---------+------+-------+------------------------+
|  1 | SIMPLE      | 사원  | range | PRIMARY | NULL | 49854 | Using where;           |
|    |             |       |       |         |      |       | Using index for skip scan|
+----+-------------+-------+-------+---------+------+-------+------------------------+
1 row in set, 1 warning (0.00 sec)
```

5.1.4 대량의 데이터를 가져와 조인하는 나쁜 SQL 문

현황 분석

| 튜닝 전 SQL 문 |

다음은 부서관리자 테이블과 부서사원_매핑 테이블을 부서번호 열로 조인하고 중복을 제거한 부서번호를 출력하는 쿼리입니다. 즉, 부서의 관리자가 소속된 부서번호를 조회하면서 부서사원_매핑 테이블에도 있는 부서번호를 선택합니다.

DISTINCT 연산으로 최종 부서번호 결과에서 중복을 제거하고 ORDER BY 절로 부서번호를 오름차순 정렬합니다.

```
SELECT DISTINCT 매핑.부서번호
  FROM 부서관리자 관리자,
       부서사원_매핑 매핑
 WHERE 관리자.부서번호 = 매핑.부서번호
 ORDER BY 매핑.부서번호
```

| 튜닝 전 수행 결과 |

튜닝 전 SQL 문의 수행 결과는 다음과 같습니다. 부서번호 정보에서 중복이 제거되고 오름차순
으로 정렬된 9건의 데이터가 출력됩니다. 이때 SQL 문의 소요 시간은 약 1.2초로 확인됩니다.

```
mysql> SELECT DISTINCT 매핑.부서번호
    ->    FROM 부서관리자 관리자,
    ->         부서사원_매핑 매핑
    -> WHERE 관리자.부서번호 = 매핑.부서번호
    -> ORDER BY 매핑.부서번호;
+----------+
| 부서번호  |
+----------+
| d001     |
| d002     |
| d003     |
| d004     |
| d005     |
| d006     |
| d007     |
| d008     |
| d009     |
+----------+
9 rows in set (1.17 sec)
```

| 튜닝 전 실행 계획 |

id가 1인 부서사원_매핑 테이블과 부서관리자 테이블의 2개 행이 출력됩니다. 먼저 출력된 부
서사원_매핑 테이블이 드라이빙 테이블이고 나중에 출력된 부서관리자 테이블이 드리븐 테이
블로, 중첩 루프 조인을 수행합니다.

데이터에 먼저 접근하는 부서사원_매핑 테이블은 인덱스 풀 스캔(type 항목: index) 방식으

로 데이터를 접근합니다. 여기서 인덱스 풀 스캔 방식은 부서사원_매핑 테이블의 데이터 접근을 구체화할 수 있는 조건문이 없으므로 I_부서번호 인덱스로 처음부터 끝까지 전체 인덱스를 스캔합니다.

드리븐 테이블인 부서관리자 테이블은 **관리자.부서번호 = 매핑.부서번호** 조건절로 데이터에 접근합니다. 이때 중복을 제거하는 DISTINCT 연산도 수행합니다.

```
mysql> EXPLAIN
    -> SELECT DISTINCT 매핑.부서번호
    ->    FROM 부서관리자 관리자,
    ->         부서사원_매핑 매핑
    -> WHERE 관리자.부서번호 = 매핑.부서번호
    -> ORDER BY 매핑.부서번호;
+----+-------------+--------+-------+-----------+--------------+--------+
| id | select_type | table  | type  | key       | ref          | rows   |
+----+-------------+--------+-------+-----------+--------------+--------+
|  1 | SIMPLE      | 매핑   | index | I_부서번호 | NULL         | 331143 |
|  1 | SIMPLE      | 관리자 | ref   | I_부서번호 | 매핑.부서번호 |      2 |
+----+-------------+--------+-------+-----------+--------------+--------+

----------------------------+
 Extra                      |
----------------------------+
 Using index; Using temporary |
 Using index; Distinct      |
----------------------------+
2 rows in set, 1 warning (0.00 sec)
```

튜닝 수행

먼저 SELECT 절을 살펴보면 중복이 제거된 부서번호 열만 조회하려는 사실을 알 수 있습니다. 그리고 2개 테이블을 부서번호 열로 내부 조인합니다. 이때 조인을 수행하는 부서번호 열이 부서관리자 테이블과 부서사원_매핑 테이블에 모두 있으므로 SELECT 절을 **매핑.부서번호** 또는 **관리자.부서번호**로 작성해도 모두 동일한 결과를 출력하게 됩니다.

그렇다면 두 테이블 모두 데이터에 접근한 뒤 부서번호가 같은지 일일이 확인하는 과정이 과연 필요할지 의문이 생깁니다. 둘 중 하나의 테이블은 단순히 부서번호가 존재하는지 여부만 판단해도 충분하지 않을까요?

또한 FROM 절과 WHERE 절로 조인을 수행한 뒤 그 조인 결과에서 DISTINCT 작업을 수행합니다. 이렇게 수십만 개의 데이터를 조인하기 전에 미리 중복 제거를 할 수는 없을지 고민해봐야 합니다.

튜닝 결과

| 튜닝 후 SQL 문 |

FROM 절에서 부서사원_매핑 테이블의 데이터를 가져올 때 부서번호 데이터를 미리 중복 제거합니다. 이렇게 가벼워진 부서사원_매핑 테이블의 데이터에 대해 부서관리자 테이블은 같은 부서번호 데이터가 있는지 여부만 판단합니다. 즉, 굳이 부서관리자 테이블의 데이터를 모두 확인하지 않고도 동일한 부서번호가 있다면 이후의 데이터에는 더 접근하지 않는 EXISTS 연산자를 활용하는 것입니다.

다시 말하자면 중복 제거를 미리 수행하고 SELECT 절에서 활용하지 않는 부서관리자 데이터는 존재 여부만 판단하는 방식으로 SQL 튜닝을 할 수 있습니다.

```
SELECT 매핑.부서번호
  FROM ( SELECT DISTINCT 부서번호
          FROM 부서사원_매핑 매핑
       ) 매핑
 WHERE EXISTS (SELECT 1
                FROM 부서관리자 관리자
               WHERE 부서번호 = 매핑.부서번호)
 ORDER BY 매핑.부서번호
```

| 튜닝 후 수행 결과 |

튜닝된 SQL 문을 실행한 결과 총 9건의 결과가 출력되며 0초에 가까운 찰나의 시간이 소요되었습니다. 튜닝 전 SQL 문과 동일한 건수의 결과가 출력되었고 약 1.2초에서 약 0초로 소요 시간이 줄어들었습니다.

```
mysql> SELECT 매핑.부서번호
    ->   FROM ( SELECT DISTINCT 부서번호
    ->            FROM 부서사원_매핑 매핑
    ->        ) 매핑
    -> WHERE EXISTS (SELECT 1
    ->                 FROM 부서관리자 관리자
    ->                WHERE 부서번호 = 매핑.부서번호)
    -> ORDER BY 매핑.부서번호;
+----------+
| 부서번호 |
+----------+
| d001     |
| d002     |
| d003     |
| d004     |
| d005     |
| d006     |
| d007     |
| d008     |
| d009     |
+----------+
9 rows in set (0.00 sec)
```

| 튜닝 후 실행 계획 |

튜닝 후 실행 계획을 살펴보면 id가 똑같이 1로 나타난 부서관리자 테이블과 〈derived2〉 테이블이 조인을 수행함을 알 수 있습니다. 〈derived2〉 테이블은 id가 2인 행의 인라인 뷰로, FROM 절에 DISTINCT 작업까지 마친 매핑 테이블입니다. DISTINCT 작업을 수행하고자 I_부서번호 인덱스로 정렬한 뒤에 중복을 제거하겠다는 의미로 Extra 항목에 Using index for group-by가 표시되었습니다.

즉, 드라이빙 테이블인 부서관리자 테이블은 전체 24개 데이터를 인덱스 풀 스캔으로 수행한 뒤에 드리븐 테이블인 중복 제거된 부서사원_매핑 테이블과 조인합니다. 이때 부서관리자 테이블에 EXISTS 연산자로 비교할 부서번호가 있다면 이후로 동일한 부서번호 데이터는 확인하지 않고 건너뛰므로 Extra 항목에 LooseScan으로 표시됩니다.

그리고 rows 항목의 정보를 확인해보면 부서사원_매핑 테이블에 접근하는 데이터 건수가 한 자릿수로 줄었음을 확인할 수 있습니다.

```
mysql> EXPLAIN
    -> SELECT 매핑.부서번호
    ->   FROM ( SELECT DISTINCT 부서번호
    ->            FROM 부서사원_매핑 매핑
    ->        ) 매핑
    -> WHERE EXISTS (SELECT 1
    ->                  FROM 부서관리자 관리자
    ->                 WHERE 부서번호 = 매핑.부서번호)
    -> ORDER BY 매핑.부서번호;
+----+-------------+------------+-------+------------+-----------------+
| id | select_type | table      | type  | key        | ref             |
+----+-------------+------------+-------+------------+-----------------+
|  1 | PRIMARY     | 관리자      | index | I_부서번호  | NULL            |
|  1 | PRIMARY     | <derived2> | ref   | <auto_key0>| 관리자.부서번호  |
|  2 | DERIVED     | 매핑        | range | I_부서번호  | NULL            |
+----+-------------+------------+-------+------------+-----------------+

------+----------------------------------------------------------+
rows | Extra                                                    |
------+----------------------------------------------------------+
  24 | Using index; Using temporary; Using filesort; LooseScan |
   2 | Using index                                              |
   9 | Using index for group-by                                 |
------+----------------------------------------------------------+
3 rows in set, 2 warnings (0.00 sec)
```

5.2 인덱스 조정으로 착한 쿼리 만들기

이미 존재하는 인덱스를 변경하거나 삭제 또는 신규로 추가하는 방식으로 비효율적인 쿼리를 튜닝하는 예제를 살펴봅니다.

5.2.1 인덱스 없이 작은 규모의 데이터를 조회하는 나쁜 SQL 문

현황 분석

| 튜닝 전 SQL 문 |

다음은 이름이 Georgi이고 성이 Wielonsky인 사원 정보를 출력하는 쿼리입니다.

```
SELECT *
  FROM 사원
 WHERE 이름 = 'Georgi'
   AND 성 = 'Wielonsky'
```

| 튜닝 전 수행 결과 |

튜닝 전 SQL 문을 수행한 결과 1건의 데이터가 출력되며 약 0.25초가 소요됩니다.

```
mysql> SELECT *
    ->    FROM 사원
    ->  WHERE 이름 = 'Georgi'
    ->    AND 성 = 'Wielonsky';
+----------+------------+--------+-----------+------+------------+
| 사원번호 | 생년월일   | 이름   | 성        | 성별 | 입사일자   |
+----------+------------+--------+-----------+------+------------+
|   499814 | 1960-12-28 | Georgi | Wielonsky | M    | 1989-01-31 |
+----------+------------+--------+-----------+------+------------+
1 row in set (0.24 sec)
```

| 튜닝 전 실행 계획 |

튜닝 전 실행 계획에 따르면 사원 테이블을 테이블 풀 스캔(type 항목: ALL)하여 데이터를
가져옵니다. 스토리지 엔진에서 가져온 전체 데이터 중 WHERE 이름 = 'Georgi' AND 성 =
'Wielonsky' 조건절로 필요한 데이터를 추출(Extra 항목: Using where)하여 출력합니다.

```
mysql> EXPLAIN
    -> SELECT *
    ->    FROM 사원
    ->  WHERE 이름 = 'Georgi'
    ->    AND 성 = 'Wielonsky';
+----+-------------+--------+------+------+---------+------+--------+-------------+
| id | select_type | table  | type | key  | key_len | ref  | rows   | Extra       |
+----+-------------+--------+------+------+---------+------+--------+-------------+
|  1 | SIMPLE      | 사원   | ALL  | NULL | NULL    | NULL | 299202 | Using where |
+----+-------------+--------+------+------+---------+------+--------+-------------+
1 row in set, 1 warning (0.00 sec)
```

튜닝 수행

앞서 살펴본 튜닝 전 실행 계획에서 사원 테이블의 데이터가 테이블 풀 스캔으로 처리됨을 확인했습니다. 다만 최종적으로 단 1건의 데이터를 가져오고자 테이블을 처음부터 끝까지 스캔하는 방식은 비효율적일 수 있습니다. 이때 조건절에 해당하는 열들이 자주 호출된다면, 인덱스로 빠른 데이터 접근을 유도하는 방식으로 튜닝의 방향을 잡을 수 있을 것입니다.

즉, 이름 열과 성 열을 대상으로 인덱스를 생성하기 전에 먼저 더 다양한(많은) 값이 있는 열이 무엇인지 파악합니다. 이름 열의 데이터에는 1,275개의 값이 있고 성 열의 데이터에는 1,637개의 값이 있으므로, 데이터 범위를 더 축소할 수 있는 성 열을 선두 열로 삼아 인덱스를 생성해봅니다.

```
mysql> SELECT COUNT(DISTINCT(이름)) 이름_개수,
    ->        COUNT(DISTINCT(성  )) 성_개수,
    ->        COUNT(1) 전체
    ->   FROM 사원;
+-----------+---------+--------+
| 이름_개수 | 성_개수 | 전체   |
+-----------+---------+--------+
|      1275 |    1637 | 300024 |
+-----------+---------+--------+
1 row in set (0.50 sec)
```

다음 명령어로 사원 테이블에 I_사원_성_이름 인덱스를 생성합니다. 이때 값은 '성 + 이름' 순입니다.

```
mysql> ALTER TABLE 사원
    ->   ADD INDEX I_사원_성_이름 (성,이름);
Query OK, 0 rows affected (1.94 sec)
```

인덱스를 생성한 뒤 다음 명령어로 사원 테이블의 인덱스 목록을 확인합니다. 출력 결과에서 I_사원_성_이름 인덱스가 생성되었음을 확인할 수 있습니다.

```
mysql> show index from 사원;
```

```
+-------+------------+----------------+--------------+-------------+-----------+...
| Table | Non_unique | Key_name       | Seq_in_index | Column_name | Collation |...
+-------+------------+----------------+--------------+-------------+-----------+...
| 사원  |          0 | PRIMARY        |            1 | 사원번호    | A         |...
| 사원  |          1 | I_입사일자     |            1 | 입사일자    | A         |...
| 사원  |          1 | I_성별_성      |            1 | 성별        | A         |...
| 사원  |          1 | I_성별_성      |            2 | 성          | A         |...
| 사원  |          1 | I_사원_성_이름 |            1 | 성          | A         |...
| 사원  |          1 | I_사원_성_이름 |            2 | 이름        | A         |...
+-------+------------+----------------+--------------+-------------+-----------+...
6 rows in set (0.01 sec)
```

튜닝 결과

| 튜닝 후 SQL 문 |

튜닝 전 SQL 문과 동일합니다. SQL 문의 성능을 높이는 튜닝은 신규 인덱스 쪽입니다.

```
SELECT *
  FROM 사원
 WHERE 이름 = 'Georgi'
   AND 성 = 'Wielonsky';
```

| 튜닝 후 수행 결과 |

인덱스를 생성한 뒤의 SQL 문을 수행한 결과, 튜닝 전의 SQL 문 수행 결과와 마찬가지로 1건의 데이터가 출력됩니다. 한편 SQL 문 소요 시간은 약 0.25초에서 0.00초로 줄어들었습니다.

```
mysql> SELECT *
    ->    FROM 사원
    -> WHERE 이름 = 'Georgi'
    ->    AND 성 = 'Wielonsky';
+----------+------------+--------+-----------+------+------------+
| 사원번호 | 생년월일   | 이름   | 성        | 성별 | 입사일자   |
+----------+------------+--------+-----------+------+------------+
|   499814 | 1960-12-28 | Georgi | Wielonsky | M    | 1989-01-31 |
+----------+------------+--------+-----------+------+------------+
1 row in set (0.00 sec)
```

| 튜닝 후 실행 계획 |

인덱스 생성 후의 실행 계획을 살펴보면 사원 테이블에서 I_사원_성_이름 인덱스로 인덱스 스캔을 수행합니다. 스토리지 엔진에서 성 열과 이름 열에 조건절을 써서 데이터에 접근하므로 1건의 데이터만 최종 반환됩니다.

```
mysql> EXPLAIN
    -> SELECT *
    ->   FROM 사원
    -> WHERE 이름 = 'Georgi'
    ->   AND 성 = 'Wielonsky';
+----+-------------+-------+------+----------------+-------------+------+-------+
| id | select_type | table | type | key            | ref         | rows | Extra |
+----+-------------+-------+------+----------------+-------------+------+-------+
|  1 | SIMPLE      | 사원  | ref  | I_사원_성_이름 | const,const |    1 | NULL  |
+----+-------------+-------+------+----------------+-------------+------+-------+
1 row in set, 1 warning (0.00 sec)
```

이후 다른 SQL 튜닝 예제들도 풀어야 하므로 이번에 만든 오브젝트(I_사원_성_이름 인덱스)는 삭제하여 원상복구 합니다.

```
mysql> ALTER TABLE 사원 DROP INDEX I_사원_성_이름;
Query OK, 0 rows affected (0.01 sec)
Records: 0  Duplicates: 0  Warnings: 0
```

5.2.2 인덱스를 하나만 사용하는 나쁜 SQL 문

현황 분석

| 튜닝 전 SQL 문 |

다음은 이름이 Matt이거나 입사일자가 1987년 3월 31일인 사원 정보를 조회하는 쿼리입니다. 이때 두 개의 조건절을 OR 구문으로 작성하는 부분을 주의 깊게 살펴봅니다.

```
SELECT *
  FROM 사원
 WHERE 이름 = 'Matt'
    OR 입사일자 = '1987-03-31'
```

| 튜닝 전 수행 결과 |

튜닝 전 SQL 문을 수행한 결과 총 343건의 데이터가 출력되며 소요 시간은 약 0.25초입니다.
소량의 데이터가 출력되는 만큼 튜닝 전 쿼리라 해도 소요 시간은 매우 짧습니다. 그러나 튜
닝 여부를 판단할 때는 짧은 소요 시간만을 기준으로 삼지 않습니다. 더 나은 쿼리로 변경할 수
있다면 튜닝 대상이 된다는 점을 염두에 두어야 합니다.

```
mysql> SELECT *
    ->   FROM 사원
    ->  WHERE 이름 = 'Matt'
    ->    OR 입사일자 = '1987-03-31';
+----------+------------+----------+------------------+--------+------------+
| 사원번호 | 생년월일   | 이름     | 성               | 성별   | 입사일자   |
+----------+------------+----------+------------------+--------+------------+
|    10083 | 1959-07-23 | Vishv    | Zockler          | M      | 1987-03-31 |
|    10690 | 1962-09-06 | Matt     | Jumpertz         | F      | 1989-08-22 |
|    12302 | 1962-02-14 | Matt     | Plessier         | M      | 1987-01-28 |
                                  ...
|   495781 | 1960-10-06 | Georg    | Velasco          | M      | 1987-03-31 |
|   497243 | 1962-10-13 | Jianwen  | Kalsbeek         | M      | 1987-03-31 |
|   497766 | 1960-09-25 | Matt     | Atrawala         | F      | 1987-02-11 |
+----------+------------+----------+------------------+--------+------------+
343 rows in set (0.25 sec)
```

| 튜닝 전 실행 계획 |

사원 테이블은 테이블 풀 스캔(type 항목: ALL)으로 처리됩니다. 스토리지 엔진으로 모든 데
이터를 가져온 뒤 MySQL 엔진에서 2개의 조건절을 활용하여 데이터를 필터링합니다.

```
mysql> EXPLAIN
    -> SELECT *
    ->   FROM 사원
```

```
    -> WHERE 이름 = 'Matt'
    -> OR 입사일자 = '1987-03-31';
+----+-------------+-------+------+------+--------+----------+-------------+
| id | select_type | table | type | key  | rows   | filtered | Extra       |
+----+-------------+-------+------+------+--------+----------+-------------+
|  1 | SIMPLE      | 사원  | ALL  | NULL | 299157 |    10.02 | Using where |
+----+-------------+-------+------+------+--------+----------+-------------+
1 row in set, 1 warning (0.00 sec)
```

튜닝 수행

우선 조건절에 해당하는 데이터 분포를 확인해봅니다. **이름='Matt'** 조건에 해당하는 데이터는 233건이고 **입사일자 = '1987-03-31'** 조건에 해당하는 데이터는 111건입니다. 전체 데이터가 약 30만 건에 달하는 사원 테이블의 데이터 건수와 비교했을 때, 이름 열과 입사일자 열의 조건절에서 조회하는 데이터 건수가 상대적으로 매우 적다는 사실을 유추할 수 있습니다.

```
mysql> select count(1) from 사원;
+----------+
| count(1) |
+----------+
|   300024 |
+----------+
1 row in set (2.37 sec)

mysql> select count(1) from 사원 where 이름='Matt';
+----------+
| count(1) |
+----------+
|      233 |
+----------+
1 row in set (0.16 sec)

mysql> select count(1) from 사원 where 입사일자='1987-03-31';
+----------+
| count(1) |
+----------+
|      111 |
+----------+
1 row in set (0.00 sec)
```

이처럼 소량의 데이터를 가져올 때는 보통 테이블 풀 스캔보다 인덱스 스캔이 효율적입니다. 따라서 조건절 열이 포함된 인덱스가 존재하는지 확인해봅니다. 다음 쿼리 결과를 살펴보면, 입사일자 열이 포함된 I_입사일자 인덱스는 확인이 되지만 이름 열이 포함된 인덱스는 없다는 걸 알 수 있습니다.

```
mysql> show index from 사원;
+-------+------------+------------+--------------+-------------+ ..
| Table | Non_unique | Key_name   | Seq_in_index | Column_name | ..
+-------+------------+------------+--------------+-------------+ ..
| 사원  |          0 | PRIMARY    |            1 | 사원번호    | ..
| 사원  |          1 | I_입사일자 |            1 | 입사일자    | ..
| 사원  |          1 | I_성별_성  |            1 | 성별        | ..
| 사원  |          1 | I_성별_성  |            2 | 성          | ..
+-------+------------+------------+--------------+-------------+ ..
4 rows in set (0.00 sec)
```

따라서 이름 열에 대한 인덱스를 생성하여 각 조건절이 각각의 인덱스를 사용해 데이터에 접근할 수 있도록 튜닝 방향을 결정합니다. 인덱스 생성 구문은 ALTER TABLE 사원 ADD INDEX I_이름(이름); 과 같습니다.

```
mysql> ALTER TABLE 사원
    -> ADD INDEX I_이름(이름);
Query OK, 0 rows affected (1.16 sec)
Records: 0  Duplicates: 0  Warnings: 0
```

튜닝 결과

| 튜닝 후 SQL 문 |

SQL 문 자체에는 변경 사항이 없습니다.

```
SELECT *
  FROM 사원
 WHERE 이름 = 'Matt'
    OR 입사일자 = '1987-03-31'
```

| 튜닝 후 수행 결과 |

튜닝된 SQL 문을 수행한 결과 튜닝 전과 마찬가지로 총 343건의 데이터가 출력됩니다. 소요 시간은 0.25초에서 0.00초로 감소했습니다.

```
mysql> SELECT *
    ->   FROM 사원
    -> WHERE 이름 = 'Matt'
    -> OR 입사일자 = '1987-03-31';
+----------+------------+---------+-----------------+--------+------------+
| 사원번호 | 생년월일   | 이름    | 성              | 성별   | 입사일자   |
+----------+------------+---------+-----------------+--------+------------+
|    10083 | 1959-07-23 | Vishv   | Zockler         | M      | 1987-03-31 |
|    10690 | 1962-09-06 | Matt    | Jumpertz        | F      | 1989-08-22 |
|    12302 | 1962-02-14 | Matt    | Plessier        | M      | 1987-01-28 |
                                  ...
|   495781 | 1960-10-06 | Georg   | Velasco         | M      | 1987-03-31 |
|   497243 | 1962-10-13 | Jianwen | Kalsbeek        | M      | 1987-03-31 |
|   497766 | 1960-09-25 | Matt    | Atrawala        | F      | 1987-02-11 |
+----------+------------+---------+-----------------+--------+------------+
343 rows in set (0.00 sec)
```

| 튜닝 후 실행 계획 |

2개의 조건절 열이 각각 인덱스 스캔으로 수행되고 각 결과는 병합(type 항목: index_merge)됩니다. 즉, 이름 = 'Matt' 조건절은 I_이름 인덱스를 사용하며 입사일자 = '1987-03-31' 조건절은 I_입사일자 인덱스를 사용합니다. 이들 결과가 합쳐진 뒤(Extra 항목: Using union(I_이름, I_입사일자) 최종 결과를 출력합니다.

만약 WHERE 절 ~ OR 구문에서 한쪽의 조건절이 동등 조건이 아닌 범위 조건(LIKE, BETWEEN 구문)이라면 index_merge로 처리되지 않을 수 있습니다. 버전에 따라 내부 메커니즘에 차이가 있으므로 실행 계획을 확인한 뒤 UNION이나 UNION ALL 구문 등으로 분리하는 걸 고려해야 합니다.

```
mysql> EXPLAIN
    -> SELECT *
    ->   FROM 사원
    -> WHERE 이름 = 'Matt'
```

```
        ->      OR 입사일자 = '1987-03-31';
+----+-------------+-------+-------------+-------------------+------+----------+
| id | select_type | table | type        | key               | rows | filtered |
+----+-------------+-------+-------------+-------------------+------+----------+
|  1 | SIMPLE      | 사원  | index_merge | I_이름, I_입사일자 | 344  |   100.00 |
+----+-------------+-------+-------------+-------------------+------+----------+

-------------------------------------------+
 Extra                                     |
-------------------------------------------+
 Using union (I_이름,I_입사일자); Using where |
-------------------------------------------+
1 row in set, 1 warning (0.00 sec)
```

이후 다른 SQL 튜닝 예제를 해결해야 하므로 이번에 생성한 인덱스는 삭제하여 원상복구 합니다.

```
mysql> ALTER TABLE 사원
    -> DROP INDEX I_이름;
Query OK, 0 rows affected (0.02 sec)
Records: 0  Duplicates: 0  Warnings: 0
```

5.2.3 큰 규모의 데이터 변경으로 인덱스에 영향을 주는 나쁜 SQL 문

현황 분석

| 튜닝 전 SQL 문 |

다음은 사원출입기록 테이블의 출입문 열에 'B'로 저장된 데이터를 'X'로 변경하는 쿼리입니다. 즉, B 출입문의 사원출입 이력들을 X 출입문으로 변경하는 UPDATE 문입니다.

```
UPDATE 사원출입기록
   SET 출입문 = 'X'
 WHERE 출입문 = 'B';
```

| 튜닝 전 수행 결과 |

MySQL에서 DML^{data manipulation language} 문을 수행할 때 커밋^{commit}은 기본적으로 자동 저장됩니다. 튜닝 전 SQL 문은 **UPDATE** 문이므로 별도의 설정을 하지 않으면 바로 자동 저장됩니다. 따라서 반복되는 **UPDATE** 문을 수행할 때 자동 저장되는 커밋 설정을, 본인이 접속한 세션에 한해서만 자동 저장되지 않도록 변경합니다.

select @@autocommit; 명령문을 사용하면 autocommit이라는 세션 기준의 시스템 변수를 확인해볼 수 있습니다. autocommit이 1이면 자동 커밋이고 0이면 자동 커밋이 아닙니다. 따라서 처음에 autocommit 값을 조회해보면 자동 커밋으로 설정되어 있음을 알 수 있습니다. 이후 set autocommit=0; 명령문을 통해 자동 커밋되지 않도록 임의 설정합니다. 이후 autocommit이 정상적으로 변경되었는지 확인합니다.

```
mysql> select @@autocommit;
+--------------+
| @@autocommit |
+--------------+
|            1 |
+--------------+
1 row in set (0.00 sec)

mysql> set autocommit=0;
Query OK, 0 rows affected (0.00 sec)

mysql> select @@autocommit;
+--------------+
| @@autocommit |
+--------------+
|            0 |
+--------------+
1 row in set (0.00 sec)
```

튜닝 전의 SQL 문을 수행한 결과 총 30만 건의 데이터가 변경되었습니다. 소요 시간은 약 34.13초로 나타났습니다.

```
mysql> UPDATE 사원출입기록
    ->    SET 출입문 = 'X'
    ->  WHERE 출입문 = 'B';
```

```
Query OK, 300000 rows affected (34.13 sec)
Rows matched: 300000  Changed: 300000  Warnings: 0
```

이후 예제에서도 SQL 튜닝 전/후 쿼리를 반복 실행해야 하므로 ROLLBACK; 명령문으로 변경된 데이터를 원상복구 합니다. 이때 롤백되는 데이터 건수와 무관하게 결괏값은 항상 0건으로 출력됩니다.

```
mysql> rollback;
Query OK, 0 rows affected (17.52 sec)
```

| 튜닝 전 실행 계획 |

튜닝 전 실행 계획에 따르면, 기본 키(key 항목: PRIMARY)로 사원출입기록 테이블에 접근한 뒤 출입문 = 'B' 조건절에 해당하는 데이터만 'X'라는 출입문으로 변경(select_type 항목: update)합니다.

```
mysql> EXPLAIN
    -> UPDATE 사원출입기록
    ->    SET 출입문 = 'X'
    ->  WHERE 출입문 = 'B';
+----+-------------+--------------+-------+---------+------+--------+-------------+
| id | select_type | table        | type  | key     | ref  | rows   | Extra       |
+----+-------------+--------------+-------+---------+------+--------+-------------+
|  1 | UPDATE      | 사원출입기록  | index | PRIMARY | NULL | 658935 | Using where |
+----+-------------+--------------+-------+---------+------+--------+-------------+
1 row in set, 1 warning (0.01 sec)
```

튜닝 수행

튜닝 전의 SQL 문은 데이터를 수정하는 UPDATE 문이므로 인덱스와 무관한 듯 보일 수도 있습니다. 그러나 UPDATE 문은 수정할 데이터에 접근한 뒤에 SET 절의 수정값으로 변경하므로, 인덱스로 데이터에 접근한다는 측면에서 인덱스의 존재 여부는 중요합니다. 한편 조회한 데이터를 변경하는 범위에는 테이블뿐만 아니라 인덱스도 포함되므로, 인덱스가 많은 테이블의 데이터를 변경할 때는 성능적으로 불리합니다.

그렇다면 튜닝 전 UPDATE 문에 포함된 테이블의 인덱스 목록을 한번 살펴보겠습니다. 사원출입기록 테이블의 4개 인덱스 중 SET 절에서 변경될 열을 포함하는 인덱스는 무엇인지 확인해야 합니다. 이번 예제 쿼리는 SET 출입문 = 'X'라고 되어 있으므로 출입문 열을 포함하는 I_출입문 인덱스의 튜닝 여부를 고민해봐야 합니다.

```
mysql> show index from 사원출입기록;
+--------------+------------+----------+--------------+-------------+------------+ ...
| Table        | Non_unique | Key_name | Seq_in_index | Column_name | Collation  | ...
+--------------+------------+----------+--------------+-------------+------------+ ...
| 사원출입기록 |          0 | PRIMARY  |            1 | 순번        | A          | ...
| 사원출입기록 |          0 | PRIMARY  |            2 | 사원번호    | A          | ...
| 사원출입기록 |          1 | I_출입문 |            1 | 출입문      | A          | ...
| 사원출입기록 |          1 | I_지역   |            1 | 지역        | A          | ...
| 사원출입기록 |          1 | I_시간   |            1 | 입출입시간  | A          | ...
+--------------+------------+----------+--------------+-------------+------------+ ...
5 rows in set (0.00 sec)
```

사원출입기록 테이블과 I_출입문 인덱스의 데이터에 매번 UPDATE 문을 수행하느라 수십 초가 소요됩니다. 이때 사원출입기록 테이블과 같은 이력용 테이블에서는 보통 지속적인 데이터 저장만 이루어지므로, 애플리케이션을 통한 I_출입문 인덱스의 활용도가 없다면 삭제하여 튜닝할 것을 고려해봅니다.

만약 업데이트 작업이 새벽 또는 서비스에 미치는 영향이 적은 시간대에 수행되는 배치성 작업이라면, 인덱스를 일시적으로 삭제한 뒤 대량 업데이트 작업을 수행하고 다시 생성하는 방식으로 SQL 문 효율을 높일 수 있습니다.

이번 예제는 이력용 테이블이므로 인덱스를 삭제해봅니다. 삭제 명령어는 ALTER TABLE 사원출입기록 DROP INDEX I_출입문;입니다.

```
mysql> ALTER TABLE 사원출입기록
    -> DROP INDEX I_출입문;
Query OK, 0 rows affected (0.03 sec)
Records: 0  Duplicates: 0  Warnings: 0
```

인덱스를 삭제한 뒤 정상적으로 삭제되었는지 다음 명령어로 확인해봅니다. 출력 결과에서 I_출입문 인덱스가 삭제된 것을 확인할 수 있습니다.

```
mysql> show  index from 사원출입기록;
+-------------+------------+----------+--------------+-------------+-----------+ ...
| Table       | Non_unique | Key_name | Seq_in_index | Column_name | Collation | ...
+-------------+------------+----------+--------------+-------------+-----------+ ...
| 사원출입기록 |          0 | PRIMARY  |            1 | 순번        | A         | ...
| 사원출입기록 |          0 | PRIMARY  |            2 | 사원번호    | A         | ...
| 사원출입기록 |          1 | I_지역   |            1 | 지역        | A         | ...
| 사원출입기록 |          1 | I_시간   |            1 | 입출입시간  | A         | ...
+-------------+------------+----------+--------------+-------------+-----------+ ...
4 rows in set (0.00 sec)
```

튜닝 결과

| 튜닝 후 SQL 문 |

SQL 문 자체의 변경 사항은 없습니다.

```
UPDATE 사원출입기록
   SET 출입문 = 'X'
 WHERE 출입문 = 'B';
```

| 튜닝 후 수행 결과 |

UPDATE 문을 수행하기에 앞서 반복적인 쿼리를 테스트하기 위해 앞에서 설정했던 자동 커밋이 여전히 비활성화되어 있는지 먼저 확인해봅니다. 이때 autocommit이 0으로 출력되면 자동 저장되지 않도록 설정된 것입니다.

인덱스를 삭제한 뒤 동일한 SQL 문을 수행하면 30만 건의 데이터가 업데이트되었으며 수행 시간도 34.13초에서 3.82초로 대폭 감소한 것을 확인할 수 있습니다.

```
mysql> select @@autocommit;
+--------------+
| @@autocommit |
+--------------+
|            0 |
+--------------+
```

```
1 row in set (0.00 sec)

mysql> UPDATE 사원출입기록
    ->    SET 출입문 = 'X'
    ->  WHERE 출입문 = 'B';
Query OK, 300000 rows affected (3.82 sec)
Rows matched: 300000  Changed: 300000  Warnings: 0
```

이후 다시 사용할 예제에 필요하므로 방금 변경된 데이터는 원상복구 합니다.

```
mysql> rollback;
Query OK, 0 rows affected (4.08 sec)
```

| 튜닝 후 실행 계획 |

인덱스를 삭제한 뒤에는 기본 키(key 항목: PRIMARY)로 데이터에 접근해서 데이터가 변경된 것을 확인할 수 있습니다.

```
mysql> EXPLAIN
    -> UPDATE 사원출입기록
    ->    SET 출입문 = 'X'
    ->  WHERE 출입문 = 'B';
+----+-------------+--------------+-------+---------+------+--------+-------------+
| id | select_type | table        | type  | key     | ref  | rows   | Extra       |
+----+-------------+--------------+-------+---------+------+--------+-------------+
|  1 | UPDATE      | 사원출입기록 | index | PRIMARY | NULL | 658935 | Using where |
+----+-------------+--------------+-------+---------+------+--------+-------------+
1 row in set, 1 warning (0.00 sec)
```

이후 또 다른 SQL 튜닝 문제를 풀어야 하므로, 방금 삭제한 인덱스는 다시 생성하고 수정된 데이터는 원상복구 합니다.

```
mysql> ALTER TABLE 사원출입기록
    ->    ADD INDEX I_출입문(출입문);
Query OK, 0 rows affected (1.94 sec)
Records: 0  Duplicates: 0  Warnings: 0

mysql> set autocommit=1;
```

```
Query OK, 0 rows affected (0.00 sec)

mysql> select @@autocommit;
+--------------+
| @@autocommit |
+--------------+
|            1 |
+--------------+
1 row in set (0.00 sec)
```

5.2.4 비효율적인 인덱스를 사용하는 나쁜 SQL 문

현황 분석

| 튜닝 전 SQL 문 |

튜닝 전 SQL 문은 사원 테이블에서 성별이 M(남성)이고 성이 Baba인 정보를 조회합니다.

```
SELECT 사원번호, 이름, 성
  FROM 사원
 WHERE 성별 = 'M'
   AND 성 = 'Baba'
```

| 튜닝 전 수행 결과 |

튜닝 전 SQL 문의 수행 결과는 총 135건으로 0.04초의 짧은 시간이 소요되었습니다. 조회되는 건수가 적고 실행 시간이 짧다 보니 자칫 튜닝할 필요가 없다고 판단할 수 있으나, 적절한 방식으로 데이터에 접근하는지 확인해봐야 합니다.

```
mysql> SELECT 사원번호, 이름, 성
    ->   FROM 사원
    ->  WHERE 성별 = 'M'
    ->    AND 성 = 'Baba';
```

```
+----------+--------+------+
│ 사원번호 │ 이름   │ 성   │
+----------+--------+------+
│    11937 │ Zissis │ Baba │
│    12245 │ Christ │ Baba │
│    15596 │ Bedir  │ Baba │
                ...
│   492391 │ Alenka │ Baba │
│   494271 │ Zsolt  │ Baba │
│   499900 │ Leon   │ Baba │
+----------+--------+------+
135 rows in set (0.04 sec)
```

| 튜닝 전 실행 계획 |

I_성별_성 인덱스를 활용하여 사원 테이블에 접근합니다. 성별과 성 열에 고정된 값으로 조건절(ref 항목: const, const)을 작성하여, 스토리지 엔진에서 인덱스 스캔으로 원하는 데이터를 가져와 출력합니다.

```
mysql> EXPLAIN
    -> SELECT 사원번호, 이름, 성
    ->   FROM 사원
    ->  WHERE 성별 = 'M'
    ->    AND 성 = 'Baba';
+----+-------------+------+------+-------------+-------------+------+----------+-------+
│ id │ select_type │ table│ type │ key         │ ref         │ rows │ filtered │ Extra │
+----+-------------+------+------+-------------+-------------+------+----------+-------+
│  1 │ SIMPLE      │ 사원 │ ref  │ I_성별_성   │ const,const │  135 │   100.00 │ NULL  │
+----+-------------+------+------+-------------+-------------+------+----------+-------+
1 row in set, 1 warning (0.00 sec)
```

튜닝 수행

튜닝 전 SQL 문의 조건절에 작성된 열 현황을 확인해봅니다. 성 열의 데이터는 총 1,637건인데 비해 성별 열의 데이터는 단 2건에 불과합니다.

```
mysql> SELECT count(distinct 성) 성_개수,
    ->        count(distinct 성별) 성별_개수
    ->   FROM 사원 ;
+---------+-----------+
| 성_개수 | 성별_개수 |
+---------+-----------+
|    1637 |         2 |
+---------+-----------+
1 row in set (0.23 sec)
```

현재 실행 계획이나 수행 결과를 보면 사실상 문제가 되는 부분은 거의 드러나지 않지만, 테이블의 데이터가 늘어날 경우 문제가 발생할 수 있습니다.

다음은 사원 테이블의 인덱스 목록 현황으로, 이번 예제에서는 '성별 + 성' 순으로 구성한 I_성별_성 인덱스를 사용하는 걸 확인했습니다. 하지만 데이터가 다양하지 않은 성별 열을 선두로 구성한 인덱스가 과연 효율적일까요?

```
mysql> show index from 사원;
+-------+-----------+------------+--------------+-------------+ ...
| Table | Non_unique | Key_name  | Seq_in_index | Column_name | ...
+-------+-----------+------------+--------------+-------------+ ...
| 사원  |         0 | PRIMARY    |            1 | 사원번호    | ...
| 사원  |         1 | I_입사일자 |            1 | 입사일자    | ...
| 사원  |         1 | I_성별_성  |            1 | 성별        | ...
| 사원  |         1 | I_성별_성  |            2 | 성          | ...
+-------+-----------+------------+--------------+-------------+ ...
4 rows in set (0.00 sec)
```

성별 열보다는 성 열이 더 다양한 종류의 값(1,638개)을 가지므로 성 열을 먼저 활용하면 데이터 접근 범위를 상당히 줄일 수 있을 것입니다. 따라서 기존의 '성별 + 성' 순서로 구성된 I_성별_성 인덱스를 '성 + 성별' 순서의 I_성_성별 인덱스로 변경합니다. 그러려면 다음 명령문과 같이 DROP INDEX로 기존 인덱스를 먼저 삭제하고 ADD INDEX로 신규 인덱스를 생성합니다.

```
mysql> ALTER TABLE 사원
    ->   DROP INDEX I_성별_성,
    ->   ADD INDEX I_성_성별(성, 성별);
Query OK, 0 rows affected (2.02 sec)
Records: 0  Duplicates: 0  Warnings: 0
```

튜닝 결과

| 튜닝 후 SQL 문 |

SQL 문 자체는 변경 사항이 없습니다.

```
SELECT 사원번호, 이름, 성
  FROM 사원
 WHERE 성별 = 'M'
   AND 성 = 'Baba'
```

| 튜닝 후 수행 결과 |

인덱스를 조정한 뒤에 SQL 문을 수행하면 다음과 같습니다. 총 135건의 결과가 출력되며 0.00
초의 시간이 소요됩니다.

```
mysql> SELECT 사원번호, 이름, 성
    ->    FROM 사원
    -> WHERE 성별 = 'M'
    ->    AND 성 ='Baba';
+---------+----------------+------+
| 사원번호 | 이름            | 성    |
+---------+----------------+------+
|   11937 | Zissis         | Baba |
|   12245 | Christ         | Baba |
|   15596 | Bedir          | Baba |
                  ...
|  492391 | Alenka         | Baba |
|  494271 | Zsolt          | Baba |
|  499900 | Leon           | Baba |
+---------+----------------+------+
135 rows in set (0.00 sec)
```

| 튜닝 후 실행 계획 |

튜닝 후 실행 계획은 튜닝 전 실행 계획과 크게 다르지 않습니다. 단, 사용하는 인덱스명이 I_
성_성별로 바뀌었습니다. 튜닝 전보다 더 효율적으로 구성된 인덱스를 활용하게 된 것입니다.

```
mysql> EXPLAIN
    -> SELECT 사원번호, 이름, 성
    ->   FROM 사원
    -> WHERE 성별 = 'M'
    ->   AND 성 ='Baba';
+----+-------------+--------+------+------------+-------------+------+----------+-------+
| id | select_type | table  | type | key        | ref         | rows | filtered | Extra |
+----+-------------+--------+------+------------+-------------+------+----------+-------+
|  1 | SIMPLE      | 사원   | ref  | I_성_성별  | const,const |  135 |   100.00 | NULL  |
+----+-------------+--------+------+------------+-------------+------+----------+-------+
1 row in set, 1 warning (0.01 sec)
```

이후 다른 SQL 튜닝 예제를 해결해야 하므로, 이번에 변경한 인덱스는 원상복구 합니다.

```
mysql> ALTER TABLE 사원
    ->   DROP INDEX I_성_성별,
    ->    ADD INDEX I_성별_성(성별, 성);
Query OK, 0 rows affected (1.37 sec)
Records: 0  Duplicates: 0  Warnings: 0
```

5.3 적절한 테이블 및 열 속성 설정으로 착한 쿼리 만들기

물리적으로 존재하는 테이블 및 열의 속성을 변경하여 쿼리의 성능을 높이는 예제를 살펴봅니다.

5.3.1 잘못된 열 속성으로 비효율적으로 작성한 나쁜 SQL 문

현황 분석

| 튜닝 전 SQL 문 |

다음은 부서 테이블의 비고 열값이 소문자 'active'일 때의 데이터를 조회하는 쿼리입니다. 이때 SUBSTR(비고,1,1)과 SUBSTR(비고,2,1)라는 조건절로 비고 열의 데이터에서 첫 번째 문

자와 두 번째 문자를 각각 추출한 뒤 ASCII 코드값을 비교합니다.

즉, 비고 데이터에서 첫 번째 문자의 아스키 코드값이 97이고, 두 번째 문자의 아스키 코드값이 99일 때만 최종 결과를 출력합니다. 여기서 아스키 코드값 97은 소문자 a, 99는 소문자 c에 해당합니다.

```
SELECT 부서명, 비고
  FROM 부서
 WHERE 비고 = 'active'
   AND ASCII(SUBSTR(비고,1,1)) = 97
   AND ASCII(SUBSTR(비고,2,1)) = 99
```

| 튜닝 전 수행 결과 |

튜닝 전 쿼리를 수행하면 비고 열의 데이터가 active인 값들이 총 4건 출력됩니다.

```
mysql> SELECT 부서명, 비고
    ->    FROM 부서
    ->  WHERE 비고 = 'active'
    ->    AND ASCII(SUBSTR(비고,1,1)) = 97
    ->    AND ASCII(SUBSTR(비고,2,1)) = 99;
+------------------+--------+
¦ 부서명           ¦ 비고   ¦
+------------------+--------+
¦ Human Resources  ¦ active ¦
¦ Production       ¦ active ¦
¦ Sales            ¦ active ¦
¦ Customer Service ¦ active ¦
+------------------+--------+
4 rows in set (0.00 sec)
```

튜닝 수행

튜닝 전 SQL 문의 조건절부터 분석해봅니다. 크게 2개의 조건절로 이루어지는데 첫 번째 절은 비고 = 'active'이고 두 번째 절은 ASCII(SUBSTR(비고,1,1)) = 97 AND ASCII(SUBSTR(비고,2,1)) = 99입니다. 이제 각 조건절을 실행해봅니다.

먼저 비고='active' 조건절만 수행해본 결과, 대소문자가 섞인 상태로 총 7건의 데이터가 출력됩니다.

```
mysql> SELECT 부서명, 비고
    ->   FROM 부서
    ->  WHERE 비고 = 'active';
+------------------+--------+
| 부서명           | 비고   |
+------------------+--------+
| Marketing        | aCTIVE |
| Finance          | ACTIVE |
| Human Resources  | active |
| Production       | active |
| Development      | Active |
| Sales            | active |
| Customer Service | active |
+------------------+--------+
7 rows in set (0.00 sec)
```

다음으로 비고 열의 첫 번째 문자와 두 번째 문자의 아스키 코드를 확인하는 쿼리를 실행합니다. 1열은 비고 열의 데이터, 2열은 비고 열의 첫 번째 문자, 3열은 첫 번째 문자의 아스키 코드값, 4열은 비고 열의 두 번째 문자, 5열은 두 번째 문자의 아스키 코드값을 보여줍니다.

대문자 A는 아스키 코드값이 65, 소문자 a는 97, 대문자 C는 67, 소문자 c는 99이므로, 소문자로만 작성된 값을 얻고자 아스키 코드값을 조건절에 작성했다는 사실을 유추할 수 있습니다 (이때 첫 번째 문자와 두 번째 문자가 소문자라면 이후의 문자들도 모두 소문자라고 가정).

```
mysql> SELECT 비고,
    ->        SUBSTR(비고,1,1) 첫번째,
    ->        ASCII(SUBSTR(비고,1,1)) 첫번째_아스키,
    ->        SUBSTR(비고,2,1) 두번째,
    ->        ASCII(SUBSTR(비고,2,1)) 두번째_아스키
    ->   FROM 부서
    ->  WHERE 비고 = 'active';
+--------+--------+---------------+--------+---------------+
| 비고   | 첫번째 | 첫번째_아스키 | 두번째 | 두번째_아스키 |
+--------+--------+---------------+--------+---------------+
| aCTIVE | a      |            97 | C      |            67 |
| ACTIVE | A      |            65 | C      |            67 |
```

```
| active | a       |            97 | c       |            99 |
| active | a       |            97 | c       |            99 |
| Active | A       |            65 | c       |            99 |
| active | a       |            97 | c       |            99 |
| active | a       |            97 | c       |            99 |
+--------+--------+--------------+--------+--------------+
7 rows in set (0.00 sec)
```

하지만 소문자 여부를 판단하려고 굳이 아스키 코드를 추출하는 함수까지 사용해야 할까요?

다음은 부서 테이블의 열에 대한 콜레이션을 조회하는 쿼리입니다. information_schema.columns라는 시스템 테이블을 활용해서 부서 테이블의 열별 콜레이션값을 조회해봅니다. 출력 결과는 utf8로, 대소문자 구분이 없는case insensitive utf8_general_ci 콜레이션임을 확인할 수 있습니다. 하지만 이번 예제와 같이 서비스 환경에서 특정 열의 대소문자를 구분해야 할 때는 콜레이션 변경이 불가피할 것입니다.

```
mysql> SELECT COLUMN_NAME, collation_name
    ->    FROM information_schema.COLUMNS
    -> WHERE table_schema = 'tuning'
    ->    AND TABLE_NAME = '부서';
+-------------+-----------------+
| COLUMN_NAME | COLLATION_NAME  |
+-------------+-----------------+
| 부서번호    | utf8_general_ci |
| 부서명      | utf8_general_ci |
| 비고        | utf8_general_ci |
+-------------+-----------------+
3 rows in set (0.00 sec)
```

이때 비고 열의 콜레이션을 기존 utf8_general_ci에서 이모지emoji까지 지원하는 UTF8MB4_bin으로 변경합니다. 그러면 튜닝 전 SQL 문에서 substr(), ascii() 함수가 수행하던 불필요한 작업을 제거할 수 있습니다.

```
mysql> ALTER TABLE 부서
    -> CHANGE COLUMN 비고 비고 VARCHAR(40) NULL DEFAULT NULL
    -> COLLATE 'UTF8MB4_bin';
Query OK, 0 rows affected (0.01 sec)
Records: 0  Duplicates: 0  Warnings: 0
```

비고 열의 콜레이션을 변경한 뒤 변경 내역이 정상적으로 적용되었는지 확인합니다. 그 결과 information_schema.columns 시스템 테이블의 비고 열 콜레이션값이 utf8mb4_bin으로 바뀐 것을 볼 수 있습니다.

```
mysql> SELECT COLUMN_NAME, COLLATION_NAME
    ->   FROM INFORMATION_SCHEMA.COLUMNS
    ->  WHERE TABLE_SCHEMA = 'tuning'
    ->    AND TABLE_NAME = '부서';
+-------------+-----------------+
| COLUMN_NAME | COLLATION_NAME  |
+-------------+-----------------+
| 부서번호    | utf8_general_ci |
| 부서명      | utf8_general_ci |
| 비고        | utf8mb4_bin     |
+-------------+-----------------+
3 rows in set (0.01 sec)
```

튜닝 결과

| 튜닝 후 SQL 문 |

콜레이션을 변경한 뒤의 SQL 문은 불필요한 함수를 제외한 채 단순히 비고 열에 대한 조건절 만 유지합니다.

```
SELECT 부서명, 비고
  FROM 부서
 WHERE 비고 = 'active'
```

| 튜닝 후 수행 결과 |

조건절의 비고 열에 대한 동등 조건만으로도 소문자 active 데이터만 출력됩니다.

```
mysql> SELECT 부서명, 비고
    ->   FROM 부서
    ->  WHERE 비고 = 'active';
```

```
+------------------+--------+
¦ 부서명           ¦ 비고   ¦
+------------------+--------+
¦ Human Resources  ¦ active ¦
¦ Production       ¦ active ¦
¦ Sales            ¦ active ¦
¦ Customer Service ¦ active ¦
+------------------+--------+
4 rows in set (0.00 sec)
```

이후 다른 SQL 튜닝 예제를 해결해야 하므로 이번 실습에서 변경한 컬럼의 속성은 원상복구합니다. utf8_general_ci 콜레이션은 UTF8MB4 콜레이션으로 변경해서 사용하라는 경고를 표시하지만, 본 실습 과정에는 영향이 없습니다.

```
mysql> ALTER TABLE 부서
    -> CHANGE COLUMN 비고 비고 VARCHAR(40) NULL DEFAULT NULL
    -> COLLATE 'utf8_general_ci';
Query OK, 9 rows affected, 1 warning (0.05 sec)
Records: 9  Duplicates: 0  Warnings: 1
```

5.3.2 대소문자가 섞인 데이터와 비교하는 나쁜 SQL 문

현황 분석

| 튜닝 전 SQL 문 |

튜닝 전 SQL 문은 사원 테이블에서 입사일자가 1990년 이후이고 이름이 MARY인 사원정보를 조회하는 쿼리입니다. 이때 MARY와 1990-01-01은 화면에서 입력된 변숫값이므로, 매번 입력되는 영문의 대소문자는 고정되지 않습니다.

```
SELECT 이름, 성, 성별, 생년월일
  FROM 사원
 WHERE LOWER(이름) = LOWER('MARY')
   AND 입사일자 >= STR_TO_DATE('1990-01-01', '%Y-%m-%d')
```

| 튜닝 전 수행 결과 |

튜닝 전 쿼리의 수행 결과는 96건이며 약 0.18초의 시간이 소요됩니다.

```
mysql> SELECT 이름, 성, 성별, 생년월일
    ->    FROM 사원
    -> WHERE LOWER(이름) = LOWER('MARY')
    ->    AND 입사일자 >= STR_TO_DATE('1990-01-01', '%Y-%m-%d');
+------+---------------+------+------------+
| 이름 | 성            | 성별 | 생년월일   |
+------+---------------+------+------------+
| Mary | Sluis         | F    | 1953-11-07 |
| Mary | Piazza        | F    | 1954-10-18 |
| Mary | Ertl          | F    | 1962-03-08 |
              ...
| Mary | Swift         | M    | 1957-05-29 |
| Mary | Showalter     | M    | 1953-01-05 |
| Mary | Tiemann       | M    | 1954-10-05 |
+------+---------------+------+------------+
96 rows in set (0.18 sec)
```

| 튜닝 전 실행 계획 |

튜닝 전 실행 계획은 다음과 같습니다. WHERE 절 조건문에 이름과 입사일자 열이 명시되어 있지만 테이블 풀 스캔(type 항목: ALL)으로 수행됩니다. 이름 열은 기본적으로 LOWER() 함수가 가공하므로, 이름 열로 만들어진 인덱스가 존재하더라도 활용할 수는 없습니다.

```
mysql> EXPLAIN
    -> SELECT 이름, 성, 성별, 생년월일
    ->    FROM 사원
    -> WHERE LOWER(이름) = LOWER('MARY')
    ->    AND 입사일자 >= STR_TO_DATE('1990-01-01', '%Y-%m-%d');
+----+-------------+-------+------+------+------+--------+-------------+
| id | select_type | table | type | key  | ref  | rows   | Extra       |
+----+-------------+-------+------+------+------+--------+-------------+
|  1 | SIMPLE      | 사원  | ALL  | NULL | NULL | 299157 | Using where |
+----+-------------+-------+------+------+------+--------+-------------+
1 row in set, 1 warning (0.01 sec)
```

튜닝 수행

튜닝 대상인 테이블에서 조건절로 조회되는 데이터 건수를 확인해봅니다. 먼저 사원 테이블에는 약 30만 건의 데이터가 있으며, 그중 입사일자 열을 활용하는 조건문에 해당하는 데이터는 약 13만 건입니다. 또한 고정적이지 않은 변수인 LOWER(이름)를 활용하는 조건문에 해당하는 데이터는 224건입니다. 즉, 입사일자 열의 조건문에는 전체 데이터 건수 대비 약 43%(13만 건/30만 건)에 달하는 데이터가 있으므로 입사일자 열의 인덱스를 활용할 수 없다는 걸 예상할 수 있습니다. 반면 함수에 의해 가공된 이름 조건절은 매우 적은 범위(224건/30만 건)의 데이터에 접근할 수 있습니다.

```
mysql> SELECT COUNT(1)
    ->    FROM 사원;
+----------+
| COUNT(1) |
+----------+
|   300024 |
+----------+
1 row in set (2.37 sec)

mysql> SELECT COUNT(1)
    ->    FROM 사원
    -> WHERE 입사일자 >= STR_TO_DATE('1990-01-01', '%Y-%m-%d');
+----------+
| COUNT(1) |
+----------+
|   135227 |
+----------+
1 row in set (0.04 sec)

mysql> SELECT COUNT(1)
    ->    FROM 사원
    -> WHERE LOWER(이름) = LOWER('MARY');
+----------+
| COUNT(1) |
+----------+
|      224 |
+----------+
1 row in set (0.09 sec)
```

WHERE 절의 조건문에 명시된 열 중 인덱스가 생성된 열은 I_입사일자 인덱스를 구성하는 입사일자 열뿐입니다. 그렇다면 이름 열이 카디널리티가 높으니 이름 열에 대한 인덱스를 생성하면 될까요?

```
mysql> show index from 사원;
+-------+------------+------------+--------------+-------------+ ..
| Table | Non_unique | Key_name   | Seq_in_index | Column_name | ..
+-------+------------+------------+--------------+-------------+ ..
| 사원   |          0 | PRIMARY    |            1 | 사원번호      | ..
| 사원   |          1 | I_입사일자  |            1 | 입사일자      | ..
| 사원   |          1 | I_성별_성  |            1 | 성별         | ..
| 사원   |          1 | I_성별_성  |            2 | 성           | ..
+-------+------------+------------+--------------+-------------+ ..
4 rows in set (0.00 sec)
```

변별력이 좋은 이름 열을 기준으로 튜닝을 진행하기 위해 가공된 함수를 제거하고 입력된 변숫값만으로 출력 결과를 확인해봅니다. 그 결과 대문자로 구성된 MARY라는 값은 없다는 걸 확인할 수 있습니다.

하지만 우리는 업무 요건에서 이름 항목에 mary, Mary, marY, maRy, MARY 등이 입력되더라도 대소문자의 구분 없이 Mary라는 결과를 출력하게 만들어야 합니다. 그렇기 때문에 튜닝대상 SQL 문에서 lower() 함수로 값을 소문자로 변경하여 비교했다고 예상할 수 있는 것이지요.

그렇다면 이름 열은 왜 대소문자를 구분할까요?

```
mysql> SELECT *
    ->    FROM 사원
    ->   WHERE 이름 = 'MARY';
Empty set (0.32 sec)
```

시스템 테이블인 information_schema.columns에서 사원 테이블의 콜레이션을 조회해보니 이름 열의 콜레이션이 utf8_bin입니다. 이는 대소문자를 구분하는 콜레이션으로, 데이터 정렬과 비교 시 대소문자를 구분하여 처리합니다.

최초 사용자 등록 시 입력된 대소문자를 그대로 유지하려면 이름 열의 콜레이션이 utf8_bin으로 설정되어야 할 것입니다. 그러나 이름 정보를 검색할 때는 대소문자 구분이 없어야 하므로,

강제적으로 이름 열에 `lower()` 함수를 적용한 결과 인덱스가 있어도 활용할 수 없는 상황에 이르렀다고 추측할 수 있습니다.

이때 만약 이름 열에 대해 대소문자 구분없이 비교 처리를 수행하는 별도 열이 있다면 어떨까요?

```
mysql> SELECT COLUMN_NAME, COLLATION_NAME
    ->    FROM INFORMATION_SCHEMA.COLUMNS
    ->   WHERE TABLE_NAME = '사원'
    ->     AND TABLE_SCHEMA = 'tuning';
+-------------+-----------------+
| COLUMN_NAME | COLLATION_NAME  |
+-------------+-----------------+
| 사원번호     | NULL            |
| 생년월일     | NULL            |
| 이름         | utf8_bin        |
| 성          | utf8_general_ci |
| 성별         | utf8_general_ci |
| 입사일자     | NULL            |
+-------------+-----------------+
6 rows in set (0.00 sec)
```

이름 열 옆에 소문자_이름이라는 신규 열을 추가해봅니다. 이때 신규 열은 별도의 콜레이션을 명시하지 않는 한 테이블의 콜레이션값을 상속받으므로 utf8_general_ci로 설정될 것입니다. 그리고 utf8_general_ci는 ci$^{case\ insensitive}$라는 약자로도 알 수 있듯이 대소문자 구분을 하지 않을 것입니다.

신규 열을 생성하면 기존 이름 열의 데이터를 소문자 형태로 변경하여 소문자_이름 열값으로 업데이트합니다. 물론 소문자_이름 열은 대소문자를 구분하지 않는 열이므로 LOWER() 함수를 사용할 필요는 없습니다.

```
mysql> ALTER TABLE 사원 ADD COLUMN 소문자_이름 VARCHAR(14) NOT NULL AFTER 이름;
Query OK, 0 rows affected (3.47 sec)
Records: 0  Duplicates: 0  Warnings: 0

mysql> UPDATE 사원
    ->    SET 소문자_이름 = LOWER(이름);
Query OK, 300024 rows affected (13.96 sec)
Rows matched: 300024  Changed: 300024  Warnings: 0
```

이후 이름 정보를 비교하는 로직이 업무상 자주 호출된다는 가정 하에 새로 생성한 소문자_이름 열로 I_소문자이름 인덱스를 다음과 같이 생성합니다.

```
mysql> ALTER TABLE 사원 ADD INDEX I_소문자이름(소문자_이름);
Query OK, 0 rows affected (1.08 sec)
Records: 0  Duplicates: 0  Warnings: 0
```

이어서 사원 테이블의 상세 설명^{description}을 desc 명령어로 확인합니다. 먼저 소문자_이름 열이 이름 열 다음에 생성되어 있습니다. 그리고 Key 항목을 통해 소문자_이름 열에 인덱스가 생성되었음을 알 수 있습니다.

```
mysql> desc 사원;
+-------------+---------------+------+-----+---------+-------+
| Field       | Type          | Null | Key | Default | Extra |
+-------------+---------------+------+-----+---------+-------+
| 사원번호    | int           | NO   | PRI | NULL    |       |
| 생년월일    | date          | NO   |     | NULL    |       |
| 이름        | varchar(14)   | NO   |     | NULL    |       |
| 소문자_이름 | varchar(14)   | NO   | MUL | NULL    |       |
| 성          | varchar(16)   | NO   |     | NULL    |       |
| 성별        | enum('M','F') | NO   | MUL | NULL    |       |
| 입사일자    | date          | NO   | MUL | NULL    |       |
+-------------+---------------+------+-----+---------+-------+
7 rows in set (0.01 sec)
```

사원 테이블에서 기존 이름 열과 소문자_이름 열의 데이터를 조회해봅니다. 이름 열을 활용해서 소문자 데이터가 소문자_이름 열에 저장되어 있음을 확인할 수 있습니다.

```
mysql> SELECT 이름, 소문자_이름
    ->    FROM 사원
    -> LIMIT 10;
+----------+-------------+
| 이름     | 소문자_이름 |
+----------+-------------+
| Georgi   | georgi      |
| Bezalel  | bezalel     |
| ParTo    | parto       |
| Chirstian| chirstian   |
```

```
| Kyoichi   | kyoichi   |
| AnneKe    | anneke    |
| Tzvetan   | tzvetan   |
| Saniya    | saniya    |
| Sumant    | sumant    |
| Duangkaew | duangkaew |
+-----------+-----------+
10 rows in set (0.00 sec)
```

튜닝 결과

| 튜닝 후 SQL 문 |

튜닝된 쿼리에서는 이름을 비교하고자 **소문자_이름 = 'MARY'** 조건문으로 변경합니다. 이때
MARY라는 변수는 대소문자 구분 없이 사용자가 입력한 값으로 판단됩니다.

```
SELECT 이름, 성, 성별, 생년월일
  FROM 사원
 WHERE 소문자_이름 = 'MARY'
   AND 입사일자 >= '1990-01-01'
```

| 튜닝 후 수행 결과 |

튜닝 후의 수행 결과는 튜닝 전과 마찬가지로 96건이며 소요 시간은 약 0.18초에서 0.00초로
줄어들었습니다.

```
mysql> SELECT 이름, 성, 성별, 생년월일
    ->    FROM 사원
    -> WHERE 소문자_이름= 'MARY'
    ->    AND 입사일자 >= '1990-01-01';
+------+----------------+------+------------+
| 이름 | 성             | 성별 | 생년월일   |
+------+----------------+------+------------+
| Mary | Sluis          | F    | 1953-11-07 |
| Mary | Piazza         | F    | 1954-10-18 |
| Mary | Ertl           | F    | 1962-03-08 |
                    ...
```

```
| Mary | Swift          | M | 1957-05-29 |
| Mary | Showalter      | M | 1953-01-05 |
| Mary | Tiemann        | M | 1954-10-05 |
+------+----------------+------+------------+
96 rows in set (0.00 sec)
```

| 튜닝 후 실행 계획 |

카디널리티가 높은 소문자_이름 열로 인덱스(key 항목: I_소문자이름)을 활용하여 데이터를
조회합니다. 즉, 사원 테이블에서 이름 열에는 대소문자가 구분된 정확한 사원의 이름이 저장
되고, 소문자_이름 열에는 대소문자 구분 없이 이름을 검색할 때 활용할 데이터가 저장됩니다.
이름 데이터가 중복되므로 디스크 용량이 낭비되는 비효율적 방식처럼 보일 수 있겠지만, 인덱
스를 활용하여 변별력이 좋은 열을 적절하게 사용하는 쿼리 튜닝 방법입니다.

```
mysql> EXPLAIN
    -> SELECT 이름, 성, 성별, 생년월일
    ->   FROM 사원
    -> WHERE 소문자_이름= 'MARY'
    ->   AND 입사일자 >= '1990-01-01';
+----+-------------+-------+------+--------------+-------+------+-------------+
| id | select_type | table | type | key          | ref   | rows | Extra       |
+----+-------------+-------+------+--------------+-------+------+-------------+
|  1 | SIMPLE      | 사원  | ref  | I_소문자이름 | const | 224  | Using where |
+----+-------------+-------+------+--------------+-------+------+-------------+
1 row in set, 1 warning (0.00 sec)
```

이후 다른 SQL 튜닝 예제를 해결할 때 문제가 되지 않도록 방금 생성한 소문자_이름 열은 삭
제하여 데이터를 원상복구 합니다.

```
mysql> ALTER TABLE 사원 DROP COLUMN 소문자_이름;
Query OK, 0 rows affected (3.99 sec)
Records: 0  Duplicates: 0  Warnings: 0

mysql> desc 사원;
+----------+---------------+------+-----+---------+-------+
| Field    | Type          | Null | Key | Default | Extra |
+----------+---------------+------+-----+---------+-------+
| 사원번호 | int           | NO   | PRI | NULL    |       |
```

```
| 생년월일  | date        | NO  |     | NULL |       |
| 이름      | varchar(14) | NO  |     | NULL |       |
| 성        | varchar(16) | NO  |     | NULL |       |
| 성별      | enum('M','F')| NO | MUL | NULL |       |
| 입사일자  | date        | NO  | MUL | NULL |       |
+----------+-------------+------+-----+---------+-------+
6 rows in set (0.01 sec)
```

5.3.3 분산 없이 큰 규모의 데이터를 사용하는 나쁜 SQL 문

현황 분석

| 튜닝 전 SQL 문 |

튜닝 전 SQL 문은 급여 테이블에서 시작일자가 2000년 1월 1일부터 2000년 12월 31일에 해당하는 데이터를 모두 집계하는 쿼리입니다. 즉, 2000년도의 급여 데이터 건수를 조회합니다.

```
SELECT COUNT(1)
  FROM 급여
 WHERE 시작일자 BETWEEN STR_TO_DATE('2000-01-01', '%Y-%m-%d')
                   AND STR_TO_DATE('2000-12-31', '%Y-%m-%d')
```

| 튜닝 전 수행 결과 |

튜닝 전 쿼리를 수행한 결과 255,785라는 결괏값이 1행의 데이터로 출력되며 약 1.23초의 시간이 소요되었습니다.

```
mysql> SELECT COUNT(1)
    ->   FROM 급여
    ->  WHERE 시작일자 BETWEEN STR_TO_DATE('2000-01-01', '%Y-%m-%d')
    ->                    AND STR_TO_DATE('2000-12-31', '%Y-%m-%d');
+----------+
| COUNT(1) |
+----------+
|   255785 |
+----------+
```

```
1 row in set (1.23 sec)
```

| 튜닝 전 실행 계획 |

튜닝 전 실행 계획에서는 급여 테이블의 I_사용여부 인덱스(key 항목: I_사용여부)를 활용해서 커버링 인덱스로 수행합니다. 테이블 접근 없이 인덱스만으로 원하는 데이터를 조회하는 것입니다.

이때 급여 테이블의 시작일자 열에 대해 월 또는 연 단위(예: 2000년 데이터 조회)의 조회가 빈번히 발생한다고 가정하고 예제를 진행합니다.

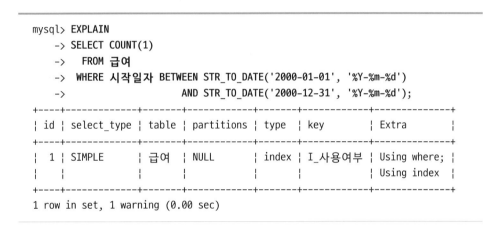

```
mysql> EXPLAIN
    -> SELECT COUNT(1)
    ->   FROM 급여
    -> WHERE 시작일자 BETWEEN STR_TO_DATE('2000-01-01', '%Y-%m-%d')
    ->                   AND STR_TO_DATE('2000-12-31', '%Y-%m-%d');
+----+-------------+-------+------------+-------+-----------+-------------+
| id | select_type | table | partitions | type  | key       | Extra       |
+----+-------------+-------+------------+-------+-----------+-------------+
|  1 | SIMPLE      | 급여  | NULL       | index | I_사용여부 | Using where; |
|    |             |       |            |       |           | Using index |
+----+-------------+-------+------------+-------+-----------+-------------+
1 row in set, 1 warning (0.00 sec)
```

튜닝 수행

우선 튜닝 전 SQL 문에 포함된 테이블과 조건절의 현황을 살펴봅니다. 다음 쿼리를 통해 급여 테이블에 총 2,844,047건의 데이터가 있음을 알 수 있습니다. 아까 살펴본 2000년도의 데이터는 255,785건으로, 전체 급여 데이터의 약 9% 수준(255,785/2,844,047*100)임을 산출할 수 있습니다.

```
mysql> SELECT COUNT(1)
    ->   FROM 급여;
+----------+
| COUNT(1) |
+----------+
```

```
¦   2844047 ¦
+----------+
1 row in set (3.76 sec)
```

그렇다면 다른 연도의 데이터 건수를 확인하여 얼마나 잘 분포되었는지 확인해봅니다. 물론 연도 간 데이터 편차는 조금씩 있으나, 1986년부터 2002년까지 고루 퍼져 있음을 볼 수 있습니다. 이때 주로 특정 월 또는 연 대상으로 서비스가 호출되므로 모든 연도의 데이터에 접근할 필요는 없습니다.

```
mysql> SELECT YEAR(시작일자), COUNT(1)
    ->    FROM 급여
    -> GROUP BY YEAR(시작일자);
+----------------+----------+
¦ YEAR(시작일자) ¦ COUNT(1) ¦
+----------------+----------+
¦           1986 ¦    37957 ¦
¦           1987 ¦    57440 ¦
¦           1988 ¦    76896 ¦
¦           1989 ¦    95957 ¦
¦           1990 ¦   114561 ¦
¦           1991 ¦   132624 ¦
¦           1992 ¦   151072 ¦
¦           1993 ¦   168139 ¦
¦           1994 ¦   185159 ¦
¦           1995 ¦   201637 ¦
¦           1996 ¦   218309 ¦
¦           1997 ¦   233190 ¦
¦           1998 ¦   247489 ¦
¦           1999 ¦   260957 ¦
¦           2000 ¦   255785 ¦
¦           2001 ¦   247652 ¦
¦           1985 ¦    18293 ¦
¦           2002 ¦   140930 ¦
+----------------+----------+
18 rows in set (1.45 sec)
```

이렇게 하나의 테이블로 구성된 급여 테이블을 시작일자라는 열로 논리적으로 분할하는 파티셔닝^{partitioning}을 할 수 있습니다. 1985년 12월 31일보다 작은 시작일자 데이터는 p85라는 파티션에 적재되고, 1986년 12월 31일보다 작은 시작일자 데이터는 p86 파티션에 적재되는 방식입니다. 이때 SQL 문에서는 시작일자가 범위 기준으로 호출되므로 범위 방식 파티션으로 설정했습니다.

```
mysql> ALTER TABLE 급여
    -> partition by range COLUMNS (시작일자)
    -> (
    ->      partition p85 values less than ('1985-12-31'),
    ->      partition p86 values less than ('1986-12-31'),
    ->      partition p87 values less than ('1987-12-31'),
    ->      partition p88 values less than ('1988-12-31'),
    ->      partition p89 values less than ('1989-12-31'),
    ->      partition p90 values less than ('1990-12-31'),
    ->      partition p91 values less than ('1991-12-31'),
    ->      partition p92 values less than ('1992-12-31'),
    ->      partition p93 values less than ('1993-12-31'),
    ->      partition p94 values less than ('1994-12-31'),
    ->      partition p95 values less than ('1995-12-31'),
    ->      partition p96 values less than ('1996-12-31'),
    ->      partition p97 values less than ('1997-12-31'),
    ->      partition p98 values less than ('1998-12-31'),
    ->      partition p99 values less than ('1999-12-31'),
    ->      partition p00 values less than ('2000-12-31'),
    ->      partition p01 values less than ('2001-12-31'),
    ->      partition p02 values less than ('2002-12-31'),
    ->      partition p03 values less than (MAXVALUE)
    -> );
Query OK, 2844047 rows affected (23.66 sec)
Records: 2844047  Duplicates: 0  Warnings: 0
```

튜닝 결과

| 튜닝 후 SQL 문 |

SQL 문 자체는 변경 사항이 없습니다.

```
SELECT COUNT(1)
  FROM 급여
 WHERE 시작일자 BETWEEN STR_TO_DATE('2000-01-01', '%Y-%m-%d')
                   AND STR_TO_DATE('2000-12-31', '%Y-%m-%d')
```

| 튜닝 후 수행 결과 |

튜닝 후 쿼리를 수행한 결과 튜닝 전과 동일한 255,785건의 데이터가 1개 행으로 출력됩니다.
소요 시간은 약 1.23초에서 0.19초로 줄어들었습니다.

```
mysql> SELECT COUNT(1)
    ->   FROM 급여
    -> WHERE 시작일자 BETWEEN STR_TO_DATE('2000-01-01', '%Y-%m-%d')
    ->                   AND STR_TO_DATE('2000-12-31', '%Y-%m-%d');
+----------+
| COUNT(1) |
+----------+
|   255785 |
+----------+
1 row in set (0.19 sec)
```

| 튜닝 후 실행 계획 |

범위 파티션을 설정하면 시작일자 데이터가 2000년도인 파티션에만 접근하여 SQL 문 효율을
올릴 수 있습니다. 2000년도 데이터만 있는 p00 파티션에 접근한 뒤, 2000-12-31 시작일자
의 다음 데이터도 2000년인지 확인하는 작업이 수행되므로 2001년 데이터까지 접근합니다.
따라서 partitions 항목에 p00, p01이 출력됩니다.

```
mysql> EXPLAIN
    -> SELECT COUNT(1)
    ->   FROM 급여
    -> WHERE 시작일자 BETWEEN STR_TO_DATE('2000-01-01', '%Y-%m-%d')
    ->                   AND STR_TO_DATE('2000-12-31', '%Y-%m-%d');
```

id	select_type	table	partitions	type	key	Extra
1	SIMPLE	급여	p00,p01	index	I_사용여부	Using where; Using index

```
1 row in set, 1 warning (0.00 sec)
```

이후 다른 SQL 튜닝 예제에 대비하여 방금 생성한 파티셔닝을 삭제하여 원상복구 합니다.

```
mysql> ALTER TABLE 급여 REMOVE PARTITIONING;
Query OK, 2844047 rows affected (2 min 8.77 sec)
Records: 2844047  Duplicates: 0  Warnings: 0
```

5.4 마치며

5장을 마지막으로 SQL 문을 다시 작성해보고, 물리적인 DB 오브젝트들의 변경과 같이 한 단계 더 응용된 쿼리 튜닝 방법을 실습해보았습니다. 현업에서 실제 사용하는 예제에 비해 축약된 쿼리들을 활용한 만큼 고난도의 쿼리 튜닝은 아니었지만, 처음 튜닝을 시작하면서 그 방향성을 잡아보고 실무에 대비하려는 사용자 관점에서는 매우 의미 있는 학습 과정이었을 것이라 기대합니다.

INDEX

INDEX

type **135, 150**